11,40
W0202588

SOIGNER SON ÂME

« Espaces libres »

DR JACQUES VIGNE

SOIGNER SON ÂME

Méditation et psychologie

Albin Michel

Albin Michel
▪ *Spiritualités* ▪

Collection « Espaces libres »
dirigée par Jean Mouttapa et Marc de Smedt

© Éditions Albin Michel, 1996

© Éditions Albin Michel, 2007
pour l'édition de poche

Sommaire

Troisième partie

L'EFFLORESCENCE SPIRITUELLE

INTRODUCTION

LA DIMENSION MÉDITATIVE

« Un sage, désirant l'immortalité, retourne son regard vers soi-même. »

Katha Oupanishad, 4-1

Le silence est à la fois la base et le but de la méditation, ainsi que l'espace où l'âme se déploie ; c'est de lui que provient toute vraie parole, que ce soit sur la méditation ou sur l'âme. Devant ce silence, je m'incline.

Mais qu'est-ce que l'âme ? Si j'aime ce mot, c'est peut-être parce qu'il est subtil, difficile à décrire, malaisé à circonscrire. Une définition libre de l'âme pourrait d'ailleurs être : « cette partie de l'être humain qu'on n'arrive pas à définir ». La notion d'âme garde une certaine fraîcheur : elle a eu la chance d'avoir été repoussée a priori par les psychologues qui se voulaient scientifiques, et elle n'a pas pu vraiment être cernée par les définitions métaphysiques qu'ont essayé d'en donner les théologiens. Pourtant, un sens de l'âme est indispensable à une réelle santé psychique et spirituelle.

On peut quand même rappeler certaines distinctions qui permettront de mieux connaître les différents niveaux où l'âme peut se situer. Il y a d'abord la distinction *anima/spiritus* ou *psukhê/nous* de la tradition chrétienne, où l'âme représente la base corporelle et affective de la personne, par opposition à un esprit responsable des intuitions supérieures[1]. Cette distinction pourrait correspondre schématiquement à la différence entre *manas* et *bouddhi* dans la pensée indienne. Par ailleurs, il y a la distinction entre *anima* et *animus* de Jung, l'*anima* représentant alors la féminité intériorisée de l'homme. C'est dans ce sens qu'en parle Thomas Moore[2], lui-même influencé par James Hillman[3] dans son ouvrage. Il y développe une philosophie de la vie permettant d'ajouter plus de sens et de profondeur à notre quotidien, mais il ne se préoccupe guère de la méditation qui représente le fil directeur du présent ouvrage.

Un dernier sens du mot « âme » peut être l'*Atman* des Oupanishads, c'est-à-dire l'Absolu. À ce moment-là, l'expression « soigner son âme » perd son sens, puisque l'Absolu se soigne de lui-même, ou c'est lui qui peut nous soigner si nous avons l'intelligence de le laisser agir.

Ces définitions de l'âme peuvent amener à deux interprétations fort différentes du mot « psychologie ». Si l'on entend par « âme » l'Absolu, et par « logos » le discours, ce discours sur l'âme qu'est censée être la psychologie est presque une impossibilité, puisque l'Absolu est au-delà de tout discours. Par contre, si l'on entend « âme » au sens d'*anima* et « logos » au sens de signification, la psychologie, c'est-à-dire le fait de donner une signification à l'âme, sera possible ; de plus, elle aura naturellement une orientation spirituelle. Cependant, la vraie méditation vise au-delà de l'*anima* et du discours ; en ce sens, le sous-titre de ce livre aurait pu être « Méditation et métapsychologie ».

Venons-en maintenant aux divers sens possibles du mot « méditation ». Le verbe latin *meditatari* est un déponent, une sorte de mode intermédiaire entre l'actif et le passif : je trouve que c'est bien choisi pour ce type d'intériorisation qui correspond à une activité dans la réceptivité. Méditation et médication sont de la même racine : nous étudierons ce rapprochement particulièrement dans le chapitre sur l'attention.

Le mental est un pendule qui oscille indéfiniment dans un espace à trois dimensions, la peur, la colère et le désir. La méditation apporte une quatrième dimension, qui n'est pas le Temps, et que nous pourrions appeler tout simplement la dimension méditative.

On pourrait définir le terme méditer en une seule phrase : « arrêter le mental pour que le Divin, ou le Soi puisse se révéler ». Si l'on préfère une définition plus psychologique, on pourrait parler d'« une famille de techniques qui ont en commun la pratique d'une attention stable, non discursive et non analytique ».

Le sens de l'intériorisation rend heureux

Il se fait sentir de nos jours en Occident un besoin puissant d'une psychologie spirituelle qui ne soit basée ni sur une dogmatique ni sur le pathologique. La psychologie habituelle vise à une régulation du mental et à une intégration du moi, la méditation à un arrêt complet du mental et à une transcendance du moi. Cette distinction nous accompagnera tout au long de ce livre sous des formes diverses. Ceci ne signifie pas que les limitations du psychisme d'un individu donné excluent le spirituel ; sinon, qui pourrait cheminer sur une voie d'intériorité ? Ma Anandamayi ne disait-elle pas : « Souffrir d'une limitation est une manifestation de l'illimité[4] » ?

Lukoff a réuni un nombre significatif d'études montrant comment un développement du sens religieux contribuait au bien-être psychologique en général, et à l'équilibre dans la vie de couple et de famille en particulier[5]. On a demandé à un échantillon de population pris au hasard : « Combien de fois avez-vous eu le sentiment d'être très proche d'une force spirituelle puissante qui semble vous soulever au-delà de vous-même ? » 40 % des gens ont répondu au moins une fois, 20 % plusieurs fois et 5 % souvent. Ce qu'il y a d'intéressant, note D. Goleman, l'auteur de cette étude, c'est que pratiquement personne n'a osé en parler à un prêtre ou à un thérapeute, sentant qu'ils ne pourraient comprendre. Pour Maslow, ceux qui n'ont jamais eu d'« expérience des sommets », c'est-à-dire d'expériences intérieures aussi fortes qu'inattendues, sont plutôt une minorité. Chez ceux-ci, on peut soupçonner un refoulement de ces épisodes dû à un a priori idéologique, à une formation purement technique ou à une peur obsessionnelle des zones inconnues du monde intérieur.

Cet intérêt pour l'expérience spirituelle sous ses formes les plus diverses n'est pas un mouvement orchestré par une autorité centrale, c'est un mouvement populaire. Aux États-Unis, 25 % des best-sellers ont un sujet relié à la spiritualité. La psychiatrie, bien obligée, se met même à suivre. Après avoir longtemps considéré la religion comme le grand ennemi – sans doute parce que grand concurrent pour donner une explication autorisée de l'esprit –, elle a intégré dans sa récente classification (sous la rubrique Z du DSM IV) les problèmes psychologiques liés à une crise religieuse ou spirituelle et sans trouble mental associé, ainsi que, comme diagnostic différentiel, les problèmes religieux ou spirituels qui ne donnent lieu à aucun trouble psychologique quel qu'il soit[6].

Ceci est un signe de progrès certain par rapport à une situation précédente, où les thérapeutes étaient tellement emmêlés dans une vision psychopathologique et univoque du monde de l'esprit que, pour eux, Dieu c'était le Diable... Heureusement, tous n'étaient pas comme cela. Je me souviens de la dernière matinée que j'ai passée à la faculté de médecine, où je devais présenter mon mémoire de psychiatrie. J'étais arrivé le premier parmi les étudiants, et les quatre professeurs de psychiatrie du jury étaient aussi en avance. De quoi parlaient-ils entre eux, non sans animation ? De Dieu. Il s'agissait de savoir quelle religion était la plus proche de la vraie conception de la divinité. Après dix ans d'études, c'était la première et dernière fois que j'allais entendre parler de Dieu à la faculté...

Le retour à l'expérience

La méditation est une invitation à expérimenter. Le Bouddha disait : « Ce que vous pouvez revendiquer, c'est ce que vous avez vous-même vu, vous-même reconnu, vous-même compris[7]. » Ce n'est pas de l'égoïsme, car les autres seront bénéficiaires automatiquement de notre compréhension juste, comme le dit également le Bouddha : « En se protégeant soi-même on protège les autres, en protégeant les autres on se protège soi-même[8]. »

Il y a trois niveaux d'expérience méditative. La méditation spontanée, en deçà des techniques, où les gens aiment simplement être en dedans d'eux-mêmes : je me souviens avoir lu une étude de Prince où il avait constaté que les temps libres sur une journée étaient beaucoup plus fréquents qu'on ne le croyait chez la moyenne des gens. Cependant, dans la mesure où il n'y a pas de méthode suivie, les résultats restent limités, mêlant souvent les effets positifs (une certaine relaxation) aux effets négatifs (un accroissement de la rumination mentale). Le second type de méditation correspond à la pratique habituelle, durant un temps donné avec une méthode donnée. Le troisième type est la méditation réellement spontanée, qui arrive comme un état de grâce et qui peut, chez de rares personnes, se stabiliser pour de bon.

L'expérience intérieure se passe d'intermédiaires extérieurs – on pourrait dire par définition. Pour aller plus loin, on peut affirmer qu'elle est plus pure, plus légère, quand elle se passe aussi d'intermédiaires intérieurs : la méditation, c'est la non-méditation.

La méditation nous donne une chance de nous souvenir que, quand nous étions enfants, nous avons eu à nous adapter au monde et que pour cela nous avons dû « abdiquer notre extase » selon le mot de Mallarmé. Le goût de méditer vient quand on est lassé de la religion extérieure et de la culture, qu'on ne veut plus être un pion sur l'échiquier des manipulations socioreligieuses ou un rouage de cette grosse machine à consommer des idées qu'on appelle d'habitude Culture. Certains voudraient faire du culte de la culture une sorte de spiritualité laïque, publique et presque obligatoire ; mais le chercheur spirituel sent bien qu'il s'agit de domaines différents : quoi qu'elle fasse, la culture restera fortement enracinée dans les champs de l'extérieur, alors que la méditation est un pur fruit du jardin intérieur, et ultimement une manifestation directe de notre vraie nature.

Fil directeur

Nous allons suivre un plan qui s'accorde à un rythme de croissance naturel comme celui de la fleur : nous allons d'abord envisager les racines corporelles du processus méditatif, puis la « tige » du psychisme qui représente tous ces canaux mentaux, émotionnels par lesquels doit passer la sève de l'énergie, avant de parvenir à l'efflorescence du spirituel ; ce sujet formera le thème de notre troisième et dernière partie. Dans le chapitre sur le corps, on trouvera une discussion non seulement de la physiologie de la méditation, mais aussi du mode d'action de la pensée sur le corps d'après les recherches les plus récentes. On parlera aussi de certains effets secondaires de la méditation. À la fin du chapitre sur le sommeil et surtout dans le chapitre sur l'attention, on trouvera une discussion précise des mécanismes psychologiques en jeu dans le processus méditatif. À la fin de cette discussion, j'envisagerai également les possibilités thérapeutiques et les contre-indications de la méditation chez des sujets souffrant de pathologie psychique.

Le début du chapitre sur le corps est une partie d'une conférence que j'ai faite à l'île de la Réunion pour un groupe de disciples de Ma Amritanandamayi. Les chapitres sur le poétique et l'imaginaire ont été écrits il y a quelques années, et le texte sur l'imaginaire a déjà été publié dans la revue *Nouvelles Clés* et dans une revue de psychologie en Pologne. Le chapitre intitulé « Substances » a eu pour point de départ un article sur les endorphines que Marc de Smedt m'avait demandé pour *Nouvelles Clés* également ; je l'ai beaucoup développé par une expérimentation personnelle où, en prenant un inhibiteur de la bêta-endorphine, j'ai pu vérifier sur moi-même que la plupart des effets de la méditation étaient interrompus. Nous avons renouvelé cette expérience sur un petit groupe de méditants durant un cours de Vipassana, et j'ai ajouté une seconde partie au chapitre discutant en profondeur la différence entre les expériences de drogue et celles de méditation. Pour cela, j'ai été amené à distinguer clairement entre Conscience et états de conscience.

Certains passages de cet ouvrage pourront sembler loin de la méditation, en réalité il n'en est rien : c'est plutôt la méditation qui va loin, et qui touche par l'intérieur des domaines qui pouvaient en sembler séparés vus de l'extérieur. On ne trouvera pas dans ce livre de chapitre sur l'amour. Les psychologues qui ont une certaine expérience clinique disent que « l'amour ne guérit pas ». C'est vrai, si l'on considère l'amour basé sur une relation entre deux ego ; mais je donne au fil du livre, en particulier dans les chapitres sur les émotions, l'ego et le détachement, un certain nombre de clés pour que l'amour-attachement puisse se purifier et devenir l'Amour qui, lui, guérit.

Je ne discuterai pas en détail les méthodes de méditation : c'est la fonction des enseignants spirituels d'expliquer celles qu'ils connaissent par expérience et de les adapter au niveau des élèves. On pourra également trouver dans le livre de Marc de Smedt, *Techniques de méditation et pratiques d'éveil*, une description de nombreuses méthodes permettant de purifier le mental et d'avoir une conscience plus claire[9].

Je ne me lancerai pas non plus dans une classification comparative des états de conscience supérieurs, d'une part parce qu'il me faudrait les avoir expérimentés moi-même, d'autre part parce que le sujet a déjà été traité par d'autres psychologues transpersonnels comme Wilber[10] ou récemment Walsh[11]. En français, on trouvera une « Anthologie de l'extase » par Pierre Weil[12] et un livre sur l'extase de Marc-Alain Descamps[13]. Je consacrerai cependant mon dernier chapitre à la « pure conscience », l'objet de la démarche méditative : en réfléchissant sur celle-ci, on s'en rapproche. Et même si on n'a qu'une connaissance intellectuelle de ce domaine au départ, on pourra s'en servir comme d'une carte pour se repérer quand de réelles expériences viendront.

D'un livre à l'autre

Depuis vingt ans que je réside principalement en Inde, j'ai partagé mon temps entre la pratique de la méditation, l'étude et l'écriture. Les sujets que j'ai choisis pour mes livres ont suivi une progression relativement logique : tout d'abord, si l'on veut aller loin dans la connaissance de soi, la première question est de savoir si l'on a besoin d'aide pour cela, et qui est compétent pour donner cette aide. D'où mon travail sur *Le Maître et le Thérapeute*[14]. Ensuite, il fallait pouvoir articuler trois grandes approches de l'esprit qui sont influentes à l'époque actuelle : la vision chrétienne, la vision de la psychologie occidentale et la vision des traditions orientales, pour lesquelles je me suis limité à l'hindouisme et au bouddhisme. Cela a été l'objet de mon second livre, *Éléments de psychologie spirituelle*, qui a été traduit en plusieurs langues[15].

Pour celui-ci, le sujet s'est imposé de lui-même. C'est par amour de la méditation que je suis parti en Inde, afin d'avoir tout mon temps pour la pratiquer dans de bonnes conditions ; j'avais senti que, pour moi, c'était le meilleur choix. J'ai quitté la France deux mois après avoir terminé mes études de psychiatrie à Paris. Je suis un chercheur spirituel qui aime faire des retraites un peu longues pour pouvoir plonger en lui-même. Je médite moins que les anciens auprès desquels je vis, mais plus que la plupart des gens que je connais en Occident, directement ou indirectement, et qui s'occupent de psychologie et de spiritualité. Je ne suis pas « éveillé », mais la méditation me plaît et j'ai pensé qu'étant donné ma formation de départ, je pourrais réunir quelques réflexions utiles sur les liens entre méditation et psychologie. J'ai pu voir, durant les stages et conférences que je fais durant les courtes périodes où je reviens en France, que beaucoup de gens sont intéressés par le sujet, vont et viennent souvent de la thérapie à la méditation et ont suivi une voie spirituelle, mais qu'il n'ont en général pas suffisamment de bases pour faire un lien en profondeur entre les deux volets de leur expérience. Certains méditants, également, voudraient savoir ce qu'il y a pour eux d'utile en psychologie sans pour autant avoir le temps de se lancer dans une longue thérapie ou de se plonger dans une littérature psychologique considérable et souvent contradictoire d'une école à l'autre. Ce livre pourra les aider aussi. Il représente à mon sens une synthèse, non pas un mélange.

Cela fait des années que je n'ai pas pris en charge des gens en psychothérapie, et je n'ai jamais pris en charge de gens spirituellement. Je suis libre de tout cela, je médite, et je suis heureux. Ce livre suit mon itinéraire : j'y parlerai peu de psychopathologie, mais je m'intéresserai plutôt à la psychologie générale, sans pour autant tomber dans des généralités le plus souvent ennuyeuses ; au contraire, je resterai proche des problèmes pratiques qui peuvent se poser au méditant. Dans la mesure où celui-ci doit faire face à son propre psychisme, il ne peut être en dehors ou au-delà de la psychologie, à moins éventuellement d'être très avancé ; mais ce n'est pas pour cela qu'il doit souscrire aux modes et théories de la psychologie occidentale récente. Il peut utiliser les références de la psychologie traditionnelle, souvent plus simples et plus adaptées à la pratique elle-même, ou faire sa propre synthèse.

Pourquoi aller en Inde alors qu'on a tout dans notre tradition ? disent certains. Il y a deux grandes sources des religions mondiales : Jérusalem et l'Himalaya. Certes, pour les Occidentaux, Jérusalem est plus proche que Bénarès, mais il faut se souvenir que, du point de vue linguistique, le sanskrit et les langues du nord de l'Inde qui en dérivent sont beaucoup plus proches des langues européennes que l'hébreu, qui représente un monde linguistique complètement différent. De plus, grâce aux modes de communication rapides, la question de la distance géographique, fondamentale pour nos ancêtres, se pose beaucoup moins de nos jours.

Quel est l'intérêt de comparer les spiritualités entre elles, ou de les rapprocher de la psychologie ? C'est de pouvoir trouver clairement explicité dans un système ce qui n'est qu'implicite dans l'autre. Il s'agit, pour reprendre les mots de Raimundo Panikkar, « de beaucoup plus qu'une sorte d'anatomie comparée, mais de l'étude des phénomènes ultimes (homme, paix, liberté, salut, vie, mort) en se laissant guider par plus d'une tradition religieuse[16] ». Un des actes les plus noblement religieux aujourd'hui, c'est l'effort de compréhension entre les religions. Le plus grand ennemi de celles-ci, ce n'est pas l'athéisme, c'est l'intégrisme et le sectarisme. On raconte dans le Zen l'histoire de la vieille bigote qui voulait que la fumée de son bâton d'encens n'aille que vers le visage de son bouddha à elle, et pas sur les autres statues du Bouddha à côté. Elle construisit une cheminée qui débouchait juste sous le nez de son bouddha. Au bout de quelque temps, son bouddha a eu le bout du nez tout noir...

Je suis convaincu que toutes les voies spirituelles mènent au sommet, mais celles qui ont une tendance sectaire sont comme un itinéraire d'alpiniste qui ne passerait qu'à travers des couloirs ou des cheminées étroites à l'intérieur de la falaise : un des plaisirs principaux de la course, celui des vues de plus en plus étendues, serait perdu.

Quand on est égaré dans les méandres des théories psychologiques ou des traditions religieuses, on a vite fait d'oublier l'essentiel, qu'on l'appelle le Divin, l'Être ou le Soi. Si ce livre pouvait être un rappel, il remplirait sa fonction. Je suis moi-même la voie du Védanta, qui est non dualiste, c'est-à-dire où l'on pense que le « je », le monde et Dieu sont une seule substance, et non des substances séparées. C'est une voie qu'on peut pratiquer sans reconnaître de Dieu personnel, ce qui facilite grandement une attitude non sectaire, bien qu'il existe malheureusement, comme partout, des védantins immatures qui puissent l'être. Le Védanta est basé sur la connaissance de soi-même, souvent grâce à la question « Qui suis-je ? ». En cela, il a un solide fonds commun avec la psychologie moderne, qui s'appuie sur l'introspection. Je connais depuis dix ans et je vis depuis cinq ans auprès de Vijayananda, un ancien médecin français qui a habité quarante-cinq ans en Inde pour la pratique spirituelle. Il reste l'Occidental qui a été le plus proche de la sainte Ma Anandamayi. Il a passé dix-sept ans comme ermite dans l'Himalaya, et il représente un exemple vivant de la possibilité d'une expérience mystique au-delà des différences religieuses et sectaires. Les conversations que j'ai eues avec lui depuis dix ans ont grandement contribué à établir les lignes de force de cet ouvrage, et je suis content qu'il en ait été le premier lecteur.

Si je n'ouvre pas plus les guillemets pour citer des paroles de Ma, c'est qu'il est sous-entendu que les notions spirituelles exprimées dans ce livre sont basées sur l'enseignement de Ma Anandamayi, qui n'est pas différent de celui de la tradition indienne. (L'année du centenaire de sa naissance [1896], cinq livres ont été publiés sur Ma, auxquels le lecteur pourra se reporter s'il le souhaite [17].) Quant à mes idées sur la psychologie exprimées dans ce livre, elles sont nées de la rencontre entre cet enseignement et ma formation de départ de psychiatre à orientation psychothérapique. Certains pensent que la base du message traditionnel de l'Inde n'est pas adaptable à l'Occidental moderne. Ce livre est une preuve du contraire. Autre preuve s'il en est besoin : le nombre considérable de disciples que se met à avoir en Occident Ma Amritanandamayi, depuis qu'elle s'y rend chaque année pendant trois mois. Amma, comme on l'appelle, a un enseignement qui est complètement dans la lignée du courant principal de la tradition hindoue, tout en ayant un niveau spirituel et une compassion qui lui permettent de dépasser largement ses limites culturelles. Point n'est besoin d'aller chercher des gourous indiens presque inconnus en Inde même, ou connus pour leurs mauvais côtés, sous prétexte qu'ils ont lu quelques livres de psychologie et surtout qu'ils répètent ce que l'Occidental moyen – trop moyen – a envie de s'entendre dire. Cela revient à entretenir savamment les gens dans leur ignorance. On peut relier la psychologie moderne à un enseignement de l'Inde non marginalisé, reconnu largement comme central. Pour cela, il faut être quelque peu créatif et savoir lancer des ponts : ce que je fais dans cet ouvrage.

La spirale du spirituel

On retrouvera dans ce livre un certain nombre de thèmes, d'axes autour desquels je tournerai comme en spirale : c'est une forme de style méditatif propice à une réflexion spirituelle. Les sujets développés d'abord de façon linéaire seront repris ensuite sous forme de courtes pensées, de formules. J'aime ce style qui est celui des aphorismes et des apophtegmes, le style des Anciens. Les courtes formules sont plus faciles à retenir que les longs discours, elles ont donc plus de chances de remonter dans les méditations ultérieures. Elles sont, avec les histoires, le pain quotidien de l'enseignement oral traditionnel, et je trouve bon de garder ce style vivant en notre siècle d'inflation du langage liée à la facilité de communication. Comme la peinture impressionniste qui crée un visage par touches de couleur successives, le rassemblement de formules dans un même espace finit par dessiner une forme claire et signifiante. Certaines pensées, de par leur brièveté, pourraient donner lieu à des interprétations erronées ; mais en réalité, le contexte du livre et les formules immédiatement voisines montreront d'eux-mêmes comment les comprendre correctement. Il est vrai que ces fragments de pensée ne peuvent se lire aussi vite qu'un roman ou un journal, il faudra s'arrêter sur quelques-uns pour y réfléchir ; mais si certains lecteurs souhaitent un livre sur la méditation où il n'y ait rien à méditer, je ne peux que les renvoyer au paradoxe de leur désir.

Les mots en langue étrangère mis entre parenthèses sont des mots sanskrits. J'essaie de les définir au fur et à mesure du texte, mais on pourra se reporter aussi au glossaire à la fin du livre. J'ai ajouté un autre glossaire pour les mots techniques de psychologie et de physiologie que j'emploie au fil du texte. Je me sens en quelque sorte une fonction de traducteur, car j'essaie de faire passer des notions traditionnelles dans un langage plus moderne auquel les gens en Occident sont plus habitués. Je ne prétends pas au fond à la nouveauté, car celle-ci n'est guère nécessaire sur la voie spirituelle. L'homme occidental est tellement stimulé par les médias et la société de consommation dans ses appétits de nouveauté que celle-ci devient une sorte de maladie de son système digestif : on pourrait l'appeler « néophagie ». Je n'ai pas une confiance excessive dans la gymnastique mentale qui consiste à mettre des vérités anciennes dans des mots nouveaux, bien que ceux-ci puissent avoir un effet quasi magique sur le psychisme des gens : il n'y a pas que les pilules qui peuvent avoir un effet placebo, on peut tout aussi bien trouver des mots placebos. Si l'on évoque familièrement le mirage des images sous l'expression de « miroir aux alouettes », on pourrait désigner l'hypnose des mots par celle de « parloir aux alouettes ».

On rencontre parfois une idée étrange dans les milieux spirituels : si quelqu'un emploie le langage traditionnel, c'est qu'il est un perroquet, il ne peut faire que du psittacisme et n'a pas d'expérience intérieure ; par contre, s'il dit des choses bizarres, si possible un peu obscures en brouillant les cartes de l'entendement, on l'acclame comme un grand homme. Pourtant, un certain nombre de sages, comme Ramana Maharshi, conservaient un langage strictement traditionnel, mais avaient une Réalisation. On peut le sentir dans leurs paroles, et on le comprend en lisant l'histoire de leur vie, quoiqu'il vaille mieux vivre quelque temps auprès d'un mystique et voir ce qu'il réalise dans son quotidien pour se faire une idée de son niveau.

Si je cite cependant des paroles de maîtres spirituels, c'est en pensant que cela pourra aider ceux qui connaissent déjà ces maîtres, et créer également un intérêt chez ceux qui ne les connaissent pas encore. Je suis d'accord avec le fait qu'on ne parle bien que de ce qu'on a vécu et, de fait, ce livre est basé sur mon expérience de la méditation. Cependant, je n'utiliserai pas le style « moi, j'ai vécu... », car je trouve qu'il a ses limites lui aussi, les limites mêmes du « moi je ».

On trouvera dans ce livre plusieurs niveaux qui alternent et se complètent : j'allierai la médecine et la métaphysique, la psychologie et la mystique, sans oublier une touche de poésie et d'humour. Si je me moque parfois de certaines notions ou attitudes qui me semblent contradictoires ou sans queue ni tête, qu'on n'y voie pas un rejet des personnes, mais simplement une mise à l'écart d'idées auxquelles je ne souscris pas. « Spirituel » signifie d'ailleurs à la fois mystique et humoristique : le spirituel, en jouant sur les mots, en fait jaillir une étincelle de sagesse. En réalité, il existe une sagesse déjà contenue dans les mots, mais c'est à nous de l'y discerner.

Les deux voies

On peut distinguer deux grandes voies de la mystique, la voie de l'Amour et celle de la Connaissance. Dans la première, on est centré sur un Dieu personnel, la pratique consistant souvent à répéter un de ses noms avec dévotion ; dans la seconde, on observe son propre mental en utilisant divers fils directeurs : le souffle, la question « Qui suis-je ? », etc. Dans un itinéraire de méditation, on a d'innombrables expériences intérieures, et il est quasi indispensable d'avoir un fil directeur bien défini pour pouvoir passer au travers.

La voie de l'Amour semble tout à fait religieuse et donc en dehors du champ de la psychologie, voire en concurrence avec elle. Pourtant, c'est une voie efficace pour transformer l'individu, souvent de manière plus profonde et durable que ne peut le faire une thérapie. Nous allons essayer de voir pourquoi, plutôt que de jouer à l'autruche et de faire comme si cette voie n'existait pas.

Précisons en passant que le mot « méditation » dans la tradition chrétienne a le sens restreint de réflexion intellectuelle prolongée, focalisée sur un sujet donné ; le mot « contemplation », c'est-à-dire une conscience au-delà des formes, serait ce qui correspondrait au sens le plus courant du mot « méditation » actuellement, en traduisant le *dhyana* du Yoga. Parfois ceux qui suivent une voie dévotionnelle ne veulent absolument pas parler de psychologie. Ils me font penser aux ecclésiastiques du temps de Galilée qui ne voulaient pas entendre parler d'astronomie. Pourtant, on peut dire que de même que Dieu a créé les lois physiques régissant les corps célestes, de même il a créé les lois psychiques régissant notre univers intérieur, et il n'y a pas de mal à les étudier. Ce n'est pas pour cela qu'on va devenir inféodé à une école ou chapelle psychologique donnée, ce qui serait certes une erreur.

L'amour humain est basé sur le physicoaffectif ; l'amour spirituel recherche l'essence de l'amour ; mais il y a encore un stade au-delà, où l'on se demande quel est celui qui expérimente cette essence : c'est la voie de la Connaissance. J'ai un peu étudié le rapport entre voie d'Amour et voie de Connaissance dans mon livre *Éléments de psychologie spirituelle*, mais surtout dans deux articles approfondis portant sur l'arrêt du mental, le sens de la souffrance et de la personne dans le christianisme et le non-dualisme, en particulier le Védanta[18]. Je n'y reviendrai pas dans ce livre, où mes références seront surtout le Védanta et le bouddhisme (pour l'étude de la méditation dans la Bible, on peut se reporter au livre de Kaplan[19]).

La base de la voie de la Connaissance peut être trouvée dans la formule de la *Bhagavad-Gita* (IV, 38) : « Il n'y a pas de purificateur en ce monde égal à la Connaissance. » En cela, il y a une analogie certaine entre voie de Connaissance et psychothérapie. En voyant et sentant les phénomènes intérieurs, on peut dissoudre bien des choses. Une conscience affinée est comme un laser qui peut aller opérer à l'intérieur de l'organisme ce qui doit être opéré. Ceci dit, l'œuvre de la méditation est une tâche considérable : il s'agit tout simplement d'inverser le processus de création et de remonter d'où nous sommes descendus. Nisargadatta disait : « Tout le monde me demande un chemin [une méthode de méditation]. Comment puis-je vous dire ? Reprenez le chemin par lequel vous êtes venus[20]. »

Il ne faut pas exagérer la distinction entre voie d'Amour et voie de Connaissance. Elles présupposent toutes deux une bonne purification du mental et une concentration massive sur le but (*bhakti*, dévotion, ou *moumoukshoutva*, désir intense de libération). La psychologie manque de ces bases et de ces buts, et ne peut donc pas être mise sur le même plan. Il y a par exemple une différence considérable entre papillonner d'un symbole à l'autre quand on s'intéresse à l'interprétation des rêves et être concentré massivement sur un seul symbole du Divin comme le fait l'adorateur : dans le premier cas, l'énergie reste relativement diluée, même si certains symboles sont plus forts que d'autres ; dans le second cas, l'énergie a de réelles chances de s'intensifier.

On peut dire que les deux voies de la mystique se basent sur deux défauts de l'ego pour les transcender : le besoin d'être reconnu et aimé à tout prix en ce qui concerne la voie de la Dévotion, et le sentiment naïf de toute-puissance pour celle de la Connaissance.

Si on dépasse les compartiments métaphysiques pour considérer la réalité de l'expérience intérieure, il y a certainement beaucoup plus de rapports qu'on ne pense entre les couples être/non-être du bouddhisme et union/séparation de la voie de la Dévotion.

Il n'est pas inutile, enfin, d'évoquer une distinction

classique importante entre deux types de méditation : la concentration, qui donne assez rapidement ces expériences de paix ou de joie mais qui a de la difficulté à aller au fond du mental, et l'observation, qui peut être inefficace chez un débutant mais qui a néanmoins le pouvoir de mener à la racine du mental. On trouvera dans le chapitre sur l'attention une discussion de ces deux méthodes.

Du soi au Soi : psychologie et spiritualité

Il y a nécessairement un rapport entre psychologie et spiritualité, car les deux sont basées sur l'esprit, et nous n'avons qu'un seul esprit. Certains psychologues avisés se sont aperçus que se contenter de comprendre quelques aspects du fonctionnement mental ou gérer son stress n'était ni suffisant ni satisfaisant. Le rapprochement entre psychologie et spiritualité a commencé avec des gens comme Fromm, Maslow, Assagioli, Watts, et s'est concrétisé avec la formation du mouvement et la création du *Journal de psychologie transpersonnelle* aux États-Unis en 1968, qui existe toujours. La tendance est de distinguer maintenant dans les psychothérapies trois groupes : comportementalistes, humanistes et transpersonnelles. Il y a des cas de rencontre en profondeur entre l'Orient et l'Occident, comme celle de Swami Rama, qui a reçu une éducation traditionnelle dans l'Himalaya mais est venu étudier en Occident la psychologie, et un de ses disciples, Swami Ajaya, docteur en psychologie américain. Les livres qu'ils ont écrits en collaboration manifestent une intégration d'une qualité rare entre la psychologie traditionnelle du Yoga et le meilleur de la psychologie occidentale[21]. En France, Maryse Choisy a été une pionnière de la psychanalyse. Passionnée en même temps par les questions spirituelles, elle a créé une association appelée Alliance mondiale des religions et, quand je l'ai rencontrée à la fin de sa vie, elle avait cessé la psychanalyse depuis une quinzaine d'années et ne pratiquait plus que le mantra et la méditation sur la lumière. Allendy, qui est un fondateur de la psychanalyse française avec Laforgue, a fait une des toutes dernières conférences de sa vie, le 9 mai 1941, jour de l'anniversaire du Bouddha, sur la « Libération par la Connaissance », qui représente une orientation commune au bouddhisme et à la psychanalyse. Il avait été invité par Swami Siddheshvarananda, animateur de la Mission Ramakrishna, comme lui en exil à Montpellier[22]. Plus tard, le Dr Hubert Benoît a écrit sur le Zen et la psychanalyse, les Desjardins sur l'enseignement de l'Inde et la psychologie, et Marc-Alain Descamps a fait paraître plusieurs livres sur des sujets de psychologie transpersonnelle.

Un nombre important de mouvements font le lien entre psychologie et spiritualité. On a pu dire de la Gestalt qu'elle était une « méditation parlée ». Un cas intéressant est celui des fondateurs du mouvement de « l'Illumination intensive », Charles Burns et Jane Fay : quoique leur mouvement ait pris une grande ampleur, y compris en France, ils ont décidé de ne pas profiter de cet essor et vivent maintenant retirés, Burns en Australie comme ermite et Fay entre l'Inde et les États-Unis. Ils se sont aperçus que la question « Qui suis-je ? » de Ramana Maharshi, qui les avait inspirés pour leur méthode de stage, était plus coriace à résoudre qu'elle ne le paraissait au départ. En France, plusieurs associations s'occupent de psychologie et spiritualité : l'Association française du transpersonnel qui publie un bulletin, l'Association internationale de psychiatrie spirituelle qui publie un journal simultanément en français et en anglais, le Spiritual Emergence Network, avec son journal, lié au travail des Grof pour aider les sujets traversant une crise psychospirituelle, l'Association Yoga et Psychologie et l'ITREC. Il a été créé un diplôme d'études supérieures en sciences transdisciplinaires de l'homme, dans le cadre d'une faculté privée reconnue par l'Éducation nationale[23].

Il y a des bases communes entre psychologie de la méditation et psychologie moderne : par exemple l'importance donnée aux mécanismes de transfert, de projection et d'identification. Nous verrons tout au long du livre le rôle de la désidentification dans l'évolution intérieure. Le Yoga peut être considéré comme une science, puisque les mêmes pratiques effectuées dans les mêmes conditions produisent globalement les mêmes résultats. Simplement, comme les conditions sont psychologiques, et que les résultats de la pratique ne se manifestent pleinement qu'à long terme, cet aspect de science exacte est certes moins clair qu'en physique ou chimie ; mais c'est aussi le cas des psychothérapies. Le goût pour le Yoga ne vient pas d'une pathologie, mais d'une normalité insatisfaite. Le karma correspond à l'ensemble des problèmes non résolus, et mieux vaut qu'il ne soit pas trop lourd si on veut pouvoir être prêt (*adhikari*) pour la voie du Yoga.

En Occident, on a trop tendance à différencier la psychothérapie et la méditation en disant que la première se pratique à deux alors que la seconde se pratique seul. En réalité, la méditation traditionnelle se fait en lien avec un maître spirituel. Quand il n'est pas présent physiquement, sa présence subtile n'en est que plus forte, pourvu bien sûr que le lien ait été établi.

Je ne pense pas que la découverte de l'inconscient soit le fait du XXe siècle. À toutes les époques y compris la nôtre, des gens ont connu leur inconscient (poètes, créateurs, saints) et d'autres pas, de même que, de tout temps, quel que soit le style dans lequel ils s'exprimaient, il y a eu de bons artistes et d'autres qui ne l'étaient pas. Ce qu'a apporté notre siècle est une meilleure compréhension de la psychopathologie et un vocabulaire technique pour la décrire et la comprendre jusqu'à un certain point.

Après un premier développement de la psychanalyse, une réaction s'est manifestée contre son centrage sur le pathologique. Jung a cherché à redonner une place honorable à la religion, Bachelard à la poésie, Rogers et Fromm à l'amour et à l'ouverture du cœur. On s'est aperçu que le pays de l'esprit n'avait pas seulement besoin d'hôpitaux, mais aussi de stades où les gens sains puissent s'exercer et développer leurs facultés. C'était en fait un retour à la perspective du développement spirituel.

De même que la psychologie naissante au début du siècle s'est libérée de l'emprise du dogme religieux et du matérialisme scientiste, de même la psychologie humaniste a secoué depuis une trentaine d'années le dogme psychanalytique et le matérialisme comportementaliste ; cependant, elle a eu tendance, en se focalisant sur les émotions, à ne plus voir qu'elles et à tomber dans le « réductionnisme émotionnel ». D'où l'émergence du mouvement transpersonnel. Par ailleurs, on ne peut souscrire au modèle cybernétique du cerveau que proposent certains biologistes, car celui-ci exclut en pratique les possibilités d'autoguérison ; or, celles-ci sont bien établies.

Freud, dans un de ses derniers écrits (analyse terminée et interminable), attendait, sans en être vraiment conscient, la venue de quelque chose qui ressemblait fort à la méditation pour sortir la psychanalyse de l'impasse où il la sentait enfermée : « Il ne fait pas de doute qu'il est souhaitable d'abréger la durée du traitement psychanalytique, mais vous ne pouvez réussir votre projet thérapeutique qu'en augmentant le pouvoir d'analyse qui vient assister l'ego. L'influence hypnotique semblait être un instrument excellent, mais on sait bien les raisons pour lesquelles nous l'avons abandonné. On n'a pas encore trouvé de substitut pour l'hypnose[24]. » Le défaut principal de l'hypnose est un excès de directivité imposée de l'extérieur ; on peut ajouter que le défaut principal de l'analyse est un défaut de directivité venant de l'intérieur. La méditation, avec le développement d'abord de la capacité de concentration, puis de celle de l'observation libre de l'esprit, semble être un moyen terme entre ces deux extrêmes, dans la mesure où l'on envisage une exploration de soi-même au long cours.

Essayons maintenant de préciser quelques points de rencontre et différences entre la méthode psychanalytique et la méditation. Freud, en comparant l'inconscient à la partie cachée de l'iceberg, traduisait une vision plutôt limitée et au fond pessimiste de la conscience. Jung, avec l'inconscient collectif, a plutôt présenté l'individu comme une île reliée à un socle. La méditation, elle, lève la tête et regarde le ciel qui couvre la mer, les îles et les archipels. Elle élargit sa vue au Soi (au sens oriental du terme) qui englobe les individus à la fois dans leur partie consciente et inconsciente. Il faut rappeler que, pour l'Orient, le Soi n'est pas un archétype produit par l'organisation heureuse de pulsions inconscientes, mais qu'il est pure conscience (*cf.* le dernier chapitre). Même un Oriental peu cultivé religieusement aura une intuition claire d'un Soi, qui est une sorte de base positive de l'être et qui est commun à tous. Je me souviens d'une étude de psychologie transculturelle montrant que cette notion est bien moins claire chez l'Occidental moderne. Le Soi est le support de tout le reste, la base même de la profondeur. Tant qu'une psychologie ne sera pas fondée dessus, ce n'est que superficiellement qu'elle sera dite « des profondeurs ».

J'ai déjà développé, dans *Éléments de psychologie spirituelle*, que s'accrocher au statu quo n'est pas un signe de normalité, mais plutôt de « normose », la vraie normalité étant dans l'évolution intérieure. Il est des moments où l'obsession de la normalité moyenne (être comme tout le monde et comme on a toujours été) devient tellement dissociée de la réalité qu'on peut même parler de « normophrénie ». Le fait d'être entièrement identifié à une interprétation univoque et rigide de la personnalité est une forme de psychose.

Si la méditation peut apporter quelque chose à la

psychanalyse, c'est de la guérir de sa fixation aux fixations infantiles. La volonté de tout résoudre par l'analyse des fixations infantiles, bien qu'intéressante, néglige ce qui à la longue deviendra le moteur principal de la guérison : l'intensité de l'expérience positive dans l'instant présent. L'extase guérit, elle a une valeur libératrice en soi : je développerai cette idée en discutant les mécanismes d'action de la méditation dans le chapitre sur l'attention. Contrairement à la psychologie, on admet dans la Tradition la possibilité d'une expérience libératrice définitive qu'on évoque par diverses images : l'arbre est déraciné, les graines sont grillées et ne germeront plus, le feu est couvert d'eau et ne se rallumera plus, etc.

Nous l'avons vu, la revue qu'a faite Lukoff des publications sur le thème de psychologie, religion et spiritualité montrait qu'une croyance spirituelle, statistiquement, rendait les gens plus heureux, personnellement et familialement. Que des patients psychiatriques parlent aussi d'expériences apparemment spirituelles n'y change rien, sinon il faudrait admettre que le fait qu'ils parlent d'argent, de sexe et de politique impliquerait qu'on interdise ces sujets à l'ensemble de la population. Qui se propose pour essayer ?...

Je voudrais insister maintenant sur un autre aspect du travail de Lukoff : le divorce entre la population et les psychothérapeutes à propos des questions religieuses. D'après diverses enquêtes, entre 95 % et 98 % de la population aux États-Unis croient en une divinité transcendante, mais ces chiffres tombent à 43 % chez les psychologues. Si 89 % des Américains prient Dieu, 2,5 % seulement des études de psychologie ou de psychiatrie font entrer la variable religieuse dans leurs analyses, et encore la plupart en tant que facteur de pathologie potentielle. Il semble que les études montrant un effet positif de la religion ou de la spiritualité sur le psychisme aient eu du mal à se faire publier dans les revues professionnelles. Pour une science comme la psychosociologie qui claironne haut et fort son objectivité, ce n'est pas brillant... 72 % des psychologues avouent qu'ils sont amenés à se prononcer sur des questions religieuses dans l'exercice de leurs fonctions, mais déclarent ne pas avoir été formés pour cela.

On peut défendre la nécessité de ce divorce entre les thérapeutes et le public en disant que la religion et la spiritualité sont en dehors du domaine de la psychologie. Mais celles-là font partie intégrante de l'esprit humain, et c'est cet esprit qui est l'objet de la psychologie. On pourrait alors poser la question de fond : est-ce à l'objet de s'adapter à la science, ou à la science de s'adapter à l'objet ? Ce divorce pose un double problème éthique : est-ce que le thérapeute a le droit d'intervenir dans des domaines où il n'a pas été formé ? D'autre part, ne risque-t-il pas d'imposer sa vision du monde, son anticroyance à son patient de façon plus ou moins masquée ? En a-t-il le droit ? Les professionnels de la thérapie devraient veiller à ne pas devenir un nouveau clergé, c'est-à-dire un intermédiaire – payant bien entendu, et se présentant comme indispensable – entre la personne et elle-même. Le fait d'avoir un langage intellectuel et d'apparence scientifique rend encore plus insidieuse la déviation sectaire possible : l'exemple de la scientologie, basée sur une présentation rationnelle et psychologique des faits du psychisme et qui est devenue une secte dure, devrait inviter les écoles de thérapie à la prudence et à l'humilité. Pour dire les choses encore plus directement, il y a une déviation constamment possible de l'école à la chapelle, puis de la chapelle à l'église et de l'église à la mafia. C'est une tendance naturelle de l'homme que de se regrouper par affinités ; puissent ces regroupements être des aides réelles et non pas des pièges.

D'autres points importants sont encore à souligner. Tout d'abord, je sens que le plus grand risque d'un mélange hâtif de la psychologie et de la spiritualité est de produire une spiritualité molle. Ni les thérapeutes ni les patients ne devraient craindre de faire face à ces souffrances créées par le désir de passer à un niveau de conscience supérieur. L'ego est rusé, et il aura tendance à jouer à cache-cache entre la psychologie et la spiritualité, comme l'enfant de parents divorcés joue de la rivalité qui les oppose pour obtenir ce qu'il veut. Les Tibétains ont une image traditionnelle pour ce genre de cas, celle de la chauve-souris qui avec les souris joue à l'oiseau et avec les oiseaux à la souris. On raconte aussi en Inde, à propos de l'ego, l'histoire du profiteur qui va à un mariage et dit à tout le monde : « Je suis de la belle-famille... » Ce n'est que longtemps après que les deux beaux-pères, se doutant de quelque chose, cherchent à le bloquer dans un coin : à ce moment-là, il disparaît.

Il me semble qu'actuellement, la fonction d'une psychologie spirituelle n'est pas seulement de servir de clé de voûte commune à divers courants spirituels en disant que tout se rejoint au sommet. Une fois qu'on est convaincu de cela, il faudra aussi examiner les fondations. Quels sont les conseils de pratique et de discipline qu'on retrouve dans la plupart des traditions pour assurer un développement intérieur réussi ? Ce serait un sujet fort utile à clarifier dans le contexte actuel.

Les méthodes d'inspiration psychanalytique ont tendance à rejeter la responsabilité des souffrances sur les parents ; on le leur a souvent reproché, à juste titre. Le comportementalisme, lui, rejette la responsabilité sur l'environnement. La notion de karma individuel développée en Orient peut aider la personne à se sentir entièrement responsable d'elle-même.

Un psychologue qui ne réussit pas à donner de sens à la vie est comme un apprenti réparateur de réveils qui peut les démonter, mais n'est pas capable de les remonter. Sans faire même référence à la psychologie du sens comme chez Frankl, on peut laisser la parole à Einstein : « L'homme qui considère sa propre existence et celle de ses congénères comme dépourvue de sens est non seulement malheureux, mais à peine adapté et capable de vivre[25]. »

Une perspective spirituelle saine aide à relativiser la psychologie et ses problèmes indéfinis ; on apprend à s'en désidentifier. Comme le dit Nisargadatta : « Pourquoi chercher à changer un mental qui de toutes façons change tout le temps[26] ? »

On peut se demander enfin si c'est la psychothérapie qui fournit un arrière-plan pour la méditation ou l'inverse. Je pencherais plutôt pour la seconde hypothèse, dans la mesure où la psychothérapie est une démarche limitée dans le temps alors que la méditation nous accompagne la vie durant. Cependant, les deux gardent un point de départ commun : c'est la conscience, la Connaissance qui libère. On demandait un jour au Bouddha : « Qu'est-ce que le vénérable Gautama considère être utile ?

– C'est le fruit de la libération par la Connaissance que le Parfait considère être utile » (Samyutta Nikaya, 46-6).

Au-delà

« Au-delà » sera comme le refrain de ce livre : que ce soit au-delà du corps, des émotions, des relations, des attachements ou des expériences intérieures elles-mêmes. Aller au-delà du corps, thème qui revient souvent dans le Zen et le Védanta, ne signifie pas chercher à le martyriser ou à le dompter de force. Il s'agit de comprendre profondément que c'est le mental sensori-moteur, de par son agitation constante, qui empêche la joie déjà présente à la base de nous-mêmes de se manifester. Le mental ne peut pas plus se libérer de lui-même qu'un nageur ne peut se dresser sur la surface d'un lac et marcher sur les eaux. Il a besoin de se référer à quelque chose au-dessus de lui-même, ou en dessous, ou à côté, en tous les cas *en dehors :* si le non-mental n'existait pas, il faudrait l'inventer.

Quand une voiture s'embourbe, cela ne sert à rien d'accélérer : il faut sortir du véhicule et aller sur la terre ferme pour tirer à partir de ce point d'appui. La méconnaissance de ce fait me semble la raison de l'échec de l'introspection occidentale au sens habituel du terme : en effet, on y ajoute du mental au mental, et on ne s'en sort pas. Quels sont les psychologues diplômés, ayant pignon sur rue, écrivains, directeurs d'institut ou même fondateurs de méthode, qui peuvent s'arrêter d'exercer pendant plusieurs mois et passer huit heures par jour à observer leur propre mental comme le font les méditants engagés ? Je n'en ai pas entendu parler, ou, plus exactement, les rares dont j'ai entendu parler ne sont pas restés psychologues.

De fait, si on pouvait réellement écouter l'écho d'une pensée, puis l'écho de cet écho, et ainsi de suite jusqu'à l'infini, la conscience se fondrait dans le silence et « Cela » se révélerait de lui-même. Mais on fait des premiers échos, des échos inférieurs, un système, une théorie, une philosophie ou même un mystère à croire, et l'on perd la subtilité, la pénétrance j'aimerais pouvoir dire, des échos supérieurs.

L'Inde où je vis a développé les symboles religieux à profusion. Nombreux sont les villages qui ont un ou plusieurs dieux ou déesses qui leur sont propres. Pourtant, et peut-être est-ce par complémentarité, il n'est sans doute pas de pays où l'on ait développé autant l'expérience de l'Unité au-delà de tous les noms et de toutes les formes. Les dualités sont dépassées, si bien que l'Absolu lui-même est décrit comme ni réel ni irréel, ni les deux à la fois ni aucun des deux à la fois. Les bouddhistes et les vedantins s'accordent sur ce sujet.

En psychologie, on parle aussi beaucoup de la position « au-delà » ; en programmation neurolinguistique par exemple, il y a un exercice très simple qu'on appelle prendre la position « méta » : il s'agit seulement de se voir comme si on était derrière soi-même ; cela reprend – ou redécouvre spontanément, je ne sais – une ancienne technique de méditation. On parle souvent de l'efficacité de recourir au soi qui observe pour soulager des anxiétés, peurs, conflits intérieurs, etc. Cette position permet de sortir d'un cercle vicieux, celui de l'identification. Maintenant, on pourra facilement comprendre que si on peut se mettre dans la position d'un soi qui observe le soi qui observe, on pourra sortir de peurs, d'anxiétés plus subtiles, et de cercles vicieux plus difficiles à percevoir parce que plus grands. En élargissant ainsi la conscience, on permet au Soi de se manifester complètement, nous dit la Tradition.

Reconnaître un au-delà du mental et de la personne n'est pas une lubie métaphysique ; c'est une attitude qui a une efficacité thérapeutique. Un des groupes les plus efficaces pour le traitement des dépendances, les Alcooliques anonymes, va dans ce sens sur plusieurs points de son programme. Le premier est de reconnaître son impuissance devant l'alcool, et l'efficacité d'une puissance supérieure – Dieu tel que nous le concevons – pour rendre la raison. Après toute une progression de ce qu'on pourrait appeler un « dédoublement thérapeutique », le sujet dépendant transfère sa dépendance sur le Divin et connaît un éveil spirituel qui le libère : c'est le douzième et dernier point. Ce système a prouvé son efficacité pour d'autres formes de dépendance, drogue, obsession sexuelle, boulimie, etc.

Pour trouver le Soi, il n'est pas suffisant qu'à certains moments on éprouve un certain intérêt pour le Soi : la recherche du Soi est une passion. Quand on a essayé la thérapie par la parole, la visualisation, le rêve éveillé, lucide, dirigé, initiatique, l'émotion, l'énergie, le mantra, et que rien ne marche vraiment, un énorme ras-le-bol émerge, qui n'est autre qu'un sursaut salutaire. C'est alors qu'on trouve soudain une énergie forte comme une épée pour trancher les nœuds du mental. On se trouve projeté hors du mental, dans l'espace spirituel, sans d'ailleurs bien savoir où l'on arrive.

La psyché est un vitrail : elle n'est réellement belle que quand on voit au travers d'elle, au-delà, la lumière du ciel. On peut apprécier ainsi ses couleurs et son dessin.

Notre mental est un enfant qui joue avec les objets extérieurs ou les pensées ; pourtant la mère, elle, ne regarde pas les jouets mais l'enfant qui joue. Devenons cette mère. Il s'agit d'un processus qui prend du temps : en effet, le mental est tellement habitué à ruminer ses problèmes qu'à la fin même la simplicité lui pose problème. Il ne peut se débarrasser de ses colis bien emballés et ficelés de jugements, de *ses* sacs d'émotions débordants et de ses valises de pensées pansues... C'est regrettable, car le chemin intérieur est long ; mieux vaut voyager léger. Nisargadatta Maharaj ne nous dit pas autre chose, en des termes plus radicaux : « Vous vous imaginez être ce que vous n'êtes pas – stoppez cela. C'est la cessation qui est importante, pas ce que vous allez faire cesser[27]. »

La feuille dans la main du Bouddha

Un jour, le Bouddha était sous un arbre ; il prit une feuille et la mit dans sa main. Ses disciples lui demandèrent ce que cela signifiait. Il répondit : « Innombrables sont les connaissances qui m'ont été révélées, mais je ne vous enseigne que la plus utile de toutes : la connaissance qui mène à la paix. » Voici maintenant une sorte de défense et illustration de la simplicité dans l'exploration intérieure, où je me servirai plus d'images que d'arguments, peut-être justement parce que la manière dont elles communiquent les idées est plus simple.

Si on met à la sortie d'un premier labyrinthe un second, multipliera-t-on ou divisera-t-on les chances de trouver la sortie ? À quoi bon alors vouloir s'évader du mental à l'aide du mental ? Celui-ci, bien que nous en soyons très fiers, ressemble étrangement à un magnétophone amélioré. Il reprend différents refrains, les fait passer dans une « chambre de mixage » et produit une musique qu'il croit être nouvelle.

On peut remarquer que se fier uniquement à ce qui est verbalisé pour explorer l'intérieur est une sorte de comportementalisme réducteur. Les comportementalistes habituels enregistrent des mouvements ou des tensions musculaires, les thérapeutes qui font verbaliser enregistrent des mots, mais personne ne semble avoir envie d'aller voir ce qui se passe réellement à l'intérieur de la « boîte noire » des émotions ou des sensations infraverbales.

J'ai pu vérifier par moi-même qu'une psychologie

qui paraît plutôt simpliste comme celle des trois *gunas* (qualités) était en fait suffisante pour la pratique spirituelle. On apprend certains moyens de transformer la léthargie, la paresse *(tamas)* en dynamisme *(rajas)*, par le hatha-yoga par exemple. Puis on apprend à transformer le *rajas* en *sattva* (légèreté, lumière) par la discipline de vie et la méditation. Je ne dis pas que cette grille de lecture est suffisante pour expliquer tous les détails du mental ou la psychopathologie, mais je dis qu'elle donne le fil directeur de la pratique, chez quelqu'un qui est prêt pour cela.

Quand on regarde l'histoire des sciences, il est intéressant de voir que le zéro *(shounya)* est venu d'Inde, et que c'est l'introduction des chiffres dits arabes à la place des chiffres romains qui a permis des calculs rapides et le développement des mathématiques. De même, il n'est pas interdit de penser que l'introduction actuelle d'une réflexion sur la vacuité (*shounya* également) et d'autres techniques de méditation simples puisse enclencher un nouveau développement dans la psychologie occidentale, celle-ci étant victime et paralysée, non par ses complexes, mais par sa complexité. Si on devait comparer la méditation à un traitement par les plantes, on pourrait dire qu'elle consiste en une naturopathie intérieure où l'on utilise avant tout les simples, à la manière des moines du temps jadis.

On peut voir l'inconscient et chercher à y entrer pour s'y promener au risque de s'y perdre : c'est la tentation de la psychanalyse. On peut le voir comme une série de panneaux indicateurs qui nous remettent sur la bonne route au moment voulu : c'est la forme d'inconscient qui aide en méditation. Il ne s'agit pas d'être assis au bord de l'océan et de se concentrer sur tout ce qui est rejeté sur la grève, il s'agit d'être installé sur la berge d'une rivière et de regarder les objets flottants passer et s'en aller.

Dans le domaine intellectuel, plus on progresse, plus la connaissance se complexifie. Dans l'évolution de la méditation, ce sera l'inverse. Les techniques complexes sont plutôt pour les débutants, tandis que les pratiquants vraiment expérimentés peuvent garder une attention pleine avec des techniques très simples, voire sans technique du tout. La méditation est un art : de même qu'en musique les meilleurs musiciens n'ont pas contribué beaucoup aux théories musicologiques, de même en méditation il n'y a rien de spécial à attendre de nouvelles théories sur le sujet ; on a surtout besoin de vrais méditants. On n'a pas besoin de savoir démonter un micro-ordinateur pour pouvoir s'en servir. De même, on n'a pas besoin de connaître tous les détails de son passé refoulé ou de son mental pour pouvoir l'utiliser afin de progresser vers la libération.

Je pense que le lecteur a déjà compris la question lancinante, peut-être même irritante, que pose la petite voix de la méditation à la psychologie : « Pourquoi faire compliqué quand on peut faire simple ? » Quand on a épuisé les livres – ou que les livres nous ont épuisés –, quand on a fait tant de fois le tour des théories psychologiques et des recettes thérapeutiques qu'on se met à tourner en rond, on en vient à la conclusion que la meilleure psychologie est celle qu'on pratique en soi-même, pour soi-même et par soi-même ; et on est mûr pour un itinéraire de méditation.

Les fondations de la méditation

Il y a une notion importante en spiritualité hindoue : celle d'*adhikari*, c'est-à-dire celui qui est prêt, habilité à recevoir un enseignement. La première condition est d'avoir des intentions claires : pourquoi souhaite-t-on méditer, pourquoi continue-t-on à pratiquer ? La meilleure motivation *(sankalpa)*, c'est le désir de libération, et le fait de vouloir pratiquer la méditation pour la méditation, comme une sorte d'art pour l'art. Le désir de réduire son stress et d'avoir une vie plus calme et plus consciente est une bonne motivation de départ. Le désir de comprendre quelques ficelles du psychisme par volonté plus ou moins obscure de manipuler les autres en est par contre une mauvaise. Se demander de temps à autre « Pourquoi je médite ? » est une manière de faire le point, de reprendre le cap dans la grande traversée de son monde intérieur.

Dans le Yoga, on commence par demander à l'aspirant de veiller sur cinq points principaux : la non-violence, le non-vol, la vérité, la chasteté et la non-accumulation. Chacune de ces qualités a deux niveaux, selon que la personne vit dans le monde ou consacre tout son temps à la *sadhana*. (Si l'on a une famille, on ne peut pratiquer complètement la non-accumulation par exemple.) Les hindous accordent une grande importance à la vérité ; leur devise est « *Satyameva jayate* (La vérité remporte la victoire) ». L'habitude de la vérité donne un pouvoir à ce qu'on peut dire sur l'expérience intérieure, elle donne même un pouvoir vis-à-vis de soi-même. Si on a l'habitude de ne dire que des choses vraies, même ce qu'on dira à son inconscient sous forme d'autosuggestion, de désir d'évolution, aura une forte tendance à se réaliser. Il y a une prière védique qu'il est particulièrement bon de réciter si l'on doit parler de sujets spirituels : « Ô Soi suprême, que ma parole soit établie dans mon esprit, que mon esprit soit établi dans ma parole. »

Avant d'aborder les niveaux supérieurs de conscience, il est important de se connaître soi-même au niveau inférieur de conscience qui est sous-jacent durant sa vie quotidienne.

Dans le Védanta, on parle des quatre piliers de la *sadhana*. Les deux premiers vont de pair, le discernement *(viveka)* qui amène au détachement *(vairagya)* ; quand celui-ci se développe, le discernement devient plus aisé, plus clair. Ensuite vient une liste de six qualités considérées comme le troisième pilier. Il est intéressant de constater qu'on y retrouve le détachement sous un autre nom *(uparati)*, la foi *(shraddha)*, bien que la croyance en un Dieu personnel ne soit pas au premier plan dans la voie védantique ; il s'agit de la confiance dans la tradition qu'on suit et dans son maître spirituel. Le quatrième pilier est le désir intense de libération *(moumoukshoutva)*. Ce n'est que quand on arrive tout près du sommet que ce désir devrait s'éteindre, disent les sages. S'il s'éteint plus tôt, cela a toutes les chances d'être un signe de paresse plutôt que de réalisation. Ce désir à soi seul est suffisant pour donner l'éveil, comme le dit Ramakrishna avec une jolie comparaison : « Un enfant, au moment où sa mère le met au lit, lui demande, anxieux : "Maman, réveille-moi quand j'aurai faim", et la mère de lui répondre : "Pas la peine, la faim elle-même te réveillera." »

Rechercher la perfection fait partie intégrante de l'itinéraire du mystique. Rien qu'en cherchant à maîtriser complètement un seul défaut, la colère par exemple, le méditant peut arriver pratiquement à la racine de son mental.

Si le méditant ne croit plus à la notion de péché, et fait seulement semblant de croire à la loi du karma comme c'est souvent le cas, il y aura un vide, il n'aura plus rien pour fonder son sens de la responsabilité ; d'où des complications indéfinies dans tous les domaines de son existence.

Les nouveaux mouvements spirituels en Occident devraient s'inspirer sur un point du modèle hindou : les différentes écoles de l'Inde peuvent avoir des idées qui varient considérablement, mais elles tombent d'accord pour ce qui est des bases nécessaires à une pratique spirituelle équilibrée.

Quoi qu'il en soit, la discipline ne suffit pas à elle seule. Il faut une motivation positive pour que l'intensité du bonheur qu'on trouve au-dedans soit supérieure à celle du bonheur qu'on obtient au-dehors. C'est une expérience qui peut survenir – au moins pour quelque temps – directement du contact avec un maître spirituel. Une autre motivation est la curiosité de découvrir son monde mental, un intérêt pour l'intérieur qui mènera progressivement au-delà du mental.

Peut-on étudier l'expérience méditative ?

L'expérience méditative est difficile à étudier d'abord parce qu'elle change souvent. Les chercheurs qui se sont concentrés sur le sujet en sont même venus à éviter de parler d'« états de conscience », évoquant une situation fixée, pour utiliser l'expression « modalités de conscience », plus souple. De plus, les débutants surtout, mais aussi des méditants avancés, ont tendance à croire à certains moments qu'ils ont atteint un haut niveau alors que ce n'est pas le cas. Ken Wilber parle de « confusion pré-trans », consistant à prendre des phénomènes pré-personnels (régression, etc.) pour une réalisation transpersonnelle. C'est le rôle du maître spirituel et de l'enseignement d'aider à faire la différence ; de plus, l'impact positif de l'expérience entraînant des changements dans la vie courante est un bon signe d'authenticité. On peut avoir nombre d'« expériences des sommets », mais si elles ne changent rien en soi et dans son comportement, elles n'ont guère d'utilité. Mieux vaut alors probablement avoir des vécus moins brillants dans sa méditation quotidienne, mais qui s'intègrent au fur et à mesure dans la vie. C'est la différence qu'il y a entre trouver de l'argent dans la rue par hasard et gagner sa vie normalement.

Il n'est pas nécessaire d'être grand psychologue pour considérer avec quelque prudence les gens qui se mettent en avant sans qu'on leur ait rien demandé et qui vous disent : « Moi, j'ai eu telle ou telle expérience » – ils font penser à ceux qui lancent tout à coup « Je vous aime » ou « Je suis innocent » alors qu'on ne s'attendait pas à ce qu'ils s'expriment ; il se peut qu'ils masquent un sentiment contraire.

Essayons malgré ces réserves de dire quelque chose de l'expérience méditative et spirituelle. R.M. Bucke, dans son livre *La Conscience cosmique*, écrit il y a environ un siècle et qui est devenu un classique[28], a étudié à la fois les expériences des grands sages du passé et des comptes rendus d'états mystiques chez des gens de son époque. Il donne la liste suivante de critères d'éveil de la conscience cosmique : la lumière subjective, l'élévation morale, l'illumination intellectuelle, le sens d'immortalité, la perte du sens de la mort et du péché, le caractère soudain, instantané de l'éveil, la qualité intellectuelle, morale et physique du sujet avant l'expérience, l'âge de l'éveil qui se situe souvent entre 30 et 40 ans d'après Bucke, le charme supplémentaire de la personnalité après l'expérience, son éclat, son rayonnement, voire sa transfiguration.

Comment les méditants expérimentés décrivent-ils leur propre vécu, même si celui-ci n'est pas celui de l'expérience cosmique ? Selon une étude intéressante faite par Gifford-May[29] sur dix sujets méditant depuis trois à vingt-cinq ans (la plupart soit en répétant une prière répétitive *[mantra]*, soit en observant le souffle), on trouve beaucoup de points en commun dans leurs comptes rendus d'expériences malgré les voies différentes qu'ils suivaient. D'abord la transcendance des tendances physiques et mentales de l'ego, un sens de la réalité différent avec l'ouverture à un nouveau champ réellement inconnu. Il est intéressant de noter que l'expérience de transcendance est nettement plus marquée chez les anciens méditants que chez les débutants : il y a un progrès en méditation, bien qu'à certaines périodes de « creux de la vague » des méditants puissent en douter... L'expérience de méditation profonde est décrite comme paradoxale, avec l'aperçu d'un état permanent et la métaphore de l'espace employée très souvent. Cela n'est pas étonnant si on se souvient de la mystique de la vacuité ou que l'on a étudié les textes védantiques où l'on parle souvent du Soi « pareil au ciel » *(gagana-sadrishan)*. Enfin, ces expériences profondes sont vécues comme plus réelles et « normales » que les expériences de la vie courante. La conclusion qu'on peut tirer de cette étude – si on n'en était pas déjà convaincu – c'est qu'il y a une base commune importante aux expériences de méditation profonde d'une personne à l'autre.

Cependant, la difficulté est de distinguer le conditionné de l'expérience spontanée, de l'autosuggestion provenant du type d'enseignement sur lequel le méditant se concentre. La question devient cruciale quand on envisage de prendre un mystique pour maître spirituel. À ce moment-là, il faut chercher à vivre proche de lui pendant un certain temps pour vérifier que ce qu'il fait correspond à ce qu'il dit. On devra examiner particulièrement son rapport à la vérité, car c'est au fond son sens de la vérité qui est la garantie que ce qu'il raconte de ses expériences intérieures est authentique.

Ma Anandamayi tournait souvent la tête quand quelqu'un commençait à lui parler de ses extases ; elle n'était pas très intéressée. Par contre, si la même personne se mettait en colère, elle pouvait lui parler très longtemps pour voir ce qui s'était passé. Un aspirant spirituel doit pratiquer pour faire ses propres expériences ; il ne peut pas se reposer toute sa vie sur celles des autres, et rester le caissier qui compte toute la journée un argent qui n'est pas le sien. Une histoire de Ramakrishna illustre joliment ce fait : « Un aveugle de naissance demande à son ami ce que c'est que le blanc. Après avoir essayé de lui expliquer que c'est la couleur du lait, de la neige ou du cygne, l'ami, en désespoir de cause, plie le poignet et le coude pour faire la forme du cou du cygne et expliquer à l'aveugle ce que pouvait être cet oiseau qu'il n'avait jamais vu. Après avoir touché le bras de l'ami, l'aveugle, tout content, imite son geste et s'en va en disant à la cantonade : "J'ai compris : regardez ce que c'est que le blanc, regardez ce que c'est que le blanc." »

Pour une psychologie ternaire

Quand on s'intéresse à la thérapie à long terme ou à la prévention en profondeur des troubles psychiques, la vision traditionnelle mérite d'être prise en compte. Pour les hindous, la nature extérieure *(prakriti)*, ainsi que le mental *(manas)*, est constituée de trois qualités, comme tissée de trois fils : l'inertie, la destructivité *(tamas)*, l'excitation, la passion *(rajas)* et la pureté, la luminosité *(sattva)*. Celui qui a une pratique spirituelle, ou plus simplement qui veut aller mieux intérieurement, cherche à transformer l'inertie *(tamas)* et l'excitation *(rajas)* en *sattva.* L'Inde, par cette conception ternaire, évite de tomber dans une psychologie à tendance manichéenne, que cette dernière soit morale avec sa distinction bien/mal, ou psychanalytique avec sa fatalité instinct de vie/instinct de mort. Les deux pôles de *tamas* (instinct de mort) et de *rajas* (instinct de vie) doivent être dépassés par le méditant pour éveiller le *sattva* (littéralement *sat-va :* être-ité, qualité d'être). Ce *sattva*, ce tiers exclu – ou refoulé – par les systèmes théoriques, moralistes ou psychologiques habituels, est pourtant celui vers lequel tend une évolution humaine réussie.

Dans le même sens, la conception étroitement dualiste corps/mental de la psychologie ordinaire bénéficiera d'une ouverture salutaire si elle s'élargit à une conception anthropologique ternaire : corps/âme/esprit (latin : *corpus/anima/spiritus ;* grec : *soma/psukhê/pneuma ;* hébreu : *basar/népheseh* ou *ruah/neshama ;* sanskrit : *deha/prana/atma*). L'*âme* dans ce vocabulaire représente le mental de base, « animal », et son fonctionnement automatique fondé sur le corps. L'*esprit* représente la conscience pure, la capacité d'intuition et de décision ultime. Nous renvoyons pour plus de détails à la thèse d'anthropologie très complète de Michel Fromaget sur l'anthropologie ternaire, déjà citée. Une conception qui sépare l'âme de l'esprit favorise à mon sens une thérapie en profondeur car elle donne un soubassement théorique à la fonction de témoin essentielle dans l'évolution intérieure et les désidentifications successives qu'elle entraîne. L'âme, le mental automatique, joue constamment son petit théâtre ; l'esprit regarde et réalise progressivement qu'il n'est pas impliqué dans ce jeu de rôle, dans ce psychodrame, tragique du point de vue de l'âme, plutôt comique du point de vue de l'esprit. En résumé, il me semble important que la psychologie ne se laisse pas enfermer dans le dualisme des couples pulsion de mort/pulsion de vie et corps/mental, mais qu'elle s'ouvre à la vision ternaire traditionnelle, et qu'après une centaine d'années d'évolution, elle apprenne, ou réapprenne, à compter jusqu'à trois.

Le maître spirituel

Une bonne relation à un vrai maître spirituel est un facteur important d'« état de grâce » : quand celui-ci est présent, toutes les méthodes de méditation s'avèrent efficaces. Cela permet de relativiser l'étude des techniques et des mécanismes psychologiques de la méditation. Réalisant cette importance du maître spirituel, j'y ai consacré mon premier livre, ainsi qu'un article dans le *Journal of Transpersonal Psychology*, où je compare également son rôle à celui du thérapeute[30]. Je voudrais ici repréciser brièvement certains points qui me semblent utiles.

La psychologie, traditionnelle ainsi que moderne, reconnaît l'importance de « faire son transfert » sur quelqu'un de beaucoup plus « évolué » que soi. La difficulté étant de trouver quelqu'un de réellement évolué, il faut savoir se demander, en présence d'un enseignant spirituel qui est trop bon pédagogue, si son expérience pédagogique n'a pas pris le pas sur l'expérience intérieure elle-même. Un spirituel n'a pas vraiment besoin d'être bon pédagogue. Il lui suffit d'*être*.

Il faut aussi savoir que certains enseignants spirituels sont devenus tels pour une mauvaise raison : ils ont eu des échecs dans leur propre pratique et se sont dit, avec une compassion mal placée : « Plutôt que de tourner en rond avec moi-même, je vais devenir enseignant. Si ça n'a pas marché pour moi, ça marchera peut-être pour les autres, et si ça ne fait pas de bien, ça ne fera pas de mal. » Ils oublient tout simplement que le moteur de la transmission spirituelle, c'est l'exemple. De toutes façons, si un enseignant spirituel n'est pas complètement authentique *(sadgourou)*, il arrivera un moment où il faudra se détacher de lui : moment à ne pas manquer.

Beaucoup de gens ont un tel besoin de reconnaissance affective qu'ils choisissent un maître spirituel surtout parce qu'il est connu et sympathique avec eux ; mais ce ne sont pas de bons critères, on pourrait parler de choix « en double aveugle », car inspiré par la pression d'un double besoin : celui de recevoir de l'attention dudit maître, et celui de bénéficier indirectement de l'attention que celui-ci reçoit du public. De même qu'un psychothérapeute ne « copine » pas avec ses patients, sinon la relation risque de dégénérer, de même un maître ne « copine » pas psychologiquement avec ses disciples en les écoutant parler indéfiniment de leurs problèmes ou du contenu de leur mental, sinon la relation risque de dégénérer en une sorte de thérapie pas forcément efficace.

Certes, un maître doit savoir écouter, mais au-delà de l'écoute, il sait communiquer au disciple le pouvoir du silence. C'est cela la réelle transmission spirituelle. Si le maître se laisse impliquer et ne réussit pas à être au-delà du mental de son disciple, comment celui-ci pourrait-il y arriver ? Lorsqu'on voit par exemple la manière dont Ma Amritanandamayi procède, il est clair qu'elle ne se pose pas en psychothérapeute pour analyser le détail du mental de ses disciples. Elle est là comme un phare pour indiquer une direction juste aux navigateurs qui la voient même de loin.

Un maître spirituel donne un éveil de la joie intérieure *(ananda)*. Quand on est au contact de sa douceur, on oublie les soucis avec lesquels on était venu à lui ; son énergie s'intègre directement dans la méditation ; en un mot, on sent auprès de lui le parfum de la Réalisation.

Par contre, les enseignants spirituels plutôt ordinaires sont pris dans un vrai dilemme à la manière des psychotérapeutes : soit ils n'ont pas assez de clients, et ils se sentent obligés de faire toutes sortes de contorsions intellectuelles pour les attirer, soit ils en ont trop, et ils se mettent à croire dur comme fer, dur comme leur ego j'aurais tendance à dire, à tout ce qu'ils disent. Le second cas est probablement plus grave que le premier. Des borgnes dirigeant des aveugles, passe encore ; mais quand ce sont les cinq quarts borgnes qui dirigent des quatre cinquièmes aveugles, ça devient vraiment risqué... Certes, aucun livre ne peut remplacer le contact avec un maître spirituel authentique, mais la tradition dit aussi qu'un bon livre vaut mieux qu'un mauvais gourou. Dans la relation d'aide ordinaire, l'étincelle, quand elle vient, est produite comme par le frottement prolongé de deux bouts de bois. Par contre, un disciple qui, par son ouverture du cœur, se met dans la proximité d'un maître spirituel est semblable à un bout de bois proche de l'extinction qu'on plonge dans de l'oxygène pur : tout à coup, il se met à brûler comme il ne l'avait jamais fait auparavant.

Un vrai maître ne favorise pas le grégarisme autour de lui, il aide au contraire ses disciples à en sortir, que ce soit celui du conformisme social ou le grégarisme inversé des révoltés contre la société. Si on suit une voie dévotionnelle, le maître est important pour que le disciple puisse concentrer son affectivité sur lui, jusqu'au moment où cette dernière sera complètement purifiée. Et si l'on suit une voie impersonnelle, celle de la Connaissance, le maître est presque plus nécessaire pour compenser par son apparence de personnalité – car en réalité il est au-delà de celle-ci – l'aspect peut-être sec et impersonnel de la voie elle-même. Parmi toutes les relations possibles, la relation de maître à disciple est celle qui est la plus réelle ; et une tradition ancienne dit que quand deux êtres humains se rencontrent réellement, un ange naît au ciel.

Pratique

La pratique de la méditation est beaucoup plus aisée quand elle est faite avec les explications directes d'un maître spirituel. Je n'ai pas consacré de chapitre à la pratique, mais sa nécessité sous-tend tout ce livre ; on trouvera, dispersées tout au long du texte, des réflexions à ce sujet. On dit qu'on ne connaît bien quelqu'un que lorsqu'on l'a longtemps « pratiqué ». De même, je pense qu'on ne se connaît bien soi-même qu'après « s'être longtemps pratiqué », c'est-à-dire s'être exploré grâce à la méditation. Celle-ci représente une nourriture quotidienne, un bain, un nettoyage jour après jour. Les musulmans ne sont pas des renonçants, ils vivent dans le monde, mais pourtant ils trouvent le temps de prier cinq fois par jour ; en cela, leur exemple devrait nous inspirer. Se retirer au calme régulièrement n'est pas une fuite ; ne pas le faire est en général une fuite en avant. Il peut y avoir des périodes où l'on a moins le temps de méditer, mais cela n'empêche pas de s'asseoir malgré tout, même peu de temps, car il est important de méditer dans le quotidien.

Si on perd son argent en voyage, on devient anxieux : pourquoi n'est-on pas anxieux de perdre notre richesse, l'intériorisation dans le voyage de cette vie ? Et pourquoi dire qu'on est trop froid, alors que la méditation est justement la source de la chaleur ?

La méditation se trouve favorisée par la rencontre régulière d'amis spirituels et par la participation à des groupes. La lecture méditative qui s'entremêle à la pratique elle-même est un bon moyen également de renouveler celle-ci. On a besoin d'entendre ou de lire des mots jusqu'à ce que l'expérience parle plus fort que les mots. Tenir un journal spirituel peut aider. Pour certains, le miroir de la feuille blanche renvoie une image d'eux-mêmes plus nette que le miroir de l'âme.

La méditation est à la fois chemin de vie et chemin à vie. Il y a des techniques thérapiques qui vous promettent de résoudre tous vos problèmes importants dans le cadre d'un contrat de durée limitée. Je n'ai en elles qu'une confiance limitée, et je ne crois pas non plus aux thérapies qui traînent pendant des années. Cela coûte cher au patient, et a l'inconvénient de finir par lui faire croire qu'il est un cas grave. C'est pour cela qu'apprendre des méthodes pour s'explorer soi-même et s'habituer à les pratiquer, seul et régulièrement, me semble la meilleure solution pour tous ceux qui le peuvent.

D'un certain point de vue, la Réalité est tellement proche de nous-mêmes qu'il ne peut y avoir de chemin entre Elle et nous. Mais la pratique est nécessaire ; la présence d'un maître spirituel est faite pour nous en donner le goût. Ma Anandamayi disait : « Il faudrait toujours se rappeler que le pouvoir d'exercer le discernement et de penser juste augmente en proportion du temps passé à méditer » et : « La pratique *(sadhana)* est notre propre richesse *(svadhana)*. Cette richesse est inépuisable[31]. »

Il y a dans le village indien où je vis une femme pauvre, veuve, qui travaille à mi-temps pour réussir à élever son fils unique. Elle pratique chaque matin de quatre à huit heures, et chaque soir de cinq à huit heures, soit sept heures par jour. Preuve que les difficultés économiques et la pauvreté ne sont pas un obstacle absolu à la pratique, même si elles compliquent parfois les choses ; mais la richesse, elle aussi, peut compliquer les choses pour le méditant...

On raconte l'histoire d'un enfant qui avait été élevé

dans un ermitage de la forêt. Il n'avait jamais vu de vache, mais son maître spirituel lui en avait parlé. Quand, arrivé à l'adolescence, il alla pour la première fois de sa vie dans un village, il vit sur la place une statue de vache ; il se dit tout content : « Voilà l'animal ! » Quelqu'un qui voulait repeindre sa maison avait laissé de la chaux diluée reposer dans un grand baquet près de la statue. Le jeune homme se dit : « Voilà le lait ! » et il en but une grande rasade. Quand il revint à l'ermitage, il était évidemment malade et furieux que son maître ne lui ait pas expliqué combien c'était dangereux de boire du lait. Le maître sourit et lui répondit seulement : « Mais cette vache, l'as-tu traite toi-même ? »

De même qu'il y a une philosophie éternelle et une psychologie éternelle, je crois en une méditation éternelle : peut-être celle de Dieu avant la création du monde, certainement celle de l'homme après l'arrêt du mental.

L'itinéraire intérieur en deux mots qui n'en font qu'un : de la conscience à la Conscience.

Vraie posture : une statue creuse, un vide puissant.
Vraie méditation : une respiration libre, un mental arrêté.
Les moyens pour cela : tous et aucun.

Il y a une loi ancienne qui dit qu'on ne trouve que ce qu'on cherche. D'où la première des méditations : Qu'est-ce que je cherche ?

Comment méditer ?
Doit-on enseigner à l'enfant comment aller vers sa mère ?

Le premier succès de la méditation, c'est de cesser de se lamenter de conditions extérieures soi-disant gênantes pour méditer.

La méditation – et l'ensemble de la voie spirituelle – est un effort persévérant pour passer des mots aux réalités, et des réalités à la Réalité.

Le pouvoir de penser, c'est la supériorité de l'homme psychique sur l'homme animal.
Le pouvoir de ne pas penser, c'est la supériorité de l'homme spirituel sur l'homme psychique.

Méditer, c'est prendre le temps de s'aimer soi-même ; pour ceux qui trouveraient cela trop nombriliste, on pourait dire : « de S'aimer en Soi ».

Le fil directeur, la méthode des méthodes en méditation : Que ton expiration la plus grande soit ton inspiration.

Méditer, c'est au début découvrir son inconscient, puis le Divin, puis la Conscience. En d'autres termes, aller au-dedans, c'est au début aller vers le bas, puis aller vers le haut, enfin ne plus aller du tout puisque identifié à la Conscience omniprésente.

Le fonctionnement de l'animal, c'est le combat ou la fuite ; celui de l'être humain, le combat, la fuite... ou la méditation.

L'oiseau de la méditation prend son plein essor quand le corps est suspendu au souffle, le souffle à la conscience et la conscience au vide.

La méditation, ce travail tranquille, mène à l'état de repos vibrant qui est la source de tout travail.

Chaque science a ses méthodes, ses instruments : on ne peut pas plus étudier la biologie, la science de l'infiniment petit, avec un télescope, qu'on ne peut étudier l'astronomie, la science de l'infiniment grand, avec un microscope. Le vrai recueillement, la science de l'infiniment intérieur, a son instrument de choix : la méditation.

Des paradoxes à méditer, oui ; des sophismes pour s'amuser, non.

Le narcissisme, c'est un attachement à soi-même sans compréhension ; la méditation, c'est une compréhension de soi-même sans attachement.

Paradoxal : « Il n'y a rien à pratiquer » est un enseignement secret réservé aux initiés qui pratiquent beaucoup.

Dans notre jardin intérieur, il y a quelques plantes qui portent des fruits ; le reste, ce sont des herbes plutôt folles. Méditer, c'est désherber, désherber, désherber... Les fruits mûriront et tomberont d'eux-mêmes.

Entre voir comment les choses devraient être et faire en sorte qu'elles le soient, il y a un monde – celui de la pratique.

Prendre le temps de méditer, c'est un acte sacré : non pas un sacrifice au sens doloriste du terme, non pas un sacrement au sens ecclésiastique, mais une sacralisation, tout simplement.

On s'entraîne bien en prenant des leçons pour conduire une voiture. Pourquoi ne pas s'entraîner en méditant à conduire son véhicule intérieur ? Ou bien attendez-vous pour cela que l'administration rende obligatoire la présentation du « permis de se conduire » ?

La pratique quotidienne est la meilleure façon de vérifier jour après jour la parole de Nietzsche : « Le vrai courage, c'est celui qu'on a face à soi-même. »

Multiplier les diplômes, les formations, revient à accumuler les paires de lunettes sur son nez : cela n'aide pas à voir la réalité, encore moins la Réalité.

Si la réflexion ne débouche pas sur le silence de la méditation, elle risque de devenir – comme dans deux miroirs qui se regardent l'un l'autre – réflexion d'elle-même à vide, indéfiniment.

Pour méditer, soyez attentif à votre mental : on pourrait dire en anglais : « mind your mind ».

Le travail du méditant, c'est de stopper le discours intérieur, d'empêcher les images mentales de se développer, de faire cesser les sensations : en deux mots qui n'en font qu'un, c'est de ne pas s'arrêter d'arrêter.

L'activiste a son centre de gravité au-dehors, le méditant au-dedans : dites-moi qui tombera le premier.

Méditer, c'est voyager en avion : à travers le hublot de l'attention, on peut voir au-delà de la carlingue du mental la nuit étoilée, ou un soleil levant sur les mers de nuages.

Aimer un enfant amène à l'éduquer par la parole et par l'exemple. S'aimer soi-même revient à s'éduquer par la méditation et le geste juste.

Le mental ne peut s'empêcher d'interpréter, en général dans un sens négatif ; qu'au moins, en méditation, ce soit dans un sens positif.

Penser au vide : méditation profonde ; penser à vide : méditation ratée.

N'est pas marchand qui toujours gagne ; n'est pas méditant qui est toujours en paix.

Le thérapeute aide ceux qui vont mal à aller moins mal : la méditation aide ceux qui vont bien à aller mieux.

Méditer, c'est se frayer un chemin vers soi-même. On pourra développer indéfiniment les télécommunications, la télévision, etc., mais la méditation reviendra toujours à être tel qu'en soi-même, elle restera « auto » : autocommunication, autovision... aboutissant finalement au fruit du processus : l'autonomie.

La méditation, c'est le long apprentissage de la communication avec soi : communication bien ordonnée commence par soi-même.

Le thérapeute s'occupe de l'esprit pathologique, et surtout de celui des autres ; le méditant s'occupe de l'esprit sain, et surtout du sien. Entre les deux : un monde de différence.

La méditation assure un espace de silence bien nécessaire ; multiplier les relations et les communications au-dessous d'un certain seuil de qualité revient à multiplier des chiffres entre zéro et un : on croit qu'on progresse, mais en fait c'est vers la nullité.

La méditation profonde est une gomme qui efface progressivement le coup de crayon tracé par les théologiens entre le naturel et le surnaturel.

À quoi peut ressembler cet « espace » de la méditation ? Peut-être à un mélange subtil, mais infiniment pénétrant, entre la vacuité de l'Être et la plénitude de la félicité.

Une période de perte de conscience a beau être encadrée par de belles expériences de méditation, elle n'en devient pas samadhi *pour autant : elle reste sommeil.*

Le ciel de la méditation gravite autour d'une étoile polaire. Une fois que vous avez appris à tracer des lignes dans les constellations mentales qui y mènent, garder les yeux sur le pôle.

La vraie méditation : vision sans yeux qui embrasse d'un seul regard à la fois tout le corps et toute l'âme.

La tranquillité du vrai méditant est celle d'un ruminant qui assimile : l'immobilité de l'homme du monde est celle d'un carnivore aux aguets.

Si on est voleur, quitte à dérober un trésor, autant dérober le trésor du roi. Si on est méditant, quitte à chercher une expérience, autant chercher celle de l'Absolu.

Méditer, c'est revenir au silence d'avant le tohu-bohu : retrouver le silence de Dieu avant la création du monde.

Méditer, c'est seulement s'observer soi-même : non pas une sacrée paresse, mais une paresse sacrée.

Assis dans la nature, le débutant médite sur le ciel bleu : celui qui est plus avancé, lui, se contente de savoir que le ciel médite.

La science est un savoir-faire, l'art un savoir-sentir.
La retraite est un savoir-ne pas faire et la méditation, un savoir-être.

Méditer, c'est savoir se relier à l'Âme dans son âme, Celle qui n'a jamais été différente de l'Âme des âmes.

Le cœur, c'est le siège du méditant, la grotte de l'ermite, la cellule du moine et la crypte de l'orant ; quand la fleur du cœur s'ouvre, l'extérieur lui-même devient intérieur.

Méditer comme si on pouvait être Dieu méditant en Dieu et rêvant l'univers.

Le but de la méditation : il y a un état au-delà de tout.
On peut entrer dans cet état.
La méditation : chemin de vie, chemin à vie.

PREMIÈRE PARTIE

LES RACINES CORPORELLES

1.

Corps

« Le Soi en tant que sagesse a pénétré le soi en tant que corps jusqu'aux cheveux et jusqu'au bout des ongles. »

Kaushitaki Oupanishad, 4-20

L'importance du corps en lien avec l'esprit est maintenant largement reconnue par le grand public et les psychothérapeutes inspirés par la psychologie humaniste et transpersonnelle. Les techniques basées sur la relaxation, l'hypnose, la sophrologie donnent également une place centrale au corps. Dans la Tradition aussi, le corps est décrit comme « le temple de Dieu » pour les chrétiens, et en Inde on parle de la chance d'avoir une naissance humaine pour cette vie au lieu d'être né dans un corps animal ; cette chance doit être utilisée pour travailler dans le sens de Moksha, la Libération. La souffrance n'est pas vue comme entièrement négative : de même que le feu peut occasionner des brûlures, le couteau blesser, mais que les deux sont quand même utiles à qui sait s'en servir, de même la souffrance sert à nous éveiller chaque fois que nous acceptons d'écouter son message.

Sortir de la souffrance a toujours été une motivation pour entrer dans une voie spirituelle ; au début, on cherche à remédier à la souffrance physique, puis on s'aperçoit du rôle du psychisme dans l'origine ou l'aggravation de celle-ci et l'on entame un travail intérieur. Par la méditation et les autres pratiques psychocorporelles, on développe déjà une claire sensation de son corps. La claire vision intérieure *(Vipassana)* du corps et des sensations qui y naissent, s'y développent et y meurent aide à accroître la lucidité à l'état de veille.

Dans un gros volume publié en 1984, Walsh et Shapiro rassemblent les articles les plus significatifs de la recherche scientifique sur la méditation. Ils citent, déjà à cette époque, environ six cents références d'études sur le sujet, dont 90 % datant d'après 1970 [1]. On trouvera aussi en note d'autres recueils de recherche, dont l'ouvrage *Zen et self-control*[2].

Nous allons commencer par parler de la posture de méditation, et de la manière dont elle favorise une base saine pour l'exploration de soi-même. Ensuite, nous envisagerons l'influence de l'esprit sur le corps, puis le lien entre méditation et autoguérison.

La posture

La posture est le reflet corporel de la qualité de la méditation ; on pourrait même dire que la qualité de la méditation est le reflet de la qualité de la posture. Pourquoi recommande-t-on en Orient la posture jambes croisées, dont le type complet est la posture du lotus *(padmasana) ?* Ce n'est pas par amour du mal aux jambes ni par masochisme. Il y a dans les tendons et les capsules articulaires, et à un moindre degré dans les muscles, des récepteurs spécialisés dans la mesure de l'état de tension et d'élongation des fibres qui les environnent : ces récepteurs sont liés directement à la substance réticulée activatrice située au niveau de la nuque, dans le bulbe rachidien. Quand il y a élongation, cette substance réticulée est activée et tout le cerveau s'éveille, puisque son rôle est d'être un « thermostat » de l'état de veille ou de sommeil du cerveau. En cas de coma, la substance réticulée est d'ailleurs inhibée complètement.

La position des mains et des pieds, orientés vers le haut, marque un désir de sublimation de l'activité mentale, une aspiration à faire monter la conscience de l'instinctuel vers le spirituel, en pratique du bassin vers les épaules et la tête. Une attitude corporelle ou un geste tenu suffisamment longtemps est plus qu'un symbole : il se révèle comme un catalyseur de l'activité mentale dans un certain sens ; c'est un cristal de départ, plongé dans cette solution concentrée qu'est le mental : il confère sa structure, son organisation formelle à tous les atomes qui viennent à son contact. La position du cou-de-pied en contact avec l'intérieur des cuisses a un autre avantage : par réaction réflexe, elle libère la respiration abdominale qui est une respiration apaisante. De plus, le fait que les jambes soient immobilisées, comme verrouillées en position de lotus, empêche à la fois le corps et le mental de courir d'un côté ou d'un autre ; en effet, dégager les jambes de cette posture entraîne des douleurs, c'est donc un « encouragement » concret à ne pas bouger... Le fait de garder le regard fixé, soit en haut et en dedans dans le Yoga, soit en face de soi dans le Zen, obéit au même principe : aider à freiner l'activité de rêverie habituelle ; même dans le rêve nocturne, il y a des mouvements oculaires rapides. En méditation, on cherche à aller dans un état d'unité au-delà des images mentales, dans un état de fixité oculaire (comme une sorte de sommeil profond conscient et dynamique) au-delà des mouvements oculaires rapides (rêve).

Dans la vie ordinaire, le dos est relâché, voûté, alors que les mains et les jambes sont tendues (avidité, réaction de combat/fuite). Dans la méditation, on inverse le processus : mains, bras et jambes sont détendus, seuls les muscles paravertébraux et la nuque gardent un dynamisme de base qui est directement lié au réflexe de l'éveil ; quand on s'endort, et au cours du sommeil avec rêve (paradoxal), il y a une relaxation de la nuque ; en méditation on tend la nuque, ce qui aide le mental à aller au-delà de l'imagerie mentale et du sommeil.

Dans l'acte de méditation, on cherche un déploiement physique qui se reflète dans le mental : on dit ainsi dans le Zen qu'il faut « pousser le sol avec les genoux et le ciel avec la tête ». La position du fœtus dans le sein de sa mère, la position en chien de fusil pour s'endormir, la position voûtée du déprimé sont toutes les trois en flexion avant. Cela correspond à une attitude psychologique régressive. Tout ce qui peut contribuer à redresser le dos et à ouvrir les épaules correspond à ce qu'on pourrait appeler une « dérégression » ; il y a dans le milieu et le haut du dos, par exemple sous le bord inférieur et interne des omoplates, des points réflexes qui favorisent ce redressement et cette ouverture.

Cependant, ici comme en toute chose, il est meilleur de suivre la voie du juste milieu : un redressement excessif, une cambrure exagérée du haut du dos, correspond à une réaction de colère, comme le serpent menacé qui se dresse pour mordre. Sans aller jusque-là, l'image du cobra qui se dresse derrière le dos donne une idée du mouvement juste de la posture, comme elle est représentée par exemple dans l'iconographie de Vishnou.

Il y a dans la première grande salle du Prince of Wales Museum à Bombay un Brahma du début de notre ère qui montre cette posture juste, avec un thorax et un tronc en forme de triangle pointé vers le bas ; on retrouve la même forme dans les bouddhas ceylanais du premier millénaire. Plus proche de nous, on sent, quand on voit Ma Amritanandamayi en méditation, une grande force au niveau du haut du dos et de la nuque. De nos jours, la pratique de la méditation assise jambes croisées pénètre également la tradition chrétienne : j'ai pu m'entretenir avec le maître des novices de la Grande Chartreuse qui m'a dit que la moitié de ses huit novices méditaient en lotus ou demi-lotus, position qu'ils avaient appris à pratiquer lors de stages divers et variés avant de rentrer à la Chartreuse ; il ne voyait pas d'inconvénient à cela, le but de la posture étant d'aider la méditation et la prière, et non pas de les gêner.

L'influence de l'esprit sur le corps

Biochimie de la croyance

Dans son livre de synthèse sur la psychobiologie de la guérison, E.L. Rossi[3] raconte le cas de M. Wright, atteint d'un cancer très avancé des ganglions lymphatiques (lymphosarcome). Il subissait tous les deux jours des ponctions thoraciques d'un fluide laiteux, et à ce stade son médecin pensait qu'il ne passerait pas le week-end. Cependant, M. Wright avait entendu dire qu'on essayait un nouveau médicament contre le cancer et a supplié qu'on le lui administre. Bien que cette substance à l'essai n'ait pas été prévue pour des stades terminaux, le médecin a accepté de lui en injecter. En quelques jours seulement, M. Wright fut ressuscité, ses masses tumorales fondirent de moitié, alors que le même médicament n'avait rien fait sur les autres patients. Il se remit complètement, mais deux mois plus tard, il lut dans la presse que le médicament qu'on lui avait administré semblait être inactif d'après les résultats préliminaires des tests cliniques. Il en fut considérablement troublé et rechuta. Le médecin prétendit que c'était parce que le médicament s'était altéré avec le temps, mais que dans deux jours il allait recevoir un nouveau lot de produit frais. On lui injecta en fait de l'eau pure. Pendant deux mois, il guérit de nouveau cliniquement, jusqu'au moment où il lut dans la presse un communiqué de l'American Medical Association confirmant que les essais menés sur le médicament dans l'ensemble du pays avaient montré que celui-ci n'avait aucun effet sur le cancer. Quelques jours plus tard, il fut admis à l'hôpital dans un état grave et mourut en quarante-huit heures[4].

Cet effet de guérison qu'on appelle placebo est bien connu en médecine, bien que le cas de M. Wright soit particulièrement spectaculaire. On a pu montrer que 35 % des patients en postopératoire, donc avec des causes de souffrances peu imaginaires, étaient soulagés à 50 % de leur douleur par un placebo[5]. On a aussi montré qu'en général, 55 % environ de l'effet thérapeutique des analgésiques et des antidépresseurs (comme les tricycliques) sont attribuables à l'effet placebo.

Les découvertes biochimiques récentes ont mis en lumière le rôle des neurotransmetteurs, hormones et neuropeptides dans la transmission de l'information d'une partie à l'autre du corps. Ce système de transmission a précédé dans l'évolution le développement des nerfs, et on a prouvé récemment qu'il pouvait agir jusqu'au niveau des gènes pour favoriser indirectement la genèse de telle ou telle protéine. Grâce à la concentration mentale, on peut augmenter l'adhésivité des neutrophiles (un sous-groupe des globules blancs) dans une partie précise du corps, ce qui favorise les réactions immunitaires locales. On a prouvé que le stress des examens pouvait diminuer les interleukines 2 (des médiateurs importants de l'immunité) alors que la pratique du massage pouvait les augmenter[6]. Dans une expérience intéressante, on fait le test habituel de la tuberculose, par timbre, à une personne sur les deux bras. On lui dit que le réactif réel a été appliqué à droite, et qu'à gauche il n'y a qu'un placebo. Conformément à cela, la personne a une réaction positive à droite, et rien à gauche. Or, c'était à gauche que le produit avait été réellement appliqué[7]. Les phénomènes de guérison par l'esprit peuvent être souvent reliés à une capacité de modifier localement le flux sanguin : « La modification du flux sanguin par le biais des pensées dirigées, par l'imagination et l'émotion, représente un des facteurs de base communs à la résolution de la plupart, voire de tous les problèmes psychocorporels[8]. » Citons par exemple le traitement des maux de tête, des verrues, de la maladie de Raynaud (troubles vasculaires des doigts de la main), la diminution ou l'augmentation sous hypnose des phénomènes inflammatoires liés aux brûlures, la stimulation ou l'arrêt de l'érection du pénis, les possibilités d'arrêt du saignement même chez des hémophiles, etc.

Autoguérison catalytique

Rossi a développé ce qu'il appelle l'autoguérison catalytique, dont la première étape est d'entrer dans un état « profond ». Il est intéressant que les hypnothérapeutes aient remarqué qu'un des signes de l'état profond était la convergence des yeux en haut et en dedans : on retrouve cette convergence oculaire sur le troisième œil dans le Yoga. Puis Rossi demande au patient d'associer un des deux éléments de son conflit intérieur à la main droite par exemple, l'autre à la main gauche, et de laisser les mains faire ce qu'elles veulent pendant que le conflit se résout dans la tête. On peut affiner la méthode en associant des données plus précises du conflit avec certains doigts. On se met alors à résoudre ses problèmes « en jouant du piano »... Ce qu'il faut retenir de cela, c'est qu'il existe un état profond de conscience où l'on perçoit directement le lien entre l'esprit et le corps, et où l'on peut donc agir sur l'un et l'autre.

Autre méthode d'autoguérison intéressante : celle d'Ainslie Meares[9], un psychiatre australien qui a été de son vivant président d'une association internationale d'hypnothérapie. Après avoir voyagé en Inde, il a « osé » la thérapie du non-faire consistant à demander aux patients de ne rien faire, ni physiquement ni mentalement. Ceux-ci devaient simplement être assis dans une posture de méditation, et le reste se faisait tout seul. Les patients pratiquaient pendant deux semaines avec Meares, puis seuls, au début pendant dix minutes et en augmentant la durée jusqu'à quatre heures par jour. Cette méthode donne de bons résultats de guérison de cancer ; il y a maintenant une association qui continue le travail de Meares. Il se peut que sa méthode puisse avoir un effet d'injonction paradoxale sur les cancéreux : prêts à tout faire pour guérir, ils rencontrent un thérapeute qui leur dit qu'il faut surtout ne rien faire. Cela crée un effet de « relaxation transcendantale ». Alors que toute la médecine et toute la psychologie étaient basées sur le faire (même la méthode psychanalytique où il fallait quand même associer et verbaliser) et qu'on laissait la « voie de l'abandon » aux prêtres et à la Providence, Meares semble l'avoir réintroduite à sa manière dans la thérapie.

Dans un contexte culturel complètement différent, un article rend compte d'un cas de guérison de cancer qui paraissait suivre la même loi profonde du non-agir. M. S., du Kerala dans le sud de l'Inde, souffrait depuis quatre ans d'un cancer intestinal si avancé que les médecins lui avaient conseillé d'arrêter les traitements. Il vint voir la sainte Ma Amritanandamayi, lui expliqua sa situation, mais au lieu de demander sa guérison, il lui dit : « Que la volonté d'Amma (Mère) soit faite. » Il se remit complètement de ses douleurs gastriques qui étaient insupportables et, presque un an plus tard, il allait toujours parfaitement bien [10]. Il semble que l'abandon de son ego dans une ambiance positive, voire sacrée, ait en soi une vertu thérapeutique.

L'autoguérison est liée, nous l'avons dit, à la capacité de modifier le flux sanguin dans la partie du corps sur laquelle on a choisi de se concentrer. Je vois aussi dans les causes de l'autoguérison un second phénomène de méditation, plus subtil, que j'appelle l'isomorphie corporelle. On sait déjà qu'on peut soigner diverses parties du corps à distance en agissant sur la partie qui leur correspond en miniature au niveau de la plante du pied, du lobe de l'oreille ou des narines. Un médecin vietnamien* a développé une méthode de traitement basée sur l'analogie entre la main et le visage. On peut soulager par exemple une douleur au pied gauche en se concentrant sur le pied droit, ou sur une des deux mains, ou un mal au genou en se concentrant sur le coude. Il y a des isomorphies plus inattendues : celle, par exemple, du pouce et du maxillaire inférieur aide à comprendre pourquoi le point d'acupuncture *ro-ku*, à peu près au fond du sillon entre le pouce et l'index, est connu pour diminuer les douleurs dentaires. Il y a un lien entre le médius, qui est l'axe de la main, et la colonne vertébrale, qui est l'axe du corps. Si l'on maintient en méditation pendant suffisamment longtemps le contact entre le pouce et le médius à un certain niveau de celui-ci, on pourra agir à un niveau correspondant de la colonne. Ces isomorphies corporelles peuvent être utilisées non seulement pour soulager une douleur, mais aussi pour faire pénétrer une image ou un geste donné profondément dans l'inconscient. Si l'on sent par exemple qu'on devrait sourire davantage dans sa vie, on peut « transporter » son sourire à travers tout le corps, en le sentant projeté au niveau du nombril entre les deux pointes du bassin, ou à la racine des cheveux, ou comme un objet qu'on pourrait tenir dans la main, etc. Il n'y a pas lieu de théoriser outre mesure sur ces isomorphies corporelles. Ce sont des perceptions qui s'éveillent par la pratique, avec bien d'autres prises de conscience.

En résumé, qu'est-ce qui est important dans l'autoguérison ? Je pense qu'il s'agit plus de l'émotion du

* Pr Bui Qoc Chau (facythérapie).

vouloir-guérir dirigée dans une partie du corps donnée plutôt que d'une visualisation ou autre. Il suffit de considérer les différentes méthodes pour soigner les verrues par la suggestion : certaines n'utilisent pas de visualisation, d'autres visualisent une augmentation du flux sanguin au niveau de la verrue, d'autres, au contraire, une diminution de celui-ci, et toutes ont de bons résultats [11]... Cette émotion dirigée doit l'être sans crispation ou recherche à tout prix d'un résultat : c'est ce qu'on appelle la « volition passive en biofeedback », non sans analogie avec, dans le domaine spirituel, la « prière sans ego », du genre « Que Ta volonté soit faite ».

La recherche psychophysiologique et la méditation

Pour la recherche, on doit aller dans le sens de la mise en évidence d'effets spécifiques : par exemple, Simonton a prouvé des guérisons de cancer par une technique associant visualisations et travail de groupe. Mais il a fallu attendre Hall [12], qui a obtenu des guérisons uniquement par la visualisation, pour être sûr que celle-ci pouvait être efficace à elle seule contre le cancer. L'idéal serait de travailler avec des chercheurs qui soient aussi des méditants confirmés. Par ailleurs, il ne faut pas tomber dans le piège qui consiste à confondre une physiologie modifiée avec un état modifié de conscience. Le but de la méditation est l'état spontané, ordinaire, vécu en pleine conscience. Il est tout à fait possible qu'un sage véritable ne montre pas de changements physiologiques particuliers, même s'il a pu en avoir d'importants durant les extases ou enstases qu'il a vécues pendant ses années de pratique.

Il est important d'étudier des méditants expérimentés pour évaluer honnêtement les possibilités d'une méthode. D'autre part, les études sur la méditation devraient éviter d'« enfoncer des portes ouvertes », c'est-à-dire prouver par exemple que tel type de méditation produit un état de relaxation avec des ondes alpha, ce qui a déjà été démontré des douzaines de fois dans les vingt-cinq dernières années. On a pu observer que des gens en relaxation pouvaient manifester les mêmes modifications physiologiques que des méditants, mais que ceux-ci en avaient un vécu subjectif bien meilleur car ils attendaient plus de la méditation ; cette attente fait partie intégrante du processus méditatif.

Pour conclure, j'aimerais revenir sur la prudence avec laquelle on doit interpréter des comptes rendus d'expériences de méditation sans les corréler avec des modifications dans la vie quotidienne. En méditation, il y a un continuum entre ce qu'on est et ce qu'on voudrait être, mais il n'est pas toujours si facile de s'y situer précisément. Une histoire indienne illustre bien ce propos : un jeune homme était tombé amoureux de la fille du roi ; il attendait toute la journée en face du palais pour la voir apparaître à son balcon, tant et si bien qu'il finit par être chassé sans ménagement par les gardes. Il se déguisa en moine errant et revint pour méditer près de la demeure royale ; à force de faire semblant de méditer, il y prit goût, se mit à avoir de véritables expériences, oublia la fille du roi et devint moine pour de bon.

Latéralité cérébrale et rythmes ultradiens

On appelle rythme ultradien un rythme biologique qui a une périodicité inférieure à vingt-quatre heures. Rossi a remarqué qu'il y avait une période de vingt minutes toutes les trois heures particulièrement propice pour entrer dans un état profond de conscience. Il ne s'agit pas d'un rythme de quatre-vingt-dix minutes comme pendant le sommeil, mais de cent quatre-vingts minutes environ [13]. Les cinq offices de la prière monastique, les cinq prières quotidiennes des musulmans suivent ce rythme. Une série d'observations originales faites dans un ashram au Bihâr (Inde) a retrouvé cette périodicité de trois heures surtout avant l'aube et l'après-midi [14]. Elle est liée à l'alternance de l'ouverture des narines, fait connu depuis des millénaires par les yogis et depuis un siècle environ par les médecins. Wilhelm Fliess, l'ORL de Berlin qui fut pendant plusieurs années l'ami le plus proche de Freud, avait une théorie à ce sujet, en liaison avec la sexualité. Ce qui a été découvert récemment seulement, au début des années 80, est le lien entre l'ouverture d'une narine et la stimulation de l'hémisphère controlatéral : ainsi, quand la narine gauche est ouverte, l'hémisphère droit est dominant, cela signifiant qu'on aura une meilleure capacité pour les tâches requérant intuition, sensibilité et réceptivité ; par contre, si la narine droite est ouverte, le côté masculin dans la tradition indienne, l'hémisphère gauche sera stimulé et l'on sera plus d'humeur à agir et à analyser. La dominance hémisphérique doit être inversée chez le gaucher. L'intérêt de cette science des latéralités, qu'on appelle *svara yoga*, est de savoir à volonté et de façon simple quel hémisphère se trouve stimulé à un moment donné : pour cela, il suffit de constater quelle narine est ouverte, par exemple en bouchant une narine et en expirant vigoureusement, puis en comparant avec l'autre narine ; ou en inspirant par un côté en fermant l'autre avec le doigt et en écoutant la différence de son. On peut aussi changer le côté de la stimulation hémisphérique : si la narine gauche est fermée, en se couchant sur la droite ou en se massant fortement l'aisselle droite, on peut l'ouvrir, et ainsi stimuler l'hémisphère droit ; chez des sujets entraînés, il est certainement possible d'avoir le même résultat par concentration directe sur la moitié droite du corps. Notons que prendre un bain a souvent l'effet d'inverser la latéralité stimulée.

On a beaucoup dit que la méditation stimulait l'hémisphère droit. Dans une revue d'une petite centaine d'études sur le sujet, Earle [15] n'est pas si formel : certes, dans les premières minutes de méditation, il y a une stimulation de l'hémisphère non dominant (le droit chez le droitier) correspondant à l'inhibition de la verbalisation et à un afflux d'images mentales, ainsi qu'à un éveil de l'attention (lié au cortex postérieur droit). Ensuite, on remarque une similarité, une synchronisation entre les deux hémisphères. En corrélant le vécu des méditants avec l'EEG (électroencéphalogramme), on peut supposer que les « expériences de sommet » correspondent à une inhibition corticale des deux côtés, une sorte de trace EEG de la non-pensée... En

France, Pierre Etévenon a travaillé sur le rapport de l'EEG et du Yoga[16].

Sans entrer ici dans le détail des rythmes hormonaux en rapport avec la conscience, je me contenterai de mentionner un seul fait qui me semble avoir des conséquences concrètes : la cholécystokinine est sécrétée pendant la digestion et stimule la mémoire. La raison évolutive en est sans doute que l'animal avait intérêt à bien se souvenir de toutes les circonstances qui l'avaient amené à trouver de la nourriture. Sachant cela, je pense que l'habitude de regarder la télévision pendant les repas n'est pas saine, car toute la négativité ou l'incohérence du monde qui se déverse par la « gargouille » du petit écran est mémorisée comme quelque chose de personnellement très précieux, ce qui n'est pas vraiment le cas. À l'inverse, les moines qui ont à longueur d'année des lectures sur des sujets signifiants disent qu'ils s'en souviennent très bien longtemps après : ils associent la nourriture pour le corps à celle de l'esprit. Il y a aussi la solution d'être complètement présent pendant tout le repas, mais c'est beaucoup moins facile qu'il n'y paraît.

Sur les aspects pratiques des rythmes biologiques, je renvoie à l'ouvrage bien présenté du Dr Lionel Coudron, spécialiste de longue date du rapport entre Yoga et médecine[17].

Les effets indésirables de la méditation

Les accidents de la méditation surviennent souvent à l'occasion de stages intensifs chez des sujets non préparés et fragiles qui se voient imposer une réduction du temps de sommeil, de l'alimentation et de nombreuses heures de pratique. Il faut comprendre que la méditation est un chemin de vie, non pas une sorte de marathon temporaire pour se projeter dans des états de conscience pour lesquels on n'est pas mûr. Les retraites sont certainement importantes pour réveiller l'énergie qui dort en nous, mais il faut les mener de façon adaptée à son niveau pour que les effets secondaires n'excèdent pas les bénéfices.

Les incidents peuvent être de deux grands types : soit hyperexcitabilité, sensibilité, irritabilité ; soit, au contraire, renfermement, tendance à la rumination et à la dépression. Derrière cela, il y a une désillusion par rapport au moi idéal et social qu'on s'était forgé et dont on découvre les aspects souterrains. Ces aspects négatifs sont sans doute plus fréquents en Occident où les méditants, souvent, n'ont pas de relation spirituelle intense avec un maître, ou dont le maître lui-même n'est pas « intense »... Dans les remontées de l'inconscient, on doit distinguer d'un côté la majorité d'entre elles qui correspondent à un bruit de fond qu'il faut dépasser par un retour à la concentration, et certaines pensées qui reviennent de manière insistante et qu'il faut savoir regarder en face pour comprendre leurs racines. L'expérience montre que la plupart des méditants qui passent par des phases pénibles dans leur pratique ne le regrettent pas par la suite, car ils ont vécu cette phase comme une sorte d'épreuve initiatique chargée de sens. Il faut savoir aussi se questionner sur la pureté de son projet de méditation, comme je l'ai déjà souligné.

La méditation comprise comme une relaxation superficielle peut avoir un « effet Valium » et masquer les vrais problèmes en donnant une impression de mieux-être, mais sans apporter réellement un mieux. Les psychologues cognitivistes, qui insistent sur la capacité de changer la vie quotidienne, font également ce genre de reproche aux autres méthodes de psychothérapie, et il y a du vrai dans ce qu'ils disent. Pour en savoir davantage sur les relations entre la méditation et la psychopathologie, je renvoie le lecteur à la dernière partie du chapitre sur l'attention, ainsi qu'au livre de Dennis Boyes, *Évolution intérieure et problèmes psychologiques*[18] où il trouvera nombre de réflexions intéressantes et pratiques sur le sujet.

Méditation et société

De nombreuses études statistiques ont été menées pour montrer les effets positifs de la méditation sur la société. Le mouvement a été lancé par la Méditation transcendantale. Une étude de Winquist (1969), par exemple, a montré que dans une population de toxicomanes, la pratique régulière de la méditation avait fait baisser la prise de drogues de 83 %[19]. Malheureusement, autant que je me souvienne, cette étude ne précise pas comment amener un toxicomane à pratiquer régulièrement, et je sais pour avoir essayé avec certains patients que ce n'est pas si facile.

Dans un livre sur la pratique de la Méditation transcendantale en prison, les résultats ont été encourageants également. Les prisonniers avaient un meilleur comportement dans la prison elle-même et récidivaient moins. Le mouvement de MT a fait de nombreuses études pour établir que dans des villes où 1 % de la population au moins méditait, le taux de criminalité diminuait. L'étude de Borland et Landrith[20] par exemple a comparé onze villes où 1 % de la population méditait à onze autres villes témoins : dans huit des onze villes témoins, l'augmentation moyenne de la criminalité (entre 1972 et 1973) a été de 8,3 % ; dans les villes où l'on méditait, la criminalité a baissé de 8,2 %. La moyenne des États-Unis pour l'année avait été une augmentation de 6 %. Le mouvement de la Méditation transcendantale a pris en charge 25 % d'un pays africain pour encourager son développement intégré, économique, social et spirituel. La Méditation transcendantale compte environ six millions d'adhérents (à peu près autant que de pratiquants du catholicisme en France), il a pris la taille d'une nouvelle religion avec ses bons et ses mauvais côtés. Ceci dit, il reste ancré dans les Védas ou le Védanta. Un autre mouvement à tendance universaliste qui insiste sur le rapport direct avec le Divin par la méditation en dehors des cadres religieux habituels est la foi bahaïe.

J'ai lu récemment qu'en Inde une des formations proposées aux prisonniers pour leur réhabilitation est celle d'enseignant de hatha-yoga, dans une des provinces du centre du pays, le Madhya Pradesh. Six mille enseignants déjà ont été formés ainsi. Même s'ils ne transmettent pas de la haute métaphysique, ils pourront enseigner des pratiques de santé utiles à la population. Aux États-Unis, certaines compagnies d'assurance santé donnent des bonus aux clients qui pratiquent la méditation, car elles se sont aperçues que ceux-ci consommaient moins de services médicaux. Espérons quand même qu'il restera quelques personnes qui comprendront l'intérêt de pratiquer sans se soucier des avantages financiers...

L'autoanalyse et l'Occident

Comme nous l'avons fait remarquer, la pensée positive est peu abordée dans la masse de littérature sur la psychologie occidentale. Peut-être évoque-t-elle trop par certains aspects la prière. Ceci dit, les courants de pensée positive mènent en fait directement à l'autothérapie. Ce n'est sans doute pas par hasard que ces courants se sont développés plus facilement aux États-Unis, où la notion de guérison par la prière est couramment acceptée. Dans les pays latins, la pensée positive s'est intégrée au milieu médical en particulier par l'intermédiaire de la sophrologie.

Dans la psychologie d'inspiration psychanalytique, le livre de Karen Horney, *L'Autoanalyse*[21], a marqué une date, bien qu'il semble être resté isolé. L'idée de base de Karen Horney était saine : à une époque où une bonne partie de l'humanité était dominée par les totalitarismes, il était urgent d'apprendre aux gens à penser par eux-mêmes, à devenir indépendants, y compris de leur thérapeute. La nécessité de l'honnêteté complète vis-à-vis de soi-même, les risques de la fuite devant les vrais problèmes et de l'autojustification sont justement soulignés. Cependant, quand Karen Horney parle des limites de l'autoanalyse, elle devrait aller plus loin et parler des limites de l'analyse elle-même : l'introspection sans fil directeur fait que l'esprit, n'ayant rien à quoi se raccrocher, construit sa propre mise en scène indéfiniment. Certes, celui qui s'analyse seul risque de se perdre dans son propre labyrinthe, mais celui qui travaille avec un analyste risque de se perdre à deux, avec en plus le danger de ne pas s'en apercevoir s'il a fait un transfert positif sur son thérapeute qu'il croit omniscient. Au fond, l'autoanalyse ne paraît guère différente d'un journal introspectif d'adolescent. La méditation essaie de résoudre ces difficultés de diverses façons. Le retour à un corps immobile et dynamique limite l'amplitude des divagations mentales ; de plus, celui qui est engagé dans une véritable pratique a un idéal moral élevé. En analysant les détails de ses déviations quotidiennes par rapport à cet idéal, il apprend à connaître les défauts fondamentaux de l'ego.

Une autre œuvre originale est le dernier livre de René Allendy, *Journal d'un médecin malade* qu'il a dicté pendant sa maladie ultime en 1942 : on y retrouve une certaine dépression, mais accompagnée de prises de conscience spirituelles. Allendy s'était lié d'amitié à l'époque avec Swami Siddeshwarananda qui vivait aussi à Montpellier. Il constate : « Mes visiteurs ne voient pas que je change de plan... à tout cela je comprends que nous sommes seuls chacun dans le fond de notre âme. Je sens bien aussi comme notre vie extérieure réalise un grouillement d'influences qui n'est pas nous-mêmes. Cette espèce de comédie humaine autour du demi-cadavre que je suis, autour du naufrage de ma vie matérielle, offre, derrière son ridicule apparent, un reflet du néant des choses contemplées du point de vue spirituel[22]. »

Toujours dans le domaine de la psychanalyse, Didier Anzieu a consacré un gros livre à l'autoanalyse de Freud. C'est une manifestation étonnante du culte de la personnalité qui règne autour de Freud dans les milieux psychanalytiques. Il tient une sorte de rôle de Dieu le Père, celui qui, seul, a eu le droit de s'autoanalyser sans l'autorisation d'un institut. Peut-être que, par l'ascèse qu'a dû représenter la rédaction de ce gros livre, Didier Anzieu espère analyser Freud, et se mettre à la place du Père de Dieu le Père...

Jung, dans *Ma vie*, a évoqué lui-même ce qu'on pourrait appeler son autoanalyse. Sur le plan de la psychologie pratique, André Moreau, psychiatre ayant de multiples cordes à son arc, a « osé » écrire une *Autothérapie assistée*[23] qui donne de nombreuses recettes utiles pour s'étudier soi-même, indépendamment du thérapeute. Le rapport entre méditation et psychothérapie a été le sujet du congrès fondateur de l'Association internationale de psychiatrie spirituelle en 1994, organisé par le Dr J.-M. Mantel et auquel j'ai participé. Les actes de ce congrès ont été publiés aux éditions Le Fennec[24].

En ce qui me concerne, j'ai passé sept ans de médecine à étudier le corps de l'extérieur, quatre ans de psychiatrie à étudier l'esprit de l'extérieur et plusieurs années en Inde à étudier le corps et l'esprit de l'intérieur ; maintenant, je peux le dire avec une certaine expérience : la vraie méditation est au-delà du corps et de l'esprit.

Nous avons avec notre corps une relation de coexistence plutôt instable : il est comme une femme ou un mari grincheux qui se plaint toujours ; on prend l'habitude de ne plus trop l'écouter, même si on doit quand même continuer à vivre avec lui. Nisargadatta Maharaj dit : « L'association avec le corps est quelque chose de ce genre : vous êtes célibataire et vous menez une vie heureuse et libre ; puis avec l'association avec une femme commence le plaisir et la douleur. C'est juste cela[25]. » L'éveil spirituel amène une transmutation profonde de la conscience du corps : « Dire que vous n'êtes pas le corps, cela n'est pas tout à fait vrai : d'une certaine façon, vous êtes tous les corps, cœurs, esprits, et beaucoup plus encore[26]. »

La recherche spirituelle repose sur le paradoxe d'un double désir : perfection sans perfectionnisme, relaxation sans laxisme.

Le souffle qui va et vient dans le corps : brise légère au travers de l'arc-en-ciel.
Le but du hatha-yoga n'est pas de fabriquer un corps musclé servant de blindage à un ego encore plus musclé : c'est de se projeter, au-delà du mental corporel, dans un espace de joie silencieuse.

Ce n'est pas le tout pour un yogi d'avoir une volonté de fer et des nerfs d'acier : car que serait tout cela s'il n'avait un cœur d'or ?

Quand vous ressentez un souffle transparent dans un corps transparent, dites-moi, où est l'extérieur, où est l'intérieur ?

Un véritable traitement holistique devrait inclure le sacré (cf. *anglais* holy : *saint) et aller de pair avec une méditation sur la plénitude* (cf. *grec* holos : *entier).*

Méditer, c'est être capable de couper court à l'excitation mentale et sensori-motrice comme on débranche une télévision ; mais ce n'est pas si facile : il suffit de voir combien de gens ne sont pas capables d'arrêter la télé, même quand ils se mettent à sentir qu'elle pollue l'atmosphère de leur maison.

Les stress s'accumulent comme des dépenses qui viennent de toute part : un beau jour, ô surprise ! on se retrouve avec le compte à zéro, ou même en dessous, et c'est la maladie psychosomatique.

C'est vrai, la sensualité est un pouvoir, mais comme pour tous les pouvoirs, ceux qui courent après en sont les premiers esclaves.

C'est à nous de donner une signification, d'unifier les sens. En soi, l'empire des sens n'a ni empereur ni sens.

Il y a deux façons d'annuler les limites du corps : par l'élan, et c'est la Dévotion ; par l'immobilité, et c'est la Connaissance.

Le mouvement mental incessant est comme une chemise de feu, comme la tunique de Nessus qui a poussé Hercule au suicide sur le bûcher : mais Hercule savait-il méditer ?

Le mouvement mental incessant est un filet de formes jeté sur nous, comme une peau, dès la naissance. L'immobilité fait craquer le filet.

Quand le corps-mental « prend en masse », quand soudain se met à croître le cristal d'immobilité, la lumière qui n'a pas de lieu peut s'unir à notre transparence.

On oppose d'habitude le corps que l'on a et le corps que l'on est ; mais on oublie le troisième terme, le plus important à mon sens : le corps que l'on croit être. La Libération vient quand, après un travail de discernement implacable, on réalise qu'on n'a rien à voir avec ce « corps de croyances »...

2.

Sommeil

> « Pendant le sommeil profond, on entre en contact avec l'Être, on accède au Soi. »
>
> Chandogya Oupanishad, 6-8-1

La révolution du sommeil profond

La psychologie occidentale a pris un tournant important à la fin du XIXe siècle, quand elle s'est mise à considérer sérieusement les réalités évoquées par les rêves. Depuis, après avoir expérimenté à fond les bons côtés et les limites d'une psychologie des profondeurs basée sur les songes, la psychologie cherche une manière de se dépasser : cela pourra être par une réflexion renouvelée sur le sommeil profond, le symbole principal de l'expérience d'unité et de bonheur intérieur au-delà des formes. De cette façon, la psychologie des profondeurs pourra prendre une dimension nouvelle, celle de « psychologie du fond », si tant est qu'on puisse parler de psychologie à ce niveau où il n'y a plus ni discours ni même psyché au sens habituel du terme. En s'intéressant à cette question du lien entre sommeil profond et extase, la psychologie reviendra à la méditation des Oupanishads les plus anciennes sur les états de conscience. Un cercle sera bouclé, il s'agira d'une révolution, non pas dans le sens d'une agitation politique ou intellectuelle, mais dans l'acception étymologique du terme : un retour à l'origine, à la source, après avoir exploré le parcours d'une circonférence.

Cette évolution a une logique sous-jacente. Pour la psychologie spirituelle, les rêves ont deux intérêts principaux : ils font clairement percevoir que, derrière l'apparente dualité des luttes, souffrances et plaisirs éprouvés dans le songe, il y a une unité qui est celle du mental du rêveur lui-même. Autre intérêt : la lumière du rêve n'est pas une lumière matérielle, elle est une lumière venant spontanément de l'intérieur, rayonnante d'elle-même *(svaprakasham)*, une lumière incréée diraient les mystiques de l'Église d'Orient. Quand les formes disparaîtront, seule demeurera cette lumière. Cependant, les rêves ont aussi deux inconvénients : comme la vie ordinaire, ils sont soumis aux dualités plaisir/souffrance, etc. De plus ils sont passifs. Pour dépasser ces limites, le rêve lucide est utile, car il rend le rêveur actif, capable de modifier le rêve et de le faire aller dans le sens d'une exploration diagnostique ou d'un processus de guérison. D'autre part, le sommeil profond fournit le modèle d'un état d'unité pouvant être associé à une expérience de bonheur intense et à une lumière *(tejasa)* plus brillante que celle du rêve, nous disent les Oupanishads. Après avoir passé un siècle à flotter dans l'océan des rêves, peuplé d'un nombre indéfini de créatures bizarres et variées, il est peut-être temps de penser à toucher le fond, c'est-à-dire de concentrer son attention sur le sens du sommeil profond.

On pense en général que seules les images de l'inconscient, c'est-à-dire les rêves qui déguisent les désirs et les peurs, sont refoulées ; mais on ne pense pas au refoulement, à l'oubli fondamental, celui du sommeil profond qui fait que l'observateur s'identifie complètement au contenu du rêve ou aux événements de la vie quotidienne. Quand on a réussi, par la méditation, à intégrer l'objet de ce refoulement fondamental à la conscience, celle-ci devient illimitée, car elle s'est unie à sa nature véritable. Alors on peut dire avec la *Bhagavad-Gita :* « Ce qui est nuit pour tous les êtres est éveil pour le sage » (II, 69).

Avant de revenir en détail sur la réflexion de l'Inde à propos des états de conscience, nous pouvons évoquer la vision du rêve dans d'autres traditions. Une image de Tchouang-tseu est célèbre : celle du rêveur qui ne sait plus s'il est un être humain songeant au papillon ou l'inverse. Dans un autre passage, il dit : « Quand on rêve, on ne sait pas qu'on rêve. Certains iront jusqu'à interpréter le rêve même qu'ils sont en train de rêver. Ce n'est que quand on s'éveille qu'on se rend compte que c'était un rêve. Progressivement vient le Grand Éveil, et nous nous apercevons alors que cette vie est réellement un grand rêve[1]. » Ibn Ibn 'Arabi parlait ainsi de Mohammed : « En vérité, l'existence entière du Prophète sur terre s'est écoulée ainsi, comme un rêve dans un rêve. » En Occident, ce genre de conception s'est exprimé à travers la littérature classique, par exemple en Espagne avec Calderón de la Barca et son ouvrage *La vie est un songe :* « Toute vie est un rêve, et les rêves eux-mêmes – quelle plaisanterie ! – ne sont rien d'autre que des rêves. » Shakespeare n'a pas hésité à développer la dimension poétique du rêve dans *Le Songe d'une nuit d'été.* Ce thème ancien a été aussi repris par Laing pour poser un nouveau regard sur la folie : « Je considère que de nombreux adultes (y compris moi-même) sommes ou avons été, plus ou moins, dans une transe hypnotique qui a été induite dans la petite enfance : nous restons dans cet état jusqu'au moment de l'éveil de la mort, où nous nous apercevrons que nous n'avons jamais vécu » ; « Un psychiatre qui prétend être un médecin des âmes, mais qui maintient les gens endormis, les traite pour les réveiller, et les abrutit à nouveau de drogues (...) a de quoi rendre les gens fous pour de bon[2]. »

Avant d'expliquer la façon dont la tradition indienne aborde les possibilités de conscience dans le rêve et le sommeil profond, signalons deux expériences scientifiques clés en faveur de cela : d'abord celle de LaBerge, en 1985, qui a prouvé qu'il pouvait, durant le rêve, envoyer un message codé d'avance, par exemple un enchaînement donné de mouvements oculaires, aux observateurs qui enregistraient son sommeil. Fait intéressant, cette notion était tellement révolutionnaire pour les spécialistes de la physiologie du sommeil que LaBerge a eu du mal, pendant un certain temps, à faire publier ses expériences. Michel Jouvet, le spécialiste français du sommeil, reconnaît lui-même qu'il ne croyait pas en la possibilité scientifique de la lucidité onirique, jusqu'au moment où il l'a expérimentée pour lui-même. Une seconde expérience montre la possibilité de conscience dans le sommeil profond, caractérisé par des ondes delta (les plus lentes, inférieures à quatre cycles par seconde). Le sujet observé n'était pas banal : il s'agissait de Swami Rama, qui a eu une formation traditionnelle depuis l'enfance auprès de son gourou dans l'Himalaya indien. Il a raconté sa vie au sein de ces contrées dans un livre bien connu aux États-Unis, *Living with Himalayan Masters (En compagnie des maîtres de l'Himalaya*[3]). Il a travaillé avec les spécialistes du feedback (Green et collaborateurs) de la Menninger Foundation aux États-Unis, a fondé là-bas son propre institut et publié plus d'une cinquantaine de livres. Non content de cela, il est revenu en Inde où il a ouvert à Dehra Dun, au pied de l'Himalaya, la première faculté de médecine indépendante de l'Uttar Pradesh, une province du nord de l'Inde qui compte cent millions d'habitants. L'inauguration officielle a eu lieu en octobre 1995. L'expérience sur le sommeil profond que nous avons évoquée a été rapportée en 1971 par Green[4].

« Après avoir produit des ondes thêta, le Swami dit qu'il savait exactement comment les états de conscience intérieurs étaient disposés selon les bandes de fréquence de l'activité cérébrale. Il dit alors : “Demain, je vais vous produire consciemment des ondes delta.” Je lui répliquai que j'en doutais, car il lui faudrait pour cela dormir d'un sommeil de plomb. Il se mit à rire à cette idée et dit que je penserais qu'il serait endormi, mais qu'il serait conscient de tout ce qui se passerait dans la salle d'expérimentation.

Avant ce test, il me demanda combien de temps je souhaitais qu'il reste dans l'état delta. Je lui dis que vingt-cinq minutes seraient bien, et il me dit qu'il en sortirait à ce moment-là. Le lendemain, après environ cinq minutes de méditation, le Swami se mit à produire des ondes delta que nous n'avions jamais vu apparaître auparavant dans ses enregistrements. De plus, il ronflait doucement. Alyce, sans avoir prévenu le Swami qu'elle parlerait (elle était dans la salle d'expérience à l'observer pendant le test), déclara à ce moment-là à voix basse : “Aujourd'hui, le soleil brille, mais demain il se peut qu'il pleuve.” Toutes les cinq minutes, elle faisait une déclaration différente, et vingt-cinq minutes après, le Swami se leva de lui-même et dit que quelqu'un avec des talons aiguilles avait marché à l'étage au-dessus et avait fait un bruit de clic-clic durant le test, qu'une porte avait aussi claqué deux fois quelque part dans le bâtiment, et que Mme Green avait dit... – et c'est là qu'il a répété ses phrases mot pour mot, excepté pour la seconde moitié de la quatrième dont il put dire le sens mais sans employer les mots exacts. J'étais très impressionné car, de la salle de contrôle, j'avais entendu les phrases mais ne pouvais me souvenir de toutes, et j'étais censé avoir été éveillé. »

Les neurophysiologistes connaissaient la possibilité d'une certaine conscience dans le sommeil profond, puisque les somnambules (10 % des enfants de moins de 15 ans ont des épisodes de somnambulisme) peuvent avoir des activités complexes pendant le sommeil à onde lente, qui est alors enregistré par télémétrie. Mais ces enfants ne peuvent pas se rappeler ce qu'ils ont fait[5]. Ce que prouve donc l'expérience de Swami Rama, c'est la possibilité, grâce à un entraînement yogique prolongé, d'une pleine conscience dans le sommeil profond, avec mémorisation des événements extérieurs.

La logique des quatre états de conscience dans la pensée indienne

La réflexion sur les alternances des états de conscience représente, dans les deux Oupanishads les plus anciennes (Brihad Aranyaka et Chandogya), la voie royale d'accès à l'Absolu. La Mandukya Oupanishad, un peu plus tardive, consiste en un court commentaire de douze versets ou strophes sur les quatre états de conscience. Cette Oupanishad a été commentée par Gaudapada, qui a opéré un rapprochement entre la pensée hindoue et bouddhiste vers le VIIe ou le VIIe siècle. Shankaracharya, le disciple d'un de ses disciples, a encore développé ces idées sur les états de conscience dans le sens de la philosophie védantique. Les trois états de conscience habituels correspondent aux trois corps : l'éveil au corps physique, le rêve au corps subtil et le sommeil profond au corps causal. Au-delà, le quatrième état *(turiya)* correspond à l'Absolu. Dans les représentations de la Déesse, ce quatrième état est incarné sous la forme de Tripura Bhairavi, « Tripura », « les trois villes », signifiant à la fois les trois corps et les trois états.

Les paroles des Oupanishads ont la puissance poétique qui se dégage d'une expérience intérieure approfondie ; nous allons les citer largement dans cette partie, même si elles représentent souvent plus une évocation qu'un développement technique au sens philosophique du terme.

Dès le début, il y a une relation entre le sommeil et l'immortalité : « Celui qui s'endort transcende ce monde et les formes de mort » (Brihad Aranyaka Oupanishad, 4-3-7). Quelques versets plus loin, référence est faite à une poésie issue d'une tradition plus ancienne :

« Laissant tomber pendant le sommeil ce qui est physique,
Sans sommeil, il regarde en dessous [les sens] endormis
Après avoir pris la lumière avec lui, il retourne à sa place,
Le cygne unique, la personne d'or.

Faisant garder son nid par le souffle,
L'Immortel sort du nid.
Il va où bon lui semble, l'Immortel,
le cygne *(hamsa*, qui symbolise le yogi avancé) unique, la personne d'or. »

(Brihad Aranyaka Oupanishad, 4-3-11 et 12)

La philosophie du rêve

Pour les hindous comme pour les bouddhistes, le rêve a été l'objet d'une réflexion philosophique approfondie. Un récit de la création du monde considère que ce dernier est sorti du rêve de Vishnou. Une équivalence est souvent faite entre l'alternance cosmique de création et de dissolution de l'univers, le mouvement de l'inspir et de l'expir et le cycle du sommeil et de la veille. La Chandogya Oupanishad joue sur les mots pour évoquer le sens profond du rêve : « Celui qui dort *[svapiti]* accède à l'être et accède au Soi *[svam apito]* » (6-8-1).

L'école philosophique qui a le plus réfléchi sur le rêve est celle du Vijñanavada (l'école de la connaissance complète). C'est une des branches principales du bouddhisme mahayana qui s'est développée avec Asanga et son petit frère Vasubandhu, qui a eu l'insigne honneur d'être surnommé le « second Bouddha ». Tout en continuant à accepter l'impermanence des phénomènes telle que l'a présentée le bouddhisme ancien, le Vijñanavada insiste sur le fait qu'il y a une Conscience stable au-delà de l'impermanence. En cela, il retrouve les Oupanishads et ouvre la voie pour les développements ultérieurs du Védanta. On a reproché aux vijñanavadins de verser dans le subjectivisme facile en disant : « Tout est un rêve, tout change, aucun objet n'est réel. » Mais en fait, ils considèrent que le sujet lui-même n'est pas réel, que la substance de tout est la conscience, et sont donc partisans de ce qu'on appelle en philosophie l'idéalisme absolu, à la manière du

Védanta. Dans leur langage, ils appellent la base stable de la Conscience le support *(ashraya)*, le réservoir (ou la demeure : *alaya*), la base des objets *(dharmadhatu)* ou la matrice *(garbha)* du Bouddha *(tathagata* : littéralement « celui qui est allé ainsi[6] »).

Ceux qui critiquent cette théorie philosophique présentent les arguments du sens commun : dans la réalité, contrairement au rêve, il y a consensus sur ce qui est véritable et sur ce qui est illusoire, et les actions que l'on fait ont des conséquences physiques bien palpables. Pourtant, quand on considère la conscience du rêveur pendant le rêve même, ces deux critères sont respectés : dans son monde, il y a consensus entre les gens, et les actions ont des résultats bien concrets ; on peut dire plus : les émotions ressenties en rêve, angoisse, désir, etc., peuvent influencer la physiologie du corps du dormeur tout comme des émotions réelles, voire davantage. Selon les vijñanavadins, ainsi, seule la Conscience est réelle, tout en sachant que le simple fait de dire cela fait retomber au niveau de l'intellect, donc d'une forme de rêve. Ramana Maharshi rejoint les vijñanavadins quand il dit dans une formule lapidaire : « Le rêve est court, l'état de veille est long ; en dehors de cela, il n'y a pas de différence. »

La pensée indienne insiste sur le fait qu'il faut dépasser le rêve, et cette idée pourrait inspirer le développement de la psychologie occidentale. En Inde, on appelle le rêve un état de transition *(ubhayatva)*, c'est-à-dire qui « tient des deux », l'éveil et le sommeil profond (*cf.* Mandukya Oupanishad, 10). Lors de mes premières années en Inde, à cause de mon conditionnement de thérapeute occidental, je n'arrivais pas à comprendre qu'on néglige l'interprétation du contenu des rêves, qui peut donner des renseignements si intéressants sur soi-même. Ce manque d'intérêt est dû au fait que le contenu des rêves est souvent « tamasique », c'est-à-dire lié aux émotions primaires. Il est compensatoire également, mais un *sadhaka* qui médite toute la journée pendant des semaines, des mois, voire des années, n'a guère besoin du détour du rêve pour savoir ce qu'il doit compenser. Quant au fait de compenser lui-même, il devient possible par l'expérience de la méditation. Nous avons déjà dit que le rêve était pris, comme la veille ordinaire, dans le fonctionnement duel : peur/désir, etc. Il représente un labyrinthe : le but du chercheur spirituel n'est pas de dresser une carte complète du labyrinthe, mais d'avoir un croquis qui lui indique la sortie. En tous les cas il ne souhaite pas, par l'emballement d'un mental interprétatif, ajouter un second labyrinthe à la sortie du premier. Cela risquerait de diviser plutôt que de multiplier les chances de libération. Cette réduction du mental est essentielle pour atteindre le but ; l'histoire de la feuille dans la main du Bouddha que j'ai racontée dans l'introduction va dans ce sens. Si, par profession, quelqu'un doit interpréter les rêves car il est thérapeute ou anthropologue spécialisé dans l'imaginaire, qu'il le fasse ; mais cela n'est pas nécessaire à long terme pour le *sadhaka*.

Dans l'hindouisme, je n'ai pas rencontré de textes qui élaborent un Yoga des rêves à la manière dont les Tibétains Kagyupa le font dans les six yogas de Naropa[7]. Il faut comprendre que ce Yoga des rêves est inclus dans un contexte symbolique et rituel bien particulier, qui n'est pas étranger à la science de la divination et du développement des pouvoirs intermédiaires. Il doit être pratiqué sous la direction d'un maître authentique qui a l'expérience directe de l'au-delà de ces pouvoirs, sinon il y a risque de s'y perdre. Je ne conteste pas qu'il soit d'un certain intérêt de savoir se repérer dans le monde des rêves, mais il ne faut pas croire, sous prétexte qu'il s'agit d'une manifestation de la vie intérieure, que cette capacité représente un stade supérieur de la vie mystique.

La métaphysique du sommeil profond

Dans les Oupanishads, le sommeil profond est décrit comme plus « brillant » que le rêve, lui-même déjà « brillant » *(tejasa)*. Il est loué par la Mandukya Oupanishad comme un état unifié, masse de connaissance et pénétré de bonheur *(anandamaya)* ; c'est l'état où l'on « ne désire pas de désirs » (verset 5). Il est comparé aussi au nid où le faucon vient se reposer après avoir volé dans l'espace (Brihad Aranyaka Oupanishad, 4-3-19) et, deux versets plus loin, à l'union amoureuse ainsi qu'à l'état suprême : « [Ce sommeil profond] est en vérité la forme de ce qui est sans désir, libre du mal, sans peur. De même qu'un homme dans les bras de sa femme ne sait plus rien de ce qui se passe au-dedans ou au-dehors, de même cette personne, quand elle est dans les bras de l'Âme intelligente, ne sait rien de ce qui se passe au-dedans ou au-dehors. En vérité, c'est sa forme véritable dans laquelle le désir est satisfait, dans laquelle l'Âme est son désir, dans laquelle il est sans désir et sans chagrin. »

Dans la Chandogya Oupanishad, le dormeur en état de sommeil profond est comparé à un promeneur qui passerait jour après jour sans s'en rendre compte à l'endroit où un trésor est enfoui (8-4-2). Deux versets plus loin, le gourou évoque cette Âme qu'on peut expérimenter si l'on a la capacité de rester conscient dans le sommeil profond : « Maintenant, celle qui est sereine se lève, sort du corps et atteint la lumière la plus haute en apparaissant sous sa forme propre – elle est l'Âme *(atman)*, dit-il [le gourou]. Cela est l'immortel, le sans-peur. Cela est Brahman. »

Il est intéressant de constater que cet intérêt pour le sommeil profond s'est maintenu jusqu'à notre siècle : dès la première page du volume de ses entretiens, Ramana Maharshi mentionne que cet état est le meilleur exemple du bonheur intense qu'on peut atteindre uniquement par l'expérience intérieure, sans l'aide d'aucun objet externe[8]. On peut discuter en disant que, chez le sujet ordinaire, être réveillé dans le sommeil profond est une expérience neutre, voire souvent désagréable ; mais le fait de savoir qu'on va pouvoir se rendormir tout de suite est par contre une expérience intensément agréable. De plus, l'expérience de méditation purifiant le mental et les angoisses, un aspirant spirituel a plus de chances qu'un sujet ordinaire de se réveiller dans un état de bonheur, surtout s'il sait faire durer cet état où il sait qu'il est réveillé, qu'il existe mais qu'il ne se souvient pas encore qu'il est ceci ou cela, monsieur ou madame X.

Il faut rappeler, à la fin de cette section sur le sommeil profond, qu'il ne s'agit que d'une analogie, d'une contrefaçon du réel *samadhi :* celui-ci est complètement conscient et apporte un changement radical de point de vue chez le méditant. Le sommeil, comme une relaxation profonde banale, n'amène qu'une dissolution temporaire du mental *(manolaya)* et non une destruction *(manonasha)* comme c'est le cas dans le vrai *samadhi*. Un dernier intérêt du sommeil profond est de fournir un argument dialectique radical. Ramana Maharshi, quand il sentait que le mental d'un visiteur se mettait à s'échauffer et qu'il posait trop de questions, lui demandait simplement : « Vous posez-vous cette question dans le sommeil profond ? »

La mystique du quatrième état : turiya

Une des caractéristiques du quatrième état de conscience, c'est précisément de ne pas avoir de caractéristique (*a-lakshana*, *in* Mandukya Oupanishad, 7). Il n'est donc pas si facile d'en parler... On décrit cependant cet état dans le même verset comme tranquille, bon, sans second, invisible ; enfin, on dit simplement qu'il est le Soi, et qu'on doit le discerner. On peut se demander à propos de ce *turiya*, comme à propos du *nirvana* bouddhiste, quelle utilité il peut y avoir à rechercher un état qui semble bien être une sorte d'extinction ; mais il faut réaliser que l'arrêt du mental ne représente pas le sommeil du néant, mais au contraire un éveil. Le mental est bercé par des automatismes répétitifs qui le rendent somnolent ; quand ces automatismes cessent, il se réveille, à la manière d'un voyageur qui sort de son demi-sommeil quand le train s'arrête de manière inattendue.

Il s'agit d'un état qui s'explique de lui-même : « C'est cela : ainsi reconnaît-on le bonheur le plus haut, indescriptible. » Cet état d'observateur pur ne nous est pas complètement inconnu. Il se peut que nous l'expérimentions sans le savoir, par exemple, comme nous l'avons mentionné plus haut, juste après l'éveil matinal. Voici ce qu'en dit Nisargadatta Maharaj : « Quand on passe de l'état de sommeil complet à l'état de veille, qu'y a-t-il ? C'est l'état de "Je Suis" dépourvu de mots, ensuite les mots se mettent à couler à flots et vous vous trouvez impliqués avec le sens des mots et vous menez votre vie quotidienne en suivant le sens de ces mots – c'est le mental. Mais avant ce "Je Suis" et cet état éveillé, dans cet état intermédiaire, c'est là que vous devez être[9]. »

On peut discerner une pratique pour dépasser l'opposition du sommeil et de la veille par l'état de témoin dans ce que recommande pour les yogis le swara-yoga, le yoga des souffles latéralisés que nous avons évoqué dans le chapitre sur le corps. Il est conseillé de se coucher sur la gauche pour dormir : cela ouvre la narine droite et favorise la dominance de l'hémisphère gauche, plus actif. Pendant la journée, il faut garder la narine gauche ouverte, ce qui stimule l'hémisphère droit, plus réceptif. L'idée sous-jacente semble être d'introduire plus de conscience dans le sommeil, et plus de réceptivité dans l'action, afin de ne plus être complètement identifié à l'un ou l'autre des deux états, mais de s'ouvrir à un autre état différent, qui les transcende.

À la fin de cette brève exploration des quatre états de conscience me revient à l'esprit la dernière phrase de la Mandukya (v. 12), une Oupanishad qui est justement consacrée entièrement à ce sujet : « Celui qui connaît ceci [le quatrième état], par son soi entre dans le Soi. »

Méditation et physiologie du sommeil

C'est un sujet qui m'a toujours intrigué : il y a dix ans, juste avant de m'installer en Inde, j'avais constitué une équipe de recherche pour enregistrer en polygraphie et analyser par informatique le sommeil des retraitants dans un centre tibétain, où les sujets s'entraînent, pendant plus de trois ans que dure leur séjour, entre autres à dormir assis. Du point de vue spirituel, cette ascèse est censée favoriser une certaine lucidité pendant le sommeil. Du point de vue physiologique, je n'avais jamais vu d'enregistrement de sommeil assis, et j'avais pensé que cela pourrait faire progresser la connaissance de ces états. Finalement, ce projet n'a pu être réalisé avant que je parte en Inde, et je dois donc écrire sur la méditation et la physiologie du sommeil à partir des études des autres ou de ma propre capacité à rapprocher certains faits.

La comparaison entre sommeil et méditation a une certaine base : on a pu enregistrer des ondes alpha, thêta et même delta chez des pratiquants – nous y reviendrons. Le rapport avec le rêve a aussi un certain fondement : le rêve lucide, où l'on peut diriger l'imagerie mentale à volonté, représente une forme de méditation pendant la phase de mouvements oculaires rapides typiques du rêve physiologique. Par contre, l'état de « rêve éveillé », commun à de nombreuses thérapies et à certaines expériences méditatives, n'est pas lié au sommeil à mouvements oculaires rapides, mais à des ondes alpha de relaxation. Voilà une question que je laisse aux chercheurs : comment peut-on avoir une imagerie typiquement onirique alors qu'on n'a pas d'EEG (électroencéphalogramme) de rêve ?

Avant d'envisager quelle peut être la fonction du rêve, il est intéressant de remarquer que les biologistes, avant les découvertes de Jouvet, ne distinguent que deux états physiologiques : éveil et sommeil. Il a fallu la découverte du sommeil à mouvements oculaires rapides par Jouvet pour revenir à une notion de trois états que lui-même rapproche de la conception indienne : « Le concept de rêve comme troisième état du cerveau n'est qu'un nouvel avatar d'un concept millénaire, celui des Oupanishads [10]... »

Le rêve demeure un mystère pour les physiologistes : il s'agit d'un mécanisme ayant une base physique bien établie, mais dont la fonction reste inconnue. Un fait irritant, par exemple, pour les chercheurs qui proposent des fonctions possibles du rêve, c'est que des patients peuvent être privés de sommeil paradoxal pendant longtemps (notamment par des antidépresseurs tricycliques) et ne pas avoir de troubles psychophysiologiques apparents. Cependant, on a quand même remarqué que ces sujets étaient plus conditionnables que la moyenne. Cela voudrait dire que le rêve permet une intégration des apprentissages aux particularités individuelles, basées elles-mêmes beaucoup sur des différences génétiques[11]. En faveur de cette idée, il y a l'expérience suivante : on prend deux groupes de souris de souches génétiques différentes auxquelles on donne le même conditionnement ; elles s'en souviendront de manière différente après une période normale de sommeil paradoxal, alors qu'elles s'en souviendront de la même façon si on les prive de ce sommeil. Le rêve semble donc, en favorisant la rétention de certains apprentissages, et peut-être l'oubli d'autres, fournir une meilleure adaptation de l'individualité génétique aux variations de l'environnement. Il y a, si ce n'est un rapport, au moins une analogie certaine avec le processus de méditation qui donne le temps intérieur nécessaire pour adapter les tendances, les aspirations et les particularités individuelles aux variations du milieu extérieur ; il est sûr, par ailleurs, qu'un individu qui sait méditer est moins conditionnable.

Des jumeaux homozygotes (vrais jumeaux) ont des séquences analogues de mouvements oculaires rapides pendant le sommeil paradoxal. Jouvet cite le cas des jumeaux Jim étudiés par Bouchard à l'université de Minnesota, séparés depuis la naissance et réunis à l'âge de 39 ans. Il n'était pas trop surprenant de s'apercevoir qu'en tant que vrais jumeaux, leurs troubles physiques aient été parallèles (par exemple, migraines pour tous les deux à l'âge de 18 ans). La similarité de leur vie psychologique, par contre, est tout à fait surprenante : « Ils divorcèrent tous deux d'une première femme appelée Linda et se remarièrent avec une seconde appelée Betty. Ils avaient baptisé chacun leur chien Tom et leur fils James Allan et James Alan respectivement. Ils occupaient tous deux leurs loisirs par de la menuiserie et ils rongeaient chacun leurs ongles[12]. » Il semble difficile d'expliquer par les gènes le choix de proches qui ont le même nom. Par contre, si on accepte l'hypothèse d'une communication télépathique particulièrement intense du fait de la communauté génétique des sujets, on peut mieux rendre compte de ces faits ; reste évidemment à trouver un modèle pour rendre compte de la télépathie elle-même.

Pour revenir à la méditation, nous allons maintenant essayer de voir de quelle façon certaines données de la physiologie du sommeil peuvent aider en pratique à obtenir une meilleure méditation. S'il y a une privation de sommeil paradoxal, celui-ci a tendance à revenir de façon plus prolongée pendant les nuits suivantes, ou même à réapparaître pendant la journée, ce qui a été parfois décrit comme une « pression ». Cette pression a deux inconvénients pour le méditant : d'abord, elle peut favoriser un surgissement d'images oniriques, parfois d'une force quasi hallucinatoire, pouvant être interprétées trop vite comme des visions chez le pratiquant qui manque de sommeil. D'autre part, il y a un nombre donné d'érections pendant le sommeil paradoxal ; si on manque de sommeil, elles auront tendance à revenir durant la journée sous forme de fantasmes ou de désirs difficiles à contrôler. La privation de sommeil a un effet aphrodisiaque, les fêtards n'ont pas attendu la neurophysiologie pour s'en apercevoir ; le méditant qui recherche le calme de l'esprit est plutôt intéressé par l'effet inverse.

Ceci dit, une certaine privation de sommeil paradoxal n'est pas mauvaise, pour développer un minimum de désir envers la vie et l'action : cela a un effet antidépressif. En se levant tôt, les yogis suppriment en général la dernière phase de sommeil paradoxal de la nuit normale de sept heures. Nous avons déjà noté que certains médicaments antidépresseurs avaient aussi ce mode d'action ; se lever tôt a moins d'effets secondaires... De plus, au réveil, le cortisol et la testostérone sont au maximum, et peut-être la bêta-endorphine (dont le cycle est décalé de vingt minutes avec celui du cortisol). Cela peut aider à rendre compte de ce bien-être particulier à la méditation matinale, à cette période que les Indiens appelle *brahma-muhurta*, « l'heure de Brahma ».

Du point de vue physiologique, l'endormissement est signalé par une relaxation complète des muscles de la nuque. Dans l'ensemble, on conseille en méditation d'étirer la nuque (ce qui revient au même mouvement que rentrer le menton) : cela favorise l'éveil. Néanmoins, il faut suivre le juste milieu ; si l'étirement normal de la nuque devient une sorte de crispation, il peut engendrer un genre de rigidité physicopsychique. Yahwé ne se plaignait-il pas d'Israël dans la Bible en en parlant comme d'un « peuple à la nuque raide » ?

C'est pendant le rêve que le dormeur est le plus difficile à réveiller, qu'il réagit le moins aux stimuli sensoriels extérieurs, comme si cela lui était nécessaire pour intensifier l'imagerie mentale. En méditation, on recommande l'isolement, une sorte de privation sensorielle modérée (*pratyahara*, le retrait des sens en Yoga) qui permettent de voir clairement les images qui remontent de l'inconscient. Les gens qui restent longtemps éveillés sans stimulation sensorielle peuvent se mettre à halluciner s'ils n'ont pas appris à contrôler leur mental.

Le sommeil permet une régénération énergétique du cerveau. De même que l'effort sportif produit des lactates dans les muscles, de même les efforts d'attention produisent des lactates dans le cerveau (produits de consommation du glucose par voie anaérobie). Le sommeil est nécessaire pour les évacuer. Par ailleurs, la diminution de l'offre énergétique cérébrale réduit le temps de rêve ou le supprime ; ceci peut être mis en rapport avec l'habitude des pratiquants spirituels de manger peu le soir, voire de jeûner comme les moines bouddhistes. Cela aide à faire disparaître la dernière phase de sommeil paradoxal qui dure environ trente minutes en fin de nuit, et nous avons vu plus haut qu'une diminution de sommeil paradoxal avait un effet antidépresseur et invigorant sur l'humeur.

Quant aux notions de « déviation de l'énergie » par des transferts latéraux, etc., que soutenait Freud, elles ne semblent pas corroborées par la neurophysiologie actuelle : Freud ne faisait entrer dans ses théories physiologiques que les neurones excitateurs, pas les neurones inhibiteurs ; dans ce contexte, il avait besoin de concevoir des sortes de canaux de dérivation pour une énergie de base donnée et cherchant, de manière irrépressible, à s'exprimer. Cette façon de voir les choses, qui correspond certes à une façon commune de considérer le psychisme, néglige les possibilités d'inhibition réelle, sans refoulement, au niveau cérébral, où la plupart des fonctions sont sous la double dépendance de systèmes excitateurs et inhibiteurs.

Un des pères des études de physiologie moderne sur

le sommeil, Kleitman, avait pressenti dès 1955 les possibilités de conscience durant le sommeil : « Je suis convaincu que nous aurons à traiter de la conscience comme de quelque chose qui peut survenir pendant l'éveil ainsi que durant le sommeil, et que l'on peut être éveillé et pourtant non conscient, et endormi en même temps que conscient [13]. » Il y a une classification des états de conscience [14] qui se présente sous forme de cercle : en descendant vers la gauche, les états qui correspondent à une excitation croissante (système sympathique) allant vers la transe au sens dynamique du terme, et en descendant vers la droite, une excitation décroissante (correspondant à peu près à une excitation du système parasympathique) allant vers la relaxation profonde, le sommeil et le *samadhi*. Il faut cependant noter que le *samadhi* est souvent lié à un sentiment d'excitation intense (éveil de *kundalini*) et que la transe dynamique (possession, etc.) est en général suivie d'une phase de récupération qui semble indispensable à son efficacité : les extrêmes semblent donc se toucher. Il existe un état de conscience très particulier, celui du dauphin : c'est le seul mammifère qui semble ne pas avoir besoin de rêver ; comme son existence sous-marine l'oblige à rester suffisamment réveillé pour aller respirer à la surface, il n'a jamais de sommeil complet, mais chacun de ses hémisphères cérébraux « dort » l'un après l'autre » ; c'est sa façon à lui de rester conscient dans le sommeil.

Le schéma selon lequel des ondes cérébrales de plus en plus lentes correspondent à une expansion de conscience de plus en plus large semble avoir une certaine validité : les ondes bêta, les plus rapides, correspondent à l'état d'éveil habituel, de lutte dirigée par l'ego pour la survie ou l'autoaffirmation ; les ondes alpha correspondent déjà à un état plus unifié, à un premier élargissement, avec un accès plus facile à l'imagerie mentale et une capacité pour la conscience d'aller pour un moment au-delà des limitations du schéma corporel habituel. Les ondes thêta sont observées chez des méditants plus avancés [15]. Swami Rama, qui a montré sa capacité à être conscient et à mémoriser tout en produisant des ondes delta, a pu produire sur demande des ondes thêta également, pendant 75 % du temps d'expérimentation ; il décrit ces périodes thêta comme « très bruyantes, où tout ce qu'il avait envie de faire ou aurait dû faire et n'avait pas fait, etc., ressortait ». En termes de psychologie moderne, on pourrait dire qu'il était entré dans un état de conscience à partir duquel l'inconscient personnel pouvait être observé [16]. Quant au quatrième état de conscience, l'état d'observateur, il pourrait correspondre à un EEG presque complètement plat ; il est courant de trouver, dans la description des *samadhis* de sages indiens, des états de mort apparente où la respiration n'est plus perçue et où les muqueuses ou les ongles deviennent bleus. On sait qu'un EEG complètement plat n'est pas incompatible avec une survie de plusieurs jours, comme cela arrive dans les cas d'intoxication aiguë aux barbituriques. Ceci resterait à prouver par des enregistrements directs, mais les yogis capables de se mettre en *samadhi* profond et qui seraient en même temps volontaires pour être enregistrés ne sont pas si fréquents...

Pour finir cette partie sur la physiologie du sommeil par un sourire, nous pouvons parler du mystérieux sourire du nouveau-né. Il ne survient pas pendant sa phase d'éveil, mais pendant sa phase de sommeil paradoxal : comme s'il savait depuis le tout début que le véritable bonheur vient de l'état intérieur, alors que l'adulte l'a oublié et ne peut s'en souvenir à nouveau qu'à grand-peine. N'est-ce pas une situation qui, en elle-même, a de quoi faire sourire ?

Implications spirituelles du rêve lucide

En Occident, 50 % des gens rapportent des expériences de rêve lucide. Cependant, ce n'est que ces dix dernières années qu'on a développé son étude systématique. Comme le fait remarquer justement Christian Bouchet, le spécialiste français du rêve lucide, la psychologie s'est polarisée sur les contenus du rêve sans trop se poser la question du mode de conscience impliqué dans le rêve, et plus récemment dans le rêve lucide[17]. Elle s'est cantonnée à ce qu'on pourrait appeler un matérialisme onirique. Le rêve lucide peut nous amener à pressentir que notre représentation du monde que nous croyons si solide est en fait une « réalité virtuelle » ; en cela, la psychologie moderne rejoint les intuitions philosophiques d'Occident, et surtout d'Orient. Nietzsche disait non sans une pointe d'ironie : « Nous inventons la plus grande partie de ce que nous expérimentons. Nous sommes de bien plus grands artistes que ce que nous pensons[18]. » Ramakrishna faisait remarquer : « Le secret de l'humeur détachée du *jñani*, sa liberté en toute circonstance, provient de la connaissance directe que l'expérience du rêve et celle de l'éveil sont similaires. »

Le rêve lucide comme préparation pour voir la vie quotidienne en tant que rêve

Le rêve lucide permet de voir avec lucidité comment son petit ego n'est qu'un rêve. Même le rêve éveillé peut avoir ce pouvoir. Nisargadatta dit : « Si vous fermez les yeux et que vous vous oubliez vous-même, vous percevez exactement ce que vous êtes [19]. » Il y a de nombreuses méthodes pour développer la capacité de lucidité onirique : Christian Bouchet en a indiqué un bon nombre, allant de la concentration sur des lumières vives (phosphénisme de Lefébure) à l'autosuggestion. Certainement, l'habitude de se souvenir de ses rêves, en familiarisant le sujet avec les lois particulières de l'onirisme, lui permet plus facilement de se rendre compte quand il est en train de rêver. Comme le fait remarquer Stephen LaBerge qui, nous l'avons vu, a été le premier aux États-Unis à objectiver avec l'EEG la possibilité du rêve lucide : « Dans l'état d'éveil, nous ne nous demandons pas si nous rêvons. Donc, si nous nous le demandons, c'est que nous devons être en train de rêver... La lucidité dans le rêve vient quand le rêveur se rend compte de contradictions [20]. » Si l'on transpose cette réflexion à un degré plus haut dans l'échelle des états de conscience, on peut dire que celui qui, dans la vie quotidienne, s'aperçoit de certaines absurdités et se met à douter de la réalité absolue de ce qu'il expérimente doit être en train de rêver, et qu'il vient de ressentir la première touche de l'esprit d'Éveil. LaBerge estime que la meilleure préparation pour la lucidité onirique, c'est de s'habituer à voir sa vie quotidienne comme un rêve. L'inverse est tout aussi vrai : l'expérience du rêve lucide aide à voir la veille ordinaire comme un rêve, c'est-à-dire à développer une égalité d'humeur quelles que soient les circonstances.

Une autre réflexion de LaBerge est intéressante pour nous : « Les événements pendant le rêve ont des effets similaires sur le corps à ceux survenant pendant l'éveil. C'est pourquoi nos rêves sont si “réels” [21]. » En transposant, on peut dire que les états mystiques, qui eux aussi ont un effet sur le corps, doivent être considérés comme ayant une réalité de plein droit. Le rêveur qui n'est pas lucide « dort à poings fermés » : n'est-ce pas une analogie frappante de la vie ordinaire que nous menons avec nos poings crispés sur notre petit ego, et une capacité de colère considérable contre ceux qui voudraient nous éveiller de cette espèce de sommeil ?

Il n'est pas étonnant que ce soit le bouddhisme tibétain, héritier en particulier du Vijñanavada et de sa philosophie du rêve, qui ait développé un Yoga du rêve favorisant la lucidité onirique. En Occident, la psychologie moderne redécouvre l'intérêt de considérer la réalité ordinaire comme un rêve. Charles Tart a écrit un article sur « La structure et la dynamique du sommeil éveillé [22]. » Il présente les idées de Langer, un chercheur de Harvard qui a résumé en un livre accessible à un public assez large les recherches récentes en faveur de ce point de vue [23]. En substance, deux facteurs font que notre vie ordinaire n'est guère plus consciente que le sommeil : le fonctionnement automatique, nécessaire certes mais souvent inadapté, et le refoulement, où l'inconscience est liée à la peur d'associations émotionnelles déplaisantes.

Celui qui a eu un éveil spirituel regarde la souffrance des autres comme une mère regarde la souffrance de ses enfants et adolescents : il voit bien qu'elle est excessive, qu'il y a un moyen d'en sortir, mais sa difficulté est de communiquer cela aux intéressés. Une façon moderne de reprendre l'idée de la réalité en tant que rêve est d'en parler comme d'une hypnose collective. Quand on a eu la chance de vivre un certain temps à l'étranger, on remarque combien les gens sont identifiés à leurs réflexes culturels, et le terme d'hypnose collective ne semble pas trop fort. Assez rapidement, on voit combien les gens sont sujets à la normose, puis, quand on approfondit sa réflexion et qu'on s'aperçoit que le rapport même à la réalité se trouve altéré par certains conditionnements culturels, on a alors envie de parler de « normophrénie », comme nous l'avons dit dans l'introduction.

Les limites du rêve lucide

Nous avons vu que la tradition indienne, en particulier védantique, donne une grande importance à la possibilité de conscience pendant le rêve et le sommeil profond, car elle correspond en fait à l'éveil du quatrième état, le *turiya*. Cependant, on ne trouve pas de description détaillée de méthodes pour y arriver, ni d'intérêt particulier pour le contenu, par exemple, des rêves lucides. Contrairement à la psychologie occidentale, la psychologie spirituelle indienne s'efforce de recentrer sans cesse sa recherche sur la Conscience pure.

Bien qu'il y ait des relations entre le rêve lucide, l'état d'« éveil paradoxal », c'est-à-dire de sommeil éveillé, et la méditation, il n'y a pas d'équivalence complète, loin de là. Schématiquement, la psychologie spirituelle indienne considère ces deux premiers types d'expériences comme tamasiques, c'est-à-dire favorisant la léthargie et le retour au premier plan de processus primaires. Il est vrai qu'un certain nombre de personnes ont la capacité de diriger les émotions, souvent intenses dans le rêve lucide, dans un sens mystique ; mais c'est loin d'être toujours le cas. Patricia Garfield, connue pour ses écrits sur la lucidité onirique, dit sans ambages que deux tiers de ses expériences de lucidité onirique aboutissent à un orgasme ; qui plus est, de nombreux pratiquants du rêve lucide qu'elle a interrogés donnent à peu près les mêmes chiffres sur leur expérience personnelle. Il faut savoir ce qu'on veut : si ce sont des orgasmes, même des orgasmes survenant dans des conditions un peu exotiques, il y a bien d'autres moyens de les obtenir ; point n'est besoin d'investir son temps et son énergie dans le développement d'une aptitude à la lucidité onirique. Et si c'est directement un éveil spirituel qu'on recherche, pourquoi ne pas le faire directement en méditation, en suivant le principe du « Quand je dors, je dors ; quand je médite, je médite » ? Attendre que le rêve à soi seul guérisse le rêve, n'est-ce pas un rêve au carré ? Certes, les ennemis de mes ennemis sont mes amis, mais pour autant les rêves des rêves seront-ils la réalité ? Certainement, rien n'empêche d'imaginer un champion du rêve lucide qui pourrait s'observer en train d'observer son rêve, et ainsi de suite, en développant des niveaux de lucidité emboîtés les uns dans les autres comme des poupées russes ad infinitum. Il arriverait ainsi au point central, la « lucidité puissance infini ». Mais espérer cela ne représente-t-il pas seulement un rêve ? Ou bien pourquoi ne pas suivre ce processus en méditation directement, sans passer par le détour longuet de l'apprentissage d'une technique de lucidité onirique ?

Qu'on ne prenne pas ces objections comme une critique de la recherche même sur le rêve lucide, importante pour les philosophes, les thérapeutes ou les anthropologues de l'imaginaire. La recherche a une fonction en elle-même : une fois, une dame demandait à Benjamin Franklin qui venait de faire une démonstration de l'électricité : « À quoi ça sert ? » On dit qu'il lui a répondu : « Madame, à quoi sert un enfant nouveau-né[24] ? » Ceci dit, si l'on recherche un développement spirituel, on reviendra naturellement des objets – fussent-ils ceux apparaissant dans un rêve lucide – au sujet ; de même, un enfant est complètement fasciné par ses jouets mais quand il grandit, il devient un adolescent capable de revenir à soi-même. On passera à ce moment-là de la recherche de la lucidité dans le rêve à l'expérience de la lucidité pure, de la lucidité en soi aussi bien qu'en soi-même.

Méditer sur la réalité du monde comme un rêve est une phase de la pratique spirituelle, amenant à un détachement nécessaire ; mais la réalisation consistera à voir l'Absolu et la réalité extérieure comme une seule

Conscience. Un visiteur demanda à Nisargadatta : « Si je commence la pratique consistant à tout rejeter comme un rêve, où cela me mènera-t-il ? » Il répondit : « Où que cela vous mène, ce sera une illusion. L'idée même d'aller au-delà du rêve est une illusion. Pourquoi aller où que ce soit ? Réalisez seulement que vous êtes en train de rêver un rêve que vous appelez le monde, et ne cherchez plus d'issues. Le rêve n'est pas votre problème. Votre problème, c'est que vous aimez une partie du rêve, et que vous n'aimez pas l'autre. Aimez vraiment les deux, ou aucune, et cessez de vous plaindre. Quand vous avez vu le rêve en tant que rêve, vous avez vu tout ce qu'il est nécessaire de voir[25]. »

Les labyrinthes de l'Ombre

L'Ombre signifie d'après Jung, la force qui s'oppose à l'évolution de l'inconscient, au processus d'individuation et à l'émergence du soi. Cette notion d'Ombre a une certaine commodité explicative, c'est pour cela qu'elle a été largement utilisée par les thérapeutes et le public, excessivement à mon sens. Je ne suis pas trop en faveur d'envisager l'interprétation des rêves, et surtout l'évolution de l'individu « à l'ombre de l'Ombre ».

Le premier point faible dans l'utilisation qu'on fait du concept d'Ombre est son côté quasi manichéen : il y a un combat de l'ombre et de la lumière à l'intérieur de l'individu ; c'est une fatalité, il va se poursuivre indéfiniment, et le mieux qu'on ait à faire est finalement de s'y résigner. En rassemblant toutes les difficultés évolutives sous le même concept d'Ombre, on a tendance à les personnaliser, à en faire une sorte d'idole et à oublier leur caractère fondamentalement illusoire. En fait, les tendances récentes en psychothérapie mettent en avant les notions d'états de l'ego, de subpersonnalités, de rôles, de mémoires liées à l'état ; elles en viennent donc progressivement à la constatation que l'ego, en apparence si indispensable, est en fait une sorte de mosaïque dont les morceaux ne sont pas très solidement attachés les uns aux autres (*cf.* le chapitre sur l'ego). Ceci ne favorise pas cette sorte d'hypostase des difficultés intérieures sous forme d'Ombre inéluctable et éternelle. Ou alors, si on va dans ce sens, on peut la personnaliser encore plus et se mettre à méditer sur les formes terribles du panthéon indotibétain comme Kali ou Rudra-Bhairava ; mais ce n'est pas si facile pour un Occidental de le faire avec la conviction nécessaire et un état d'esprit juste. Une autre possibilité, à laquelle arrivent certains thérapeutes, revient à l'inverse : c'est-à-dire désubstantialiser et dépersonnaliser l'Ombre pour en faire un phénomène ultimement irréel ; ils aboutissent ainsi à la notion de *Maya* du Védanta, qui peut mener loin le méditant [26].

Une seconde objection qu'on peut faire à l'Ombre, c'est qu'on prétend avoir accès à elle principalement par les rêves. Dans la mesure où l'on définit en pratique l'inconscient comme ce à quoi on a accès par les rêves et l'Ombre comme une partie de cet inconscient, cela revient à un truisme. En fait, l'Ombre est une évidence pour ceux qui ont un tant soit peu d'expérience de la pratique spirituelle. Si on cherche à évoluer, les obstacles se développent aussi dans une certaine mesure. Il n'y a pas besoin de prendre le détour des rêves pour cela, il suffit d'intensifier sa pratique de méditation, dépasser le niveau débutant de « méditation relaxante », et observer seulement ce qui remonte.

Nous avons déjà évoqué deux obstacles à l'utilisation des rêves pour le développement spirituel : l'importance excessive, et finalement illusoire, accordée aux aspects tamasiques, primaires du psychisme, et le fait qu'ils sont inclus dans le jeu de la dualité, de l'opposition du plaisir et de la peur, de la lumière et de l'ombre, etc. Se résigner à cette dualité est une forme de fatalisme qui n'aide pas à l'épanouissement spirituel : ce n'est pas tout de contempler ses conflits et d'attendre qu'ils se résolvent comme par miracle. Les diverses pratiques spirituelles sont là pour éveiller l'énergie nécessaire au dépassement de ces conflits. Peut-être que le rêve est la voie royale vers l'inconscient, mais ce n'est qu'une voie détournée vers le surconscient, qui est le but du méditant, ainsi que sa base. Quand l'Inde évite de parler de monisme et parle à la place de non-dualisme, c'est justement pour souligner l'organisation du mental en paires d'opposés *(dvandva)* ; mais l'accent est mis sur leur dépassement *(dvandvatita)*, comme dans le cas du sage.

Si j'en avais le temps, je pourrais écrire ma propre « clé des songes » avec des interprétations allant franchement dans le sens de l'évolution spirituelle. Je ne dis pas qu'un certain nombre de thérapeutes n'essaient pas de faire cela, mais je trouve qu'ils vont à 90 % dans le sens de la psychopathologie pour 10 % dans le sens du spirituel. Il me paraît important d'inverser tout simplement ces proportions. Certes, les problèmes psychologiques qu'on entrevoit à l'occasion de l'interprétation d'un rêve doivent être mentionnés, en faisant néanmoins attention qu'ils ne confirment pas le patient dans sa pathologie, effet secondaire courant d'interprétations au départ très bien intentionnées. Je peux donner à présent quelques exemples de la différence que je fais entre l'interprétation ordinaire d'un rêve et son interprétation spirituelle ou, pour dire en termes plus familiers, entre un verre à moitié vide et un verre à moitié plein :

– Rêve qu'on perd ses bagages, interprété d'habitude comme une perte d'identité et de moyens : on peut y voir plutôt une maturation du psychisme qui s'apprête à se détacher, et prend goût au plaisir de « voyager léger » ; ce détachement est une dimension intégrante du spirituel (*cf.* le chapitre qui lui est consacré dans la suite du livre), et il ne faut pas manquer de souligner l'importance des rêves qui nous y ouvrent.

– Le chant des sirènes, interprété en général comme une dissolution, un risque de noyade et de mort : on peut cependant renverser ce point de vue et voir que le chant des sirènes représente l'attirance du Soi, tandis que la noyade correspond au dépassement de l'identification à l'ensemble corps-ego. De plus, si l'on connaît les archétypes de l'Inde, on dira que la déesse Sarasvati sort des eaux : elle représente l'art, la mémoire et la créativité ; c'est-à-dire que par la désidentification du corps et de l'ego, on a accès à une mémoire plus ancienne, plus fondamentale ainsi qu'à une capacité de création et de sensibilité artistique accrue.

– Rêve de chute, interprété en général comme une désillusion, un dur retour à la réalité : on peut y voir au contraire un envol, une libération de ce qui alourdissait ou limitait l'évolution de l'individu et l'apparition de qualités sattviques (légèreté, luminosité). De plus, si on sait que ces rêves sont courants chez les enfants, on peut y voir, plutôt qu'une régression à un stade d'évolution infantile bloquée, l'éveil de la qualité d'enfance spirituelle qui avait été refoulée jusque-là par la nécessité de s'imposer constamment dans la vie sociale ou affective. Si on a une certaine pratique de la relaxation et de la méditation, on saura aussi que ces images de chute surviennent de préférence lors de la pause en fin d'expiration. Cette pause est associée à un changement d'état de conscience, en général l'endormissement chez le sujet ordinaire, mais parfois une expérience supérieure d'arrêt du mental chez le pratiquant (*cf.* chapitre « Substances »).

Nous pourrions continuer longtemps ce genre de révision d'interprétations couramment acceptées : chacun, une fois qu'il a compris le système, peut s'y essayer. L'important est de comprendre qu'il ne s'agit que d'un premier pas dans un processus à long terme qui consiste à prendre une distance ou transformer, ou se concentrer sur les images oniriques selon qu'elles paraissent plutôt négatives ou positives. De plus, quelle que soit l'habileté que l'on ait développée pour interpréter ou transmuter les images des songes, il est bon de se souvenir qu'il existe en méditation une voie directe ; celle-ci va d'emblée au-delà des images. Cela ne veut pas dire qu'il n'y ait plus du tout d'images qui passent dans le mental, mais on les comprend et on s'en sépare au fur et à mesure rapidement.

Cet au-delà des images est important ; il permet entre autres de ne pas gaspiller son énergie à vouloir trouver coûte que coûte des interprétations à des rêves qui semblent assez banals : des rêves, il y en aura toujours, comme des interprétations. Réussir le mariage intérieur, l'union véritable des contraires, suppose une résolution des conflits : ceci ne signifie pas qu'entre le chaud et le froid, on choisisse d'opter pour le tiède. Le terme même de *Madhyamika* dans le bouddhisme, traduit en général par « voie du Milieu », prête à confusion. En fait, le sens réel de *madhyamika* désigne en logique un troisième terme qui n'est pas au milieu des contraires, mais au-delà ; reste à découvrir par nous-mêmes ce qu'il y a au-delà.

Enfin, il me semble bon de modérer l'enthousiasme des rêveurs pour leur « guide intérieur ». Dans la tradition indienne, l'éveil réel du guide intérieur vient après une longue fréquentation d'un guide extérieur et la mise en pratique de ses enseignements. Chez quelqu'un qui n'est pas évolué, le soi-disant guide intérieur risque fort d'être une fausse sécurité, comme une rambarde mal fixée au bord d'un précipice. Ce sujet ferait mieux de développer le discernement et d'écouter ce que lui disent des gens plus évolués que lui, voire simplement ses proches, avant de se croire inspiré par les forces supérieures et satisfaire en fait son ego. Traditionnellement, l'interprétation des rêves était confiée principalement à des gens qui avaient mûri sur la voie spirituelle et dans la pratique de l'intériorisation ; ils pouvaient ainsi donner un sens au rêve en tenant compte de toutes les dimensions évolutives du sujet. Le meilleur moyen de développer le discernement dans cette interprétation reste encore cette maturation globale de l'intuition qu'apporte la méditation. Sinon, on risque d'aboutir à des complications de vie comme le roi Crésus, dont Jung lui-même raconte l'histoire : « L'oracle de Delphes avait dit au roi Crésus que s'il traversait la rivière Halys, il détruirait un grand royaume. Ce n'est qu'après l'avoir fait et avoir été complètement battu que Crésus réalisa que le royaume dont il s'agissait était le sien[27]. »

Jung et l'Orient

Les rapports de Jung et de l'Orient ont donné lieu à un grand nombre d'écrits et d'études comparatives, bien que la psychanalyse jungienne elle-même n'ait jamais pris racine en Inde ; le seul psychanalyste jungien officiel qui exerçait à Bombay, Srivastava, a émigré aux États-Unis il y a déjà longtemps. Ceci dit, pour beaucoup d'Occidentaux, Jung a été considéré comme une sorte de pont possible entre la psychanalyse et l'Orient. Dans son ouvrage très érudit sur Jung et la pensée orientale, Harold Coward donne plusieurs centaines de références sur le sujet[28]. Nous pouvons citer par ailleurs un ouvrage sur Jung et le bouddhisme tibétain[29]. Les idées de Jung sur l'Orient ne sont pas exemptes de contradictions : il passe de l'éloge dithyrambique à une attitude rigide du genre de celle de Kipling : « L'Orient est l'Orient, l'Occident est l'Occident, et les deux ne pourront jamais se rencontrer. » Ces contradictions se comprennent mieux quand on situe l'évolution des idées de Jung. Dès le début, il acceptait une supériorité de l'Orient en matière de psychologie spirituelle : « Ce que nous avons à montrer dans le domaine des intuitions spirituelles et des techniques psychologiques doit sembler, quand nous le comparons au Yoga, aussi arriéré que le sont l'astrologie et la médecine (orientales) quand on les compare à la science occidentale[30]. » Il disait également qu'« il faudrait un millénaire pour que l'analyse puisse éveiller la *kundalini*, si tant est qu'elle y arrive[31] ». Malgré cela, son attitude initiale était de mettre en garde ses lecteurs et disciples contre l'inconnu de l'Orient, en disant que de toutes façons les enseignements qu'on y trouvait ne pouvaient s'appliquer aux Occidentaux.

Ensuite, Jung a évolué en s'ouvrant par exemple à la possibilité d'un état au-delà de l'ego : « ... Une conscience vide est ouverte à l'influence de “l'autre”. Cette influence n'est plus ressentie comme sa propre activité, mais comme celle du non-ego qui a l'esprit conscient comme objet. C'est comme si le sujet, c'est-à-dire ce personnage qu'est l'ego, avait été dépassé par un autre sujet qui apparaît au lieu de l'ego[32]. »

En 1944, Jung a une expérience de mort imminente qui l'ouvre à une réalité spirituelle plus fondamentale : « Dans l'ensemble, ma maladie s'est avérée être une expérience de valeur, qui m'a donné la grande chance d'avoir un aperçu derrière le voile. La seule difficulté est de se débarrasser du corps, de devenir complètement nu et vide du monde et de la volonté de l'ego. Quand vous pouvez abandonner la volonté folle de vivre et que vous paraissez tomber dans une brume sans fond, alors commence la vie réelle avec tout ce que vous étiez censé être et que vous n'avez jamais atteint. C'est quelque chose d'ineffable, de grandiose. J'étais libre, complètement libre et unifié comme jamais je ne l'avais ressenti auparavant[33]. »

Il a eu une expérience de ce qu'en Inde on appellerait la félicité *(ananda)*, lors d'un rêve de l'époque où il sentait qu'il était lui-même devenu le mariage mystique : « J'ai eu un sentiment incomparable, indescriptible de félicité éternelle, tel que je n'aurais jamais imaginé pouvoir être à la portée de la conscience humaine[34]. » Dans ces années-là, Jung pratiquait de moins en moins l'analyse et disait : « Ce qui m'intéresse avant tout dans mon travail n'est pas de traiter les névroses mais de me rapprocher du numineux (...) l'accès au numineux est la seule véritable thérapie[35]. » Le numineux n'est ici qu'un autre nom du Soi.

À la même époque, Jung rêve de l'Inde, se trouve transporté sur les bords de la baie du Bengale, à l'entrée d'un temple où il rencontre un yogi assis en lotus. Il sait que ce yogi l'attend, et qu'à l'intérieur l'attendent également « toutes ces personnes dont en réalité je fais partie ». Finalement, malgré un processus de purification douloureux, il n'est pas autorisé à entrer[36].

Je ne développerai pas davantage les rapports de Jung et de l'Orient. Je pense en substance qu'à son époque, il a été un pionnier de l'échange entre la psychologie spirituelle de l'Orient et celle de l'Occident, mais qu'à présent, si nous voulons continuer de façon créative le mouvement qu'il a entamé, nous devons nous adresser directement aux sources orientales, disponibles en plus grand nombre, et aux représentants de ces traditions que nous pouvons rencontrer beaucoup plus facilement maintenant qu'à l'époque de Jung.

De la « mémoire liée à l'état » à l'état sans mémoire

La notion de « mémoire liée à l'état » est en train de prendre une grande importance en thérapie : nous n'avons pas une mémoire, mais des mémoires auxquelles nous avons accès si nous nous retrouvons dans des états émotionnels, une humeur ou des situations similaires. Ceci explique l'efficacité des états de conscience modifiée en thérapie, que ce soit les thérapies émotionnelles, la relaxation, ou l'hypnose naturaliste de Milton Erickson. Nous nous appuierons de nouveau dans cette partie sur le livre d'un disciple de celui-ci, E.L. Rossi : *Psychobiologie de la guérison. Influence de l'esprit sur le corps*[37]. La méditation peut être rapprochée en pratique d'un état de conscience modifiée donnant accès et permettant de transformer des zones profondes de mémoire. Le but de la méditation est de savoir arrêter le mental quand on n'en a plus besoin, de même qu'on cesse de bouger les mains et les pieds quand on a décidé de se reposer. Le mental étant, entre autres, basé sur une activation intempestive de la mémoire, on peut appeler à juste titre l'arrêt du mental un « état sans mémoire ».

Mémoire liée à l'état et dissociation pathologique ou thérapeutique

Rossi a une définition large de l'hypnose, ce qui facilite le rapprochement avec d'autres états de conscience modifiée : sophrologie, relaxation, concentration méditative, etc. Pour lui, l'hypnose n'a rien à voir avec le cliché de l'hypnotiseur de music-hall, directif et enfonçant des suggestions dans l'inconscient à grands coups de marteau. Il s'agit d'un état de relaxation profonde pendant lequel les images mentales ont une tendance particulière à se traduire dans le corps. Cet état semble correspondre à une stimulation de l'hémisphère droit, responsable à la fois de l'imagerie mentale et du schéma corporel. Ce processus, que Rossi appelle la transduction de l'information de l'esprit au corps, est à la base de la psychothérapie, en particulier dans les cas psychosomatiques. C'est dans ces états qu'on peut avoir de bonnes capacités d'apprentissage, soit qu'ils mènent au sommeil (hypnagogiques), soit qu'ils en sortent (hypnopompiques) [38]. Par contre, l'apprentissage pendant le sommeil lui-même n'est pas possible.

Cet état de transe profonde est plus facile à atteindre à certains moments de la journée : c'est ce que Rossi appelle la transe ordinaire ultradienne. C'est le moment où l'on bâille, où l'on a le regard fixe, des absences de mémoire, un éveil de la sensualité, on fait des lapsus, etc. Il est en lien avec les alternances de stimulation hémisphérique au niveau du cerveau, elles-mêmes repérables par l'ouverture de la narine contrôlatérale, comme nous l'avons vu dans le chapitre sur le corps. Cet état survient plusieurs fois par jour (souvent en milieu de matinée ou d'après-midi), dure vingt minutes et est lié aux cycles de quatre-vingt-dix minutes nocturnes et diurnes. Il s'agit d'un état de récupération spontanée permettant de travailler sur les problèmes psychiques et psychosomatiques à leur source. Cela fait sourire de voir que Rossi, psychothérapeute très connu aux États-Unis, pense que c'est cet état de relaxation qui guérit plus que le thérapeute : « Étant donné que la grande majorité des gens souffrent d'un déficit chronique de périodes ultradiennes de repos, je pense que l'ensemble des apports bénéfiques naturels du réflexe de régénération ultradienne se met en place tout seul, sans en avoir l'air, dès qu'on donne aux patients l'occasion de se relaxer, tout en laissant le thérapeute procéder au rituel de soins qui est censé le guérir[39]... » Rossi propose ce qu'il appelle l'autoguérison catalytique déjà évoquée : dans cet état profond, le conflit que le sujet veut résoudre est « installé » dans ses mains par des associations simples (votre main droite représente votre belle-mère, votre main gauche votre mari, etc.), et celui-ci gestualise silencieusement la résolution de son conflit, pendant que le thérapeute le met à l'aise en lui disant qu'il n'aura pas à verbaliser ensuite tout ce qui a pu lui passer par la tête. Cette « guérison autocatalytique » est en fait très proche de la méditation.

Le fait que la mémoire soit liée à l'état rend compte de la dissociation pathologique. Les formes extrêmes, assez rares, sont les cas de double personnalité. Mais les cas de dissociations masquées avec deux, trois, voire cinq ou dix subpersonnalités identifiables sous hypnose sont fréquents. Ces compartimentations du mental se sont développées dans l'enfance pour fuir des situations émotionnellement traumatisantes, mais sont devenues ensuite inadaptées[40]. Nous y reviendrons dans notre chapitre sur l'ego.

Mécanismes d'action thérapeutique de la transe profonde

Il y a des mécanismes d'action similaires entre la transe profonde, état commun à diverses formes de thérapies, et la méditation. On se souvient mieux d'événements survenus dans un état de tristesse quand on est de nouveau triste : la mémoire est liée à l'humeur. On a fait aussi des expériences de mémorisation en état d'ivresse, ou sous amphétamines ou amobarbital : les sujets devaient reprendre la substance psychotrope pour pouvoir bien se souvenir de ce qu'ils avaient mémorisé dans le même état[41]. Ceci est aussi valable pour les états émotionnels, les postures corporelles (*cf.* la mémoire du rêve qui revient quand on reprend la posture où on l'a eu) ou la mémoire liée au lieu, voire à la saison (pathologie saisonnière). On se sert de manière utile de ce conditionnement lié à l'état quand on recommande de méditer au même endroit, à peu près à la même heure et dans la même posture. Pour faciliter l'intégration de la méditation à la vie quotidienne, on conseille aussi dans certaines écoles bouddhistes, comme le Zen, de méditer les yeux mi-clos. Ceci dit, cette loi de la mémoire liée à l'état peut expliquer la difficulté qu'ont les méditants à faire passer les états qu'ils ont en méditation dans la vie quotidienne ; il n'y a pas de recette simple pour cela, c'est une question de maturation spirituelle globale.

Venons-en maintenant aux mécanismes d'action principaux de la transe profonde.

1) Faire face au symptôme : Il s'agit de voir ses craintes en face, et de développer une qualité fondamentale pour le méditant, qui est tout simplement la non-peur. Conseiller au patient d'aller dans le sens du symptôme jusqu'à un certain point a souvent été qualifié d'« injonction paradoxale » ; mais le symptôme en apparaissant veut nous dire quelque chose, et le paradoxe consiste plutôt dans l'attitude habituelle qui est de vouloir le faire taire plutôt que de l'écouter. Être capable de s'approcher progressivement de la place ou de l'attitude mentale douloureuses représente une qualité à la fois pour le patient et le méditant. Cela n'est pas sans rappeler le mécanisme de base de l'ostéopathie qui consiste, par des manipulations progressives, à revenir à la position du traumatisme initial que le corps avait l'habitude de fuir par réflexe, et de s'apercevoir qu'il ne se passe rien de douloureux. On pourrait appeler cela l'« auto-ostéopathie mentale ».

On pourrait appeler également ce mécanisme de

base « association-dissociation » : par une chaîne d'associations mnémoniques, affectives, on revient à l'épisode traumatique, et là, grâce à l'état de relaxation profonde, on dissocie l'image traumatisante de l'émotion négative, de la tension qui y était automatiquement associée, pour les remplacer par la détente profonde. Beaucoup de thérapies tombent d'accord sur ce mécanisme, chacune avec son vocabulaire propre[42] : en psychanalyse, on parlera de « suivre la résistance », « être le miroir des distorsions du patient », etc. Le comportementalisme évoquera l'implosion, la submersion du patient par le symptôme, le « stimulus à satiété », l'immersion... En Gestalt, on demandera au patient d'« accentuer ce qu'il ressent » au lieu de l'éviter, et dans les thérapies systémiques, on parlera d'injonctions paradoxales, de prescrire le symptôme ou la rechute, d'absence d'espoir déclaré, de double contrainte et enfin de paradoxe thérapeutique.

La méditation permet d'aller dans le symptôme ou les zones d'ombre en conseillant la non-peur comme qualité fondamentale, nous l'avons mentionné. Par ailleurs, une compréhension profonde du fonctionnement mental par paires d'opposés *(dvandva)* amène naturellement à accepter que le symptôme que nous avons tendance à rejeter par une partie de nous-mêmes a malgré tout quelque chose à nous dire, et peut éventuellement nous suggérer une manière de s'en sortir. En pratique, l'immobilité du méditant est un moyen réel pour faire face, chaque petit mouvement correspondant à un début de fuite. Le fait de méditer pour une durée minimum à chaque séance et sur l'ensemble de la journée évite aussi de se fuir soi-même en réduisant le temps de pratique. Une méthode de *Vipassana* consiste à balayer chaque partie du corps l'une après l'autre avec la conscience, et à s'arrêter sur les parties insensibles, « aveugles », jusqu'à ce qu'elles deviennent sensibles. Cela permet d'ouvrir une fenêtre sur l'inconscient par l'intermédiaire d'une sensation refoulée, qui, au moment où elle réapparaît, nous montre pourquoi elle était refoulée. Enfin, quand on lit la vie de yogis ou de sages, on voit que pendant leur *sadhana*, ils avaient des épisodes de *samadhi* avec un arrêt respiratoire prolongé et quasi complet. N'est-ce pas là le moyen de plonger directement dans une peur fondamentale, celle de l'étouffement et de la mort, et une fois qu'on est dedans, d'apprendre à en sourire ? Il semble de plus que l'hypoxie fasse sécréter à partir d'un certain point des hormones associées au bien-être (cortisol et peut-être endorphines), ce qui faciliterait ce processus de désensibilisation fondamentale, par ailleurs sans danger quand il survient spontanément durant la méditation, puisque le corps finit toujours par reprendre une respiration normale.

2) L'évaluation du symptôme : Cette méthode est corrélée à la première, dans la mesure où elle permet aussi de faire face au symptôme : on demande au patient d'évaluer sur une échelle de 1 à 100 son symptôme, puis de voir comment il évolue pendant la transe profonde. Ceci convainc le patient de l'impermanence de ses maux, car ils finissent souvent par disparaître au moins pour quelque temps. En cela, cette méthode peut être rapprochée de la méditation où, en observant les sensations, non seulement douloureuses, mais

agréables ou neutres, on réalise leur impermanence et on se libère petit à petit de leur influence perturbante sur la base du mental.

3) Revenir aux ressources déjà présentes dans l'individu : Cette base thérapeutique est typiquement un fondement de la méditation aussi : les ressources présentes en permanence au fond de nous-mêmes correspondent au Soi, au Divin, à l'au-delà des formes ; peu importe le nom qui est donné.

4) La décompartimentation des fonctions mentales : Une des raisons de la souffrance intérieure, c'est le manque de communication entre les différentes fonctions mentales : verbalisation, imagerie, émotions, sensations. La thérapie vise clairement à faire passer l'information entre ces différents plans ; la méditation aussi. En pratique, le fait de revenir régulièrement au corps alors que le mental s'en éloigne non moins régulièrement pour se projeter dans le complexe habituel émotions-images-mots permet une décompartimentation réelle entre ces niveaux.

5) La régénération ultradienne : Rossi, nous l'avons vu, insiste sur l'efficacité globale, non spécifique, de séances de repos d'une vingtaine de minutes, quand on le sent, pendant la journée. Il s'éloigne ainsi du discours d'écoles psychothérapiques qui veulent paraître le plus spécifiques possible pour avoir l'air le plus scientifiques possible également. Ce rapport spécifique-scientifique en psychothérapie doit pouvoir être remis en question. Une efficacité globale, du moment

qu'elle est prouvée, est tout à fait scientifique. De plus, derrière des déclarations de spécificité d'action d'allure scientifique peuvent se cacher aussi des préoccupations commerciales : suivez ma méthode, vous aurez des résultats que vous n'aurez nulle part ailleurs... L'intérêt de ce livre *général* sur méditation et psychologie est de montrer les types d'action communs à diverses méthodes par rapport à ce qui leur est réellement spécifique.

On donne souvent ce conseil aux débutants qui veulent faire des retraites, en particulier chez les Tibétains : faites des séances courtes de méditation, dès que vous le sentez, soit cinq ou dix fois par exemple pendant la journée. Sans doute ces méditants font-ils de la régénération ultradienne sans le savoir...

6) L'abréaction émotionnelle : Les émotions sont une base du psychisme, elles ont leur place dans la thérapie comme dans la méditation. Il ne s'agit pas d'être le jouet des émotions, mais de savoir jouer avec elles. On peut distinguer trois types d'abréaction : pathologique, thérapeutique et méditative :

– L'abréaction pathologique correspond à la crise hystérique, qui est très théâtrale et peu thérapeutique ; néanmoins certains ont remarqué qu'à l'époque où on laissait s'exprimer ces crises, ainsi que les symptômes de conversion, c'est-à-dire jusqu'au début du siècle, il y avait beaucoup moins de maladies psychosomatiques. Ces dernières, contrairement à l'hystérie, peuvent être mortelles.

– Les abréactions thérapeutiques surviennent pendant les séances : elles sont efficaces, mais peuvent cependant être soupçonnées de théâtralisme par rapport au thérapeute, que le patient veuille contenter celui-ci ou lui faire peur.

– Les abréactions méditatives : elles se passent en général à l'intérieur, bien qu'elles puissent se manifester à l'extérieur aussi par ce qu'on appelle des *kriyas*. Elles sont subtiles, mais réelles. Elles ont comme seul témoin le Témoin, c'est-à-dire le Soi. L'énergie qu'elles libèrent durant la méditation peut être directement orientée dans le sens de l'évolution spirituelle.

Les autres mécanismes d'action psychologique de méditation seront discutés à la fin du chapitre sur l'attention.

Que retenir de tout cela ? D'abord, la nécessité de retrouver son propre rythme, qui ne correspond pas à des caprices égoïstes, mais à la physiologie même de l'organisme. Dans l'histoire du monachisme ancien, il y avait deux tendances : ceux qui suivaient strictement les horaires communautaires, et puis d'autres, souvent des ermites ou semi-ermites, qui suivaient leur propre rythme ; on les appelait des « idiorythmiques », et c'est plutôt de leur côté que vont mes sympathies...

L'importance croissante donnée en psychologie à la mémoire liée à l'état redécouvre trois fondements de la méditation : notre ego n'est pas une entité stable, mais plutôt une mosaïque mouvante d'états différents ; d'autre part, les états mentaux varient d'instant en instant, selon les mémoires que fait remonter l'état du moment, ils n'ont pas la continuité qu'on surimpose sur eux de façon secondaire.

Enfin, on peut remarquer que ce qui est libérateur

dans la thérapie ou dans la méditation, ce n'est pas tant la profondeur de la « transe » que la qualité de la dissociation entre les phénomènes psychophysiques et celui qui les observe. Grâce à cette dissociation, un sujet peut sentir sa jambe opérée par exemple, sous hétéro- ou autohypnose, mais ne pas être identifié à la douleur. Ramana Maharshi avait été opéré à la fin de sa vie d'une tumeur osseuse au bras, sans anesthésie. Quand on lui demanda quelle douleur il avait, il répondit paisiblement : « C'est comme la piqûre d'un million de scorpions, mais c'est pour le corps, ce n'est pas pour moi. » Jusqu'à la fin, il est resté tranquille et lumineux. Puis, quand il est mort, son visage est devenu marqué, exprimant une douleur intense. Ainsi, tant que la conscience était présente, la dissociation était fonctionnelle, mais une fois qu'elle est partie, le corps a suivi son cours. Cette dissociation entre l'observateur et l'observé (*drishta* et *drishti*) est bien plus qu'une thérapie. Il s'agit d'une voie spirituelle en soi, la voie de la Connaissance (Jñana-Yoga).

Celui qui sait qu'il se trouve dans un rêve a un esprit subtil, celui qui sait qu'il se trouve dans le sommeil profond a une conscience omnipénétrante.

L'homme ordinaire est un rêveur qui n'est pas conscient de ses rêves ; le sage est pleinement conscient de lui-même et de ses actes.

La psychologie s'est développée en interprétant les rêves, c'est-à-dire en leur donnant de la réalité. La spiritualité s'est développée en cessant de coller à une vision univoque de la réalité, c'est-à-dire en lui « donnant du rêve ».

3.

Substances

« Si quelqu'un est riche et béni par le Destin parmi les hommes, s'il dirige les autres et a à sa disposition tous les plaisirs humains, c'est la plus haute félicité de l'homme. Cent félicités de l'homme correspondent à une félicité de ceux qui ont gagné le monde des ancêtres. Cent félicités de ceux qui ont gagné le monde des ancêtres correspondent à une félicité des Gandharvas... des dieux... du monde de Prajapati... Cent félicités du monde de Prajapati correspondent à une félicité du monde de Brahma et de celui qui connaît les Védas, qui est dépourvu d'hypocrisie et qui est libre des désirs. »

Brihad Aranyaka Oupanishad, 4-3-33

Pourquoi étudier la relation et les différences entre états induits par la méditation, les drogues et les endorphines ?

Ce chapitre est d'abord destiné à dissiper une confusion entre deux types d'expériences qu'on regroupe souvent trop hâtivement sous l'étiquette d'« états modifiés de conscience », c'est-à-dire les expériences de drogue et les expériences de méditation.

Par ailleurs, le rôle des endorphines, ou substances ayant une action ressemblant à celle de la morphine mais synthétisées par le cerveau lui-même, semble pouvoir être important dans la méditation.

Je vais commencer par rappeler les principales actions connues des endorphines, et je terminerai par une discussion plus approfondie du rapport entre drogue, dépendance et méditation. Entre les deux, je vais présenter ma propre expérience avec un inhibiteur de la bêta-endorphine, la Naltrexone.

Cette expérimentation est conçue comme la première phase d'une expérience avec un groupe de méditants prévue dans un centre de Vipassana.

J'ai pensé qu'il était éthiquement et logiquement mieux de commencer cette expérience sur moi-même, afin de me faire une idée directe de l'effet de la Naltrexone. Il faut comprendre qu'on ne peut injecter directement des endorphines dans le cerveau, donc le moyen pour l'étudier est de prendre une substance qui les inhibe, la Naltrexone en l'occurrence, et de voir les effets de la méditation par exemple ou n'importe quel autre effet psychophysiologique, cesser à ce moment-là : cela permettra de savoir par déduction que ces expériences sont relayées biochimiquement par les endorphines.

Il y a deux manières d'étudier la méditation : par la physiologie ou par la psychologie ; et en psychologie, il y a deux approches possibles : comportementaliste si l'on reste à l'extérieur de l'individu, et phénoménologique si l'on se base sur les comptes rendus du sujet lui-même.

J'ai choisi le second mode d'approche dont on a montré l'importance dans le domaine des études sur la méditation [1]. Quitte à être phénoménologique, j'ai décidé de l'être complètement et j'ai ajouté à la description des effets physiologiques et psychologiques de la Naltrexone leur évocation libre : après tout, n'est-ce pas le rôle d'une écriture libre de communiquer autant que possible les états et expériences intérieurs ?

Historiquement, c'est le psychiatre français Moreau de Tours qui a été le premier à essayer une drogue – le haschich – par curiosité scientifique. Freud a également essayé la cocaïne pendant toute une période [2] et Aldous Huxley la mescaline, expérience qui l'a amené à écrire *Les Portes de la perception* (la popularité de ce livre n'a pas manqué d'entraîner des déviations qui n'avaient certainement pas été souhaitées par l'auteur). Après lui, Charles Tart a publié un ouvrage sur les états modifiés de conscience et de nombreux articles sur des sujets apparentés, dont certains depuis qu'il est entré dans la voie du bouddhisme tibétain et dont nous reparlerons plus loin [3]. En France j'avais travaillé avec un psychiatre, le Pr Barte Nhi, pour l'organisation de séminaires sur les techniques corporelles ; il a lui aussi écrit un livre, *Les Chemins de la libération*, où il fait le rapprochement et la distinction entre expériences de drogue et chemin mystique [4].

Mon but dans ce texte n'est pas de présenter la drogue comme un chemin spirituel à la manière de Castaneda dans ses ouvrages sujets à controverse, mais simplement de présenter une expérience précise pouvant éclairer la biochimie de la méditation, et d'autre part d'essayer d'évaluer comment une expérience de drogue initiale peut aider ou empêcher un itinéraire de méditation et quelle pourrait être l'interprétation spirituelle de la fascination ancienne pour les substances qui changent le psychisme.

La recherche sur les endorphines

Pour aller droit au fait, on peut dire d'emblée que les endorphines ne sont pas une panacée et qu'elles n'ont rien à voir avec les « pilules de l'extase » que certains attendaient peut-être ; mais leur découverte dans notre organisme, depuis environ trente ans, a ouvert de nouvelles perspectives sur le lien corps-esprit, avec des conséquences indirectes sur la compréhension du mode d'action de la méditation.

Qu'entend-on par endorphines ? Ce sont des peptides, c'est-à-dire de courtes chaînes d'acides aminés ; on les qualifie d'« opioïdes » car ils ont une action similaire à celle de l'opium et de la morphine. Ils ont été découverts par J. Hugues en 1975. Ils sont fabriqués au niveau de l'hypophyse et localement à la jonction entre les neurones ; ils peuvent, au moins pour la bêta-endorphine, passer dans la circulation générale et être dosés. On trouve des récepteurs à endorphines également dans la peau, les intestins, le cœur et d'autres organes.

Pour savoir si une action physiologique, par exemple une anesthésie, est médiatisée par les endorphines, on administre au sujet un antagoniste des morphiniques, en général la Naltrexone. Si l'anesthésie cesse, cela signifie qu'elle était due aux endorphines. On a montré ainsi que l'anesthésie par acupuncture était médiatisée en partie par les endorphines. On a également prouvé le rôle des endorphines dans de multiples situations, la situation typique étant l'effort sportif à pleine capacité.

Parmi les quatre cent trente articles sur les endorphines dont j'ai pu voir la liste à la bibliothèque centrale de l'École de médecine à Paris, je n'en ai trouvé aucun qui parle nommément de méditation, ce sujet d'étude n'étant guère prioritaire dans les équipes de recherche. Cependant, une étude du Dr Levine[5] de l'université de Californie peut être reliée indirectement à la méditation : Levine a montré que les endorphines médiatisaient l'effet placebo, c'est-à-dire que les patients qui suppriment leur propre douleur en croyant avoir reçu un médicament efficace le font par l'intermédiaire des endorphines. Si on leur administre de la Naltrexone, l'effet placebo est supprimé et les patients souffrent de nouveau.

L'effet placebo est un exemple particulier d'autosuggestion qui est une méthode qu'on peut relier sans difficulté à de nombreuses sortes de méditation, même si ces dernières ne sont pas réductibles exclusivement à une autosuggestion. De plus, il y a un rapport entre la concentration du *prana*, ce flux d'énergie que l'on concentre spontanément ou systématiquement dans certaines parties du corps, et la stimulation par aiguilles d'acupuncture ; or, nous avons vu que l'action de celle-ci se fait en partie par l'intermédiaire des endorphines. Il n'est donc pas absurde de parler du lien entre méditation et endorphines et d'envisager d'avoir une confirmation expérimentale directe par la prise de Naltrexone chez le méditant. Pour décrire plus précisément l'action des endorphines sur le corps, prenons le cas de la bêta-endorphine, qui est sécrétée en situation d'exercice sportif pratiqué à 80 % ou plus de la capacité maximale du sujet[6].

La sécrétion des endorphines est maximale en une minute, et semble influencée, en plus de l'effort, par des facteurs psychologiques. Elle dure en plateau pendant quinze minutes pour s'effacer en quarante-cinq minutes. Les endorphines semblent avoir pour fonction de donner une euphorie, un oubli de la douleur qui permet de se surpasser soi-même. On les a impliquées dans l'euphorie du combat qui permet à quelqu'un dont le bras, par exemple, vient d'être arraché par un obus, de continuer à tirer de l'autre bras. Elles favorisent la résistance au froid et sont certainement en cause dans les exploits des yogis qui vivent à peine vêtus dans le grand Himalaya. Elles sont augmentées pendant l'accouchement pour permettre à la mère de faire face aux douleurs. Les femmes qui ont eu l'habitude de l'exercice sportif pendant leur grossesse, c'est-à-dire qui ont l'habitude de produire leurs propres endorphines, en ont un taux supérieur dans le sang au moment de l'accouchement et supportent mieux les contractions que les femmes qui n'ont pas fait d'exercice.

Les endorphines augmentent la glycémie et la palatabilité, c'est-à-dire le plaisir pris à manger les aliments. Ces deux éléments contribuent sans doute à la sensation globale d'euphorie. Fait intéressant pour les méditants : les endorphines sont à leur maximum à six heures du matin ; l'expérience de méditation risque donc d'être plus gratifiante à cette heure-là, pour peu qu'on ait suffisamment dormi auparavant, et les douleurs dues à l'immobilité de la posture risquent d'être mieux supportées. Les endorphines, par ailleurs, sont diminuées chez les arthritiques. Or, les effets de la pensée positive pour favoriser la guérison de l'arthrite sont connus. En rapprochant ces deux faits, il n'est pas interdit de penser que les endorphines sont un neurotransmetteur en cause dans l'amélioration, voire la guérison, de l'arthrite. Il ne faut cependant pas faire des endorphines une substance miracle. Elles inhibent le rythme des hormones sexuelles et peuvent induire un retard des règles et de la puberté chez des adolescentes qui pratiquent un sport intensivement. De plus, elles provoquent une inhibition des défenses immunitaires quand elles sont en quantité abondante dans le sang, par exemple dans la demi-heure qui suit l'effort ; elles peuvent aussi faire oublier ses propres limites et donner lieu à des accidents.

L'arrêt du mental : endorphines, drogue et extase

Les endorphines sont des opiacés : ceux-ci ont des propriétés de « stupéfiants ». Par ailleurs, le mot « stupéfaction » revient souvent dans le vocabulaire des mystiques. En commun, il y a un arrêt du mental. De même, l'ivresse, l'intoxication peuvent être divines. Les soufis, particulièrement Omar Khayyam, ont poussé assez loin l'analogie. L'alcool donne une certaine sensibilité et permet d'avoir une conscience relativement détachée du corps.

Par ailleurs, on sait que, par une succession de réactions biologiques, l'alcool en vient à agir sur les mêmes récepteurs que les endorphines. Cela est à rapprocher du fait que chez les alcooliques les endorphines sont basses : elles n'ont plus besoin d'être synthétisées puisque l'alcool prend leur place. Ce bas niveau pourrait expliquer le caractère pénible, douloureux de l'état de manque chez l'alcoolique, qui n'est pas sans rappeler l'état de manque chez l'héroïnomane. Les opiacés provoquent la stupéfaction, l'arrêt du mental entre autres par le blocage des sensations douloureuses ; celles-ci sont à la base d'une agitation constante du mental ordinaire, qui se défend en permanence contre telle ou telle petite gêne ou douleur. De plus, ils paralysent la motricité intestinale qui est probablement reliée à la sensation de mal-être quand elle est accélérée (diarrhée, stress) et à une sensation de bien-être quand elle est diminuée ou ralentie. Le véritable arrêt du mental n'est pas seulement un arrêt du bavardage et de l'imagerie intérieurs : il est lié à un arrêt du mouvement interne des sensations, ce qui pour les yogis correspond au *samadhi*. Cet arrêt provoque un bonheur intense, bien au-delà des bonheurs habituels ; même un arrêt partiel du mental procure une expérience de bonheur hors de l'ordinaire.

Quand on envisage les choses dans une perspective suffisamment large, il est erroné de dire que l'extase est une forme d'expérience de drogue sublimée. C'est plutôt le contraire : le drogué dévie de l'expérience du Soi dont il a eu un reflet à travers la prise de toxiques ;

le bonheur qu'il en a éprouvé fait qu'il cherche à le retrouver par tous les moyens, même s'il doit au bout du compte le payer très cher.

À l'inverse de la drogue, les débuts de la méditation sont difficiles ; ils demandent une discipline pour apprivoiser son mental, son attention. Il faut payer le prix au début, mais après, le fait de n'avoir même qu'un avant-goût de l'expérience de l'arrêt du mental est suffisant pour récompenser ses efforts et donner envie de continuer. Les témoignages traditionnels convergent autour de cette expérience : au début du *Yoga-Sutra* de Patanjali, la définition du Yoga est célèbre : *citta-nirodha*, l'arrêt du mental. Nisargadatta Maharaj parle même d'abandonner le sentiment de « Je Suis », et compare concrètement le *samadhi* à de l'eau bouillie qui repose : non seulement elle est immobile, mais les germes des désirs égoïstes qui existaient en elle ont été tués. Il dit par ailleurs : « La Connaissance n'a pas besoin de paix et de quiétude, car elle est en elle-même paix et quiétude. Dans ce principe de la quiétude fondamentale, sans dualité, il n'y a pas de changement, quel que soit le moment. »

Dans le bouddhisme, le terme *nirvana* – cessation – parle de lui-même ; ceux qui ont un tant soit peu d'expérience spirituelle comprendront tout le potentiel positif de liberté et de bonheur intérieurs qu'évoque ce terme. Le Zen est fondé sur *ku*, la vacuité.

Maître Eckhart exprime cette expérience d'arrêt du mental de diverses manières, entre autres lors d'un sermon sur la *Béatitude de la pauvreté*[7] : « Ici, dans cette pauvreté [de ne rien posséder], l'homme retrouve l'être éternel qu'il a été, qu'il est maintenant et qu'il demeurera à jamais. »

Chez les Pères du désert et dans le monachisme grec, l'*hésychia* – la quiétude – tient la première place. Qu'il nous suffise de quelques citations pour le faire sentir : saint Nil recommande de « s'attacher au chef de file de tous les travaux, l'*hésychia*, qui montre la contemplation des vertus, douée d'yeux multiples »... Le moine doit avoir « soif de l'*hésychia* déifiante ». Pour lui, le silence est une panacée : « Il n'est pas de souci qui ne puisse être vaincu par le silence. À Dieu lui-même, le silence t'unira... » ; « Beaucoup de gens courent, pour trouver, mais il n'en est pas un qui trouve, si ce n'est celui qui tient le silence continuellement[8]. »

Il ne faut pas confondre cette grande expérience avec un stade intermédiaire de méditation associé à un plaisir intense ; c'est un encouragement, mais il peut donner lieu à une sorte d'accoutumance et on doit être prêt à le dépasser pour aller plus loin. Ramakrishna disait à ses disciples, qui étaient tellement fascinés par lui qu'ils ne pouvaient s'empêcher de revenir tous les jours à heure fixe le visiter : « Vous êtes comme ces paons auxquels on donne quotidiennement et à la même heure une pilule d'opium. On peut être sûr qu'au bout de quelque temps, ils seront obligés de venir au rendez-vous. »

C'est le rôle du maître spirituel de communiquer une expérience de joie hors de l'ordinaire qui donne au disciple l'envie d'aller plus loin dans sa propre pratique. Dans une étude, déjà évoquée, faite dans les années soixante-dix aux États-Unis, sur deux mille sujets s'étant mis à pratiquer la méditation pendant deux ans, les pourcentages de consommateurs de drogue ont diminué significativement. Au début, 80 % des sujets prenaient de la marijuana, au bout de deux ans, ce taux était descendu à 20 %. Pour le LSD, le pourcentage d'intoxiqués passait de 60 % à 5 % et, pour les amphétamines, de 35 % à 5 %. Le fait qu'on puisse échapper à une dépendance sans l'aide d'aucun produit extérieur me semble important à dire et à redire du point de vue médical comme du point de vue spirituel et ce, surtout pour un public français, quand on sait que nous battons les records de consommation de vin et de tranquillisants par habitant...

Autoexpérimentation sur le lien entre endorphines et méditation

À la fin d'une retraite de cinq mois où je méditais entre sept et huit heures par jour en moyenne, j'ai pris pendant trois jours un comprimé de 50 mg de chlorhydrate de Naltrexone qui inhibe les effets de la bêta-endorphine. En ce sens, les effets attendus étaient plutôt de sédation que d'excitation, et il n'y avait donc pas de risque de dépendance avec la Naltrexone : c'est au contraire une substance qu'on utilise parfois pour le sevrage des héroïnomanes, ou dans le traitement des boulimies. Ce qui m'intéressait, quant à moi, était de savoir si les effets de ma méditation seraient coupés, et ils l'ont été en effet à près de 80 %, ce que nous allons détailler maintenant.

Action de la Naltrexone sur le corps conscient :

– Un premier fait important à noter : il n'y a pas eu de syndrome de manque, comme c'est le cas lorsque la Naltrexone est donnée à un héroïnomane physiquement dépendant ; par ailleurs, même chez des athlètes de haut niveau qui interrompent brusquement leur entraînement, on a pu observer également une sorte de syndrome de manque. Ainsi, les endorphines qu'on suppose sécrétées par la méditation ne le sont pas à des doses aussi massives que dans l'effort physique violent ou dans le cas d'une prise de morphine exogène.

– Les modifications respiratoires : elles sont au premier plan. Pour le Yoga, la respiration est reliée au *prana* (souffle vital, énergie), qui est le lien principal entre le corps et l'esprit. Nous verrons par la suite comment cette modification respiratoire représente une sorte de dénominateur commun à la plupart des autres symptômes. La respiration est régulière, automatique, et ne peut être arrêtée ou modifiée facilement. Même si on essaie de le faire, la tentative dure très peu de temps, encore moins que lorsqu'on est dans un état normal... Ce qui est frappant, c'est qu'il n'y a pas d'arrêt respiratoire, ni poumons pleins ni poumons vides. La sinusoïde respiratoire est parfaitement continue, ni très profonde ni très superficielle. Il y a une sorte d'indifférence, de paresse respiratoire qui semble tout à fait reliée aux autres symptômes psychologiques. Curieusement, durant les trois jours d'expérimentation (j'ai pratiqué neuf heures par jour), il n'y a eu ni soupir, ni bâillement, ni désir de s'étirer, toutes réactions du corps qu'induit la pratique habituelle prolongée.

– La posture : après la respiration, elle représente la fondation de la méditation. La posture est très stable, on ne sent pas de besoin de bouger parce qu'on ne sent pas toutes ces petites douleurs qui incitent à bouger. Il y a une sorte de « persévération » (c'est-à-dire une tendance à continuer le même mouvement ou la même posture) associée avec un sentiment d'indifférence profonde.

– Le sentiment de satiété : cela pourrait être la notion clé de l'action de la Naltrexone. On l'a dit, cette substance a été essayée pour le traitement des boulimiques avec un certain succès. D'habitude, une sensation de faim modérée peut apporter une certaine stimulation dans la méditation, que je croyais reliée uniquement à la stimulation de l'adrénaline par le jeûne ; mais le fait que cette qualité de méditation disparaisse sous Naltrexone donne à penser que les endorphines sont responsables de cet effet-là.

– La perte presque complète de la libido : cette perte est cohérente avec la perte de l'appétit. Il y a une impression de satiété comme si on avait fait récemment des excès sexuels. Le lien évident entre la perte de la libido et, comme nous allons bientôt le voir, le manque d'expérience spirituelle confirme de façon expérimentale un enseignement courant des traditions mystiques : la manière directe d'éveiller des expériences spirituelles réellement intenses est de garder la libido éveillée, la façon la plus directe étant de ne pas la satisfaire physiquement, cette abstinence devant être accompagnée évidemment de la pratique de la méditation pour qu'elle ne soit pas un refoulement.

Effets de la Naltrexone sur l'esprit. Nous en venons maintenant au nœud de cette expérience : comment la Naltrexone affecte le mental durant la méditation ? On peut dire qu'elle coupe 80 % de ses effets, que nous allons maintenant détailler :

– Images mentales : quand une méditation normale atteint un certain niveau d'intensité, les images mentales deviennent brillantes. Ce qui est représenté dans les *tankas* tibétaines ou dans les peintures de Fra Angelico correspond à une réalité intérieure. Tous ces phénomènes de lumière blanche, d'éclat, de visualisation intense et de joie disparaissent pour laisser la place à la grisaille de l'indifférence. Il n'y a pas de capacité de concentration, donc pas de flamme ou d'intensité.

– La *Kundalini*, dans son sens premier d'énergie intérieure, est endormie. On est toujours capable de faire des pratiques pour élever le flot des sensations vers le haut du corps, mais il n'y a plus de « sensations » à faire monter. À l'inverse, on peut supposer que si on pouvait administrer des endorphines directement dans le cerveau d'un sujet, il aurait de l'énergie certes, mais elle ferait plus de mal que de bien car il ne saurait pas la diriger : c'est tout le problème des drogues stimulantes et, à un moindre degré, des pratiques intensives chez des gens qui n'ont pas été préparés par une discipline de vie et de pensée ; nous y reviendrons par la suite.

– Les effets négatifs de la méditation prolongée,

comme l'impatience physique et l'irritabilité, sont effacés.

Pour conclure sur les effets physiques et psychiques de la Naltrexone, je me suis posé la question de savoir quel était le rapport entre celle-ci et d'autres sédatifs utilisés couramment en psychiatrie comme le Valium (tranquillisant) et l'Haldol (neuroleptique). J'ai pris 25 mg du premier, puis le lendemain, 6 mg du second, ce qui correspond à des doses prescrites à des patients qui, sans être dans un état aigu, sont quand même relativement perturbés. Le Valium fait qu'on est plus facilement somnolent, plus relaxé, mais ne change pas la structure de l'expérience méditative ; celle-ci serait même au contraire plus facile pendant les périodes où l'on n'est pas pris par le sommeil. L'Haldol réduit la rapidité d'association des images mentales – c'est d'ailleurs pour cela qu'on le donne – mais ne réduit pas les phénomènes de lumière intérieure. À mon sens, la Naltrexone devrait avoir un effet plus puissant que l'Haldol pour calmer les états maniaques ou hypomaniaques, qui ont quelque chose à voir avec l'éveil de la Kundalini (*cf.* chapitre suivant) et certains types de délires. J'en ai fait part à un professeur de psychiatrie de Paris qui a accepté de mener une expérimentation clinique ; nous verrons les résultats.

Peut-on contrebalancer les effets de la Naltrexone par des pratiques yogiques ? Question importante. Les pratiques qui peuvent contrebalancer particulièrement bien la Naltrexone pourront être considérées comme spécialement « endorphinogènes ».

– Considérons d'abord une pratique tellement simple qu'on ne peut guère l'appeler Yoga : la marche. Bien que celle-ci soit suffisante pour dissiper la somnolence ordinaire, elle n'a pas beaucoup d'effet sur l'indifférence créée par la Naltrexone. Logiquement, une marche forcée devrait libérer des endorphines car elle représente un effort physique violent : mais je n'ai pas poussé l'expérimentation jusque-là.

– Hatha-yoga : il n'y a pas beaucoup de motivation pour commencer le hatha-yoga, mais une fois qu'on a commencé, on peut continuer facilement la pratique ; une posture que je faisais quotidiennement pendant dix ou quinze respirations, je pouvais la pratiquer pendant soixante sous Naltrexone, en l'absence des douleurs et de l'agitation respiratoire en général responsables de l'arrêt. Malgré cette durée, le sentiment d'intensité, les effets attendus de l'étirement, c'est-à-dire la lumière intérieure, la joie n'étaient pas présents.

– Les tentatives de pranayama tournaient court à cause du rythme respiratoire automatique imposé par la Naltrexone.

– Le mantra : son chant a été utile pour créer un automatisme puissant d'allongement du souffle ; au bout de cinquante minutes, un état normal de méditation est revenu, avec une impression concrète de tuyau qu'on débouche. En Yoga, on parle de l'ouverture de canaux *(nadis)*. Il peut y avoir bien des niveaux dans cette ouverture ; dans ce cas, j'ai senti que j'avais gagné l'ouverture minimale qui pouvait rendre la méditation à nouveau possible. La question se posait de savoir si l'ouverture était due surtout aux vibrations sonores ou bien à la prolongation du souffle ; pour faire la différence, j'ai juste enregistré le chant du mantra que je me suis repassé pendant cinquante minutes quand j'étais sous Naltrexone : rien ne s'est passé. Il semble que le son du mantra agisse plus comme une sorte de marqueur qui fait penser à prolonger le souffle à chaque expiration. Ensuite, j'ai changé une autre variable en ne chantant que les voyelles du mantra ; j'éprouvai un sentiment d'expansion qui aida à l'« ouverture ». De fait, j'ai chanté pendant huit ans dans un chœur grégorien, et nous savions entre nous que le moment le plus extatique du chant était le « mélisme », lorsque le déroulement du texte s'arrête sur une voyelle donnée et que la mélodie pure peut prendre son essor.

– Pratique de Vipassana : elle consiste en l'observation du souffle et des sensations du corps surtout : les deux n'étaient plus possibles, l'absence de concentration entraînant automatiquement l'absence de capacité d'observation. Il n'y a donc pas lieu d'opposer fondamentalement les méthodes d'observation et de concentration, elles sont les deux ailes d'un même oiseau.

Évocation des effets de la Naltrexone : Quand la méditation est bonne, on sent qu'on peut « surfer » sur les vagues du mental ; sous Naltrexone, on se sent comme une vieille barque enfoncée dans les eaux dormantes d'un marais même pas salant... Il n'y a pas de chance d'évolution spirituelle, car il n'y a ni souffrance ni joie pour l'initier. J'avais l'impression d'avoir subi un lavage de cerveau et d'être devenu lourdement matérialiste : expérience fade, à vrai dire. Si la Naltrexone est le neurotransmetteur de quelque chose, ce serait plutôt de l'ego et d'une léthargie du genre « bain de soleil ». L'endorphine peut être le neurotransmetteur d'un éveil de la Kundalini, mais elle n'aide en rien à la diriger vers le spirituel ; cette capacité ne peut venir que de la pratique et du respect des fondations de la vie spirituelle.

La Naltrexone donne un état réellement non spirituel, qui fait penser aux paroles de la Bible : « Les tièdes, Dieu les vomira... » Sous Naltrexone, le moteur n'a pas d'essence ; avec les endorphines, l'essence est là, mais cela ne présume en rien de l'existence d'un volant et d'un chauffeur conscient pour conduire la voiture.

Interprétation spirituelle de l'expérience : états de conscience et conscience des états

Nous cesserons de nous centrer sur les endorphines pour élargir notre réflexion sur l'ouverture ou la fermeture spirituelle pouvant provenir des drogues. Nous parlerons bien sûr des substances psychédéliques, mais aussi de la cocaïne. Nous considérerons le cas fréquent de ceux qui ont eu une ouverture à l'expérience intérieure en prenant certaines drogues et qui sentent qu'ils doivent prendre le relais par la méditation. J'espère que cette discussion sera aussi intéressante pour les thérapeutes qui veulent savoir quels manques spirituels peuvent être à l'origine de la toxicomanie et autres dépendances.

Le moment est venu d'abandonner le raisonnement

linéaire pour entrer dans le mouvement spiralé d'une méditation qui revient sur la même verticale mais à des niveaux différents. Quelle est la racine de la dépendance ? Comment la spiritualité peut-elle aider à en sortir ? Mes idées n'ont rien de fondamentalement nouveau, mais je souhaite préciser quelques points que je peux percevoir plus clairement du fait de ma double formation de psychiatre en Occident et de *sadhaka* depuis plus de vingt ans en Inde.

Le point de vue védantique sur les états de conscience : Le principe fondamental du Vedanta, c'est que la Conscience est au-delà des états de conscience. Le Soi est au-delà des expériences. On peut être intellectuellement d'accord avec cette notion, mais la réaliser est tout autre chose. Même quand on a une expérience forte induite par une drogue, se rappeler que cet état est dû à une substance indique l'existence d'une Conscience au-delà des états impermanents. Plutôt que dire : « J'ai cet état de conscience », mieux vaut se demander : « Suis-je cet état de conscience ? » Cette simple question est le navire qui nous mènera à travers l'océan tempétueux des états de conscience changeants. Elle libérera des attachements à certaines expériences, attachement qui est appelé *makyo* en Zen. L'expérience méditative est toujours neuve, on ne doit pas chercher à la comparer aux expériences précédentes. Ceci est particulièrement utile pour ceux qui ont eu de fortes expériences induites par des drogues. Ils ne doivent pas essayer de reproduire ces expériences ou de les relier et les comparer à leurs états de conscience méditatifs.

Une expérience induite par les drogues est une expérience conditionnée par elles : de quelque manière qu'on retourne le problème, c'est un fait. Chaque expérience conditionnée a un début, est « née » pourrait-on dire : « Quelle était ma Conscience avant la naissance de cet état ? » est la question à se poser pour aller au-delà d'une expérience donnée. Même dans la voie dévotionnelle *(bhakti)*, quand on parle de l'union et de la séparation d'avec le Bien-Aimé (*milana* et *viraha)*, il y a une Conscience qui est au-delà de cela, un sentiment indéfinissable que, dans la tradition dévotionnelle chrétienne, Hadewich d'Anvers a évoqué par l'expression paradoxale de « présence d'absence ». Les états de conscience changent parfois aussi rapidement que la direction d'une ligne brisée. Plutôt que de se laisser hypnotiser par les angles parfois douloureux de cette ligne, il vaut mieux se demander quel est ce papier sur lequel la ligne est inscrite, dans quel espace le papier est situé et quelle est la Conscience qui connaît cet espace.

Observation de la respiration, endorphine et prise de conscience instantanée : la tradition bouddhiste théravada a tellement confiance dans l'observation du souffle *(anapana-sati)* qu'elle affirme que cette pratique est suffisante pour atteindre le *nirvana*. Pour préciser les liens entre conscience de la respiration et états de conscience, il peut être utile de revenir pour quelque temps à notre expérience : sous Naltrexone, la respiration était automatique, sans pause et la méditation sans prise de conscience. C'était la première fois que je pouvais méditer neuf heures d'affilée sans pratiquement de prises de conscience ; effet surprenant... En fait, l'observation de la respiration revient à l'observation de ses irrégularités et de ses pauses, particulièrement à la fin de l'expiration. Il semble que l'observation de ces irrégularités, de ces arrêts suivis de reprises comme des soupirs, stimule un appétit pour prendre conscience ; on pourrait dire pour jouer sur les mots : « Pas d'inspiration supérieure possible sans ces ouvertures de l'inspiration que sont les soupirs... » Cela met en avant un fait nouveau : les endorphines ne sont pas seulement reliées à l'effort violent durant le sport, mais aussi à la prise de conscience normale en méditation, seconde après seconde, respiration après respiration. Nous sommes ici tout à fait proches du processus subtil de l'attention et de la conscience.

Il ressort de notre expérimentation que les endorphines semblent stimuler la capacité de pauses respiratoires et donc la capacité de prises de conscience instantanées, mais aussi la capacité d'expérimenter l'intensité et, à la fin de la chaîne, la transcendance. La pause respiratoire est le signe d'un changement de niveau de conscience. Cela ne veut pas dire que n'importe quel exercice respiratoire va apporter un changement de conscience de bonne qualité durable. Les yogis expérimentés reconnaissent qu'il n'y a pas de raccourci du pranayama au samadhi. Cependant, quand l'esprit est prêt pour cela, un samadhi authentique survient, accompagné spontanément par un ralentissement de la respiration, même un repos complet ou une fausse respiration : en effet, quand la respiration devient superficielle, elle n'est plus efficace physiologiquement car c'est le même air qui va et vient dans la trachée.

Le complexe de Pandore : Pandore a volé une boîte qui semblait pleine de joyaux, mais son ouverture a déclenché une succession de catastrophes. Cette image mythologique m'a évoqué de plusieurs façons la situation du toxicomane, d'où ce nom de « complexe de Pandore » sous lequel j'ai relié plusieurs sentiments apparentés.

Il y a d'abord confusion : on ne sait pas si ce qu'il y a à l'intérieur de la boîte est précieux ou dangereux. Cette ambivalence est reflétée dans une étude de Tart sur cent étudiants d'un groupe Rigpa de bouddhisme tibétain[9] : 77 % d'entre eux avaient essayé des psychédéliques majeurs ; 23 % ont dit qu'ils avaient été très gênés par ces expériences dans leur itinéraire spirituel, et 21 %, au contraire, que cela les avait beaucoup aidés. Ils reconnaissaient que l'enseignement bouddhiste sur l'impermanence les avait incités à abandonner les drogues. Tart se demande s'il aurait eu des résultats analogues avec des méditants qui n'utilisent pas les visualisations. Dans le Védanta, ce que pourrait apporter une expérience psychédélique est un fort sentiment : « Je ne suis pas ce corps », ce qui représente un axe de la méditation non dualiste quand on le comprend bien. Ceci dit, il s'agit d'un enseignement plutôt initiatique qui, pendant longtemps, était en pratique transmis uniquement de gourou à disciple.

Cela nous amène à aborder un autre aspect du « complexe de Pandore » : le sentiment de culpabilité après une expérience de drogue vient de ce que le sujet sait bien, « quelque part » en lui, qu'il a vu et connu des choses qu'il ne méritait pas de voir et de connaître.

La culpabilité est accompagnée d'une peur profonde : l'ego s'appuie sur un petit nombre d'états de conscience dont il a l'habitude, un peu plus s'il y a eu auparavant des expériences de méditation. Si cette coquille protectrice est rompue, une peur viscérale de la mort et de la folie émerge : et la moitié de la folie réside dans la peur de la folie... Que le sujet cherche à couvrir ou non des sentiments de culpabilité ou de peur par l'intellectualisation ou d'autres mécanismes de défense, ils sont bien là et constituent une base pour le complexe de Pandore.

Qu'est-ce qu'il y a d'effrayant dans une expérience réellement nouvelle ? Peut-être la peur de déboucher dans un endroit inconnu, de sortir de son enveloppe, d'être inclus dans quelque chose qu'on ne connaît pas. Le Védanta dit : Votre Conscience n'est jamais incluse, mais par contre elle inclut. Ce processus d'inclusion répété est la base de la pratique. Quelle que soit la force des expériences qu'on a eues auparavant, celui qui observe est le plus fort, c'est la clé védantique pour ouvrir la porte qui mène au-delà du mental ; plus forte est l'expérience, plus forte devrait être la stimulation pour aller au-delà. Pour prendre une comparaison, on peut rapprocher l'usage des psychédéliques dans la vie spirituelle à celui des aphrodisiaques dans la vie de couple. Certes, avoir de grandes expériences peut augmenter l'attachement à son partenaire, mais en fin de compte, est-on attaché à celui-ci ou à la petite pilule miraculeuse ?

Pseudo-expansion : Je sens clairement que l'Absolu est expansion, mais je ne pense pas que l'expansion induite par les drogues soit authentique, car la conscience est automatiquement rétractée sur la substance qui a été à l'origine de l'expérience. C'est une idée facile à comprendre, que Metzner a bien illustrée dans un article récent[10]. Le processus de pensée, au lieu de s'ouvrir, d'être sphérique, devient plutôt « conique » car focalisé sur une substance donnée. Point n'est besoin d'explications psychodynamiques élaborées pour comprendre ce phénomène : les lois du conditionnement simple suffisent.

Les comptes rendus d'expérience de non-dualité sous drogue me semblent également sujets à caution : comment cela pourrait-il être, quand il y a une première dualité aiguë entre le sujet et la substance dont il dépend physiquement ou psychologiquement et une seconde dualité entre l'expérience intense survenue artificiellement et la grisaille de la vie quotidienne où elle ne peut être intégrée ? La dépendance elle-même est déniée ; le mode de pensée de la personne dépendante est tellement peu logique qu'on lui a donné le nom de « narcologisme », qui se trouve à mi-chemin entre le mensonge et la mythomanie.

En Yoga, on accorde une grande importance à la vérité : on prétend que si un yogi dit la vérité pendant douze ans, tout ce qu'il dira deviendra vrai. Ce sens de la vérité est indispensable pour la transmission spirituelle, car le premier sujet sur lequel on peut mentir est celui de ses expériences intérieures. Le succès des thérapies où le thérapeute se contente d'écouter ce que le patient pense être la vérité sur lui-même repose sur une restauration du sens de la vérité chez celui-ci.

Vouloir collectionner les expériences intérieures, y compris celles d'expansion, comme on collectionne des timbres ou des images, représente une forme de matérialisme psychologique. On doit comprendre clairement que les expériences sont des bornes sur le chemin, mais ne sont pas le chemin lui-même, ni le but. Il me semble que l'attitude spirituelle juste est de considérer que l'expérience spirituelle vient d'au-delà d'elle-même, d'au-delà de l'ego, qu'on appelle cet au-delà la grâce de Dieu, celle du maître spirituel ou la révélation spontanée du Soi. En tous les cas, la véritable expérience ne vient certainement pas de la grâce d'une pilule. Quand l'ego cherche à prendre possession d'une bonne expérience initiale de drogue en répétant les prises, l'expérience a toutes les chances de se dégrader ; si par hasard elle reste bonne, une dépendance s'installe, ce qui correspond aussi à une détérioration d'un point de vue plus large. Les expériences sont comme des œufs : elles ont besoin d'être fécondées par autre chose qu'elles-mêmes pour donner naissance à la vie. Pour faire une autre comparaison : ceux qui aiment réellement la marche en montagne et l'escalade n'auront guère envie de prendre un hélicoptère pour arriver au sommet de la montagne avec un groupe de touristes lambda...

Expériences de sommet, expériences de plateau : Vers la fin de sa vie, Maslow est revenu de son idée d'« expérience de sommet » et s'est mis à défendre la notion d'« expérience de plateau [11] ». Il avait remarqué que bien des gens qui avaient eu des « expériences de sommet » ne pouvaient les intégrer dans la vie quotidienne. Il se mit alors à développer les notions d'observation de son propre mental et de vie unitive, deux notions typiques de l'enseignement mystique. Il s'agit d'insister sur la merveille, le miracle de la vie quotidienne, la continuité de l'état de joie intérieure, la clarté de la conscience et surtout un immense sentiment de liberté : un mystique ne lutte pas seulement pour quelques améliorations dans sa vie intérieure, il cherche la perfection.

Les gens ont tendance à prendre littéralement des comparaisons dans les textes traditionnels, disant par exemple que la Réalisation est plus éblouissante qu'un million de soleils. Un maître vedantin comme Ramana Maharshi n'était pas d'accord avec ces descriptions, et faisait allusion au fait que la Réalisation était probablement tout à fait différente de ce à quoi nous nous attendions. Dans ce contexte, la notion d'« expérience de sommet » perd de son importance. Quand quelqu'un a compris que, dans le domaine spirituel, il n'y a rien à acheter ni à vendre, il pourra mieux saisir la différence entre quantité et qualité de l'expérience intérieure. Il apprendra à observer simplement l'esprit à la manière dont une mère observe son enfant ; elle regarde avec un sourire ses grandes émotions, car elle sait qu'elles passeront. Plus haut que les expériences de sommet se trouve le ciel, et plus élevé que l'élévation, le Soi. Pour trouver la Réalité, la manière la plus directe est de faire face à sa propre réalité et, dans ce travail délicat, le miroir déformant d'une drogue ne rend pas service.

« L'initiation en une seule prise » : Vous l'aurez compris, je ne veux pas dire par cette expression que je suis un apôtre d'une initiation spirituelle par les drogues. Personnellement, je ne la recommanderai pas ; mais si une expérience de drogue est survenue, le mieux est de la prendre comme une initiation, particulièrement quand elle est survenue au bon moment, dans le bon lieu, avec le bon entourage et une aide adaptée. Ce sont des conditions qui ne sont que très rarement réunies dans notre culture actuelle. Il semble cependant que quelqu'un comme George Harrison, ex-Beatle, ait eu une conversion intérieure à la spiritualité en ne prenant qu'une seule dose de LSD. Il s'est mis alors à pratiquer l'intériorisation quotidiennement et il a donné une orientation relativement spirituelle à son existence.

Albert Hoffman, qui a découvert le LSD il y a une quarantaine d'années, a d'abord essayé sur lui-même les effets de cette substance qu'il venait de découvrir ; ensuite, il a cessé d'en prendre et, pendant une cinquantaine d'années, a pratiqué régulièrement la méditation. Pendant les mystères d'Eleusis, il y avait aussi une « initiation à prise unique » : après une longue préparation s'étendant sur plusieurs années, les candidats prenaient une drogue (sans doute un dérivé de l'ergot de seigle, un hallucinogène donc) et se concentraient pour trouver la réponse à la question suivante : « Quel est mon devoir dans cette vie ? »

Une expérience de drogue peut être comme le starter d'une voiture : l'utiliser une fois peut aider le moteur à démarrer, mais répéter les coups de starter risque plutôt de le noyer. Certes, des maîtres comme Ramakrishna reconnaissaient que l'important était d'entrer dans cette maison qu'est l'expérience intérieure, et que certains pouvaient le faire par la fenêtre ou par la porte de derrière. Si quelqu'un a eu ce genre d'« initiation » par une drogue, le mieux est qu'il s'intéresse à l'expérience de méditation et qu'il cherche un enseignant spirituel capable de l'aider. Le sens de l'initiation par un maître spirituel est de donner une énergie et une joie intérieures ; même si celles-ci ne font pas de miracle, elles deviennent une motivation puissante pour tourner son regard vers l'intérieur, et ceci est un miracle en soi. Le maître spirituel nous aide à descendre du piédestal ou des échasses de notre ego, pour pouvoir franchir ces portes que sont certaines expériences intérieures.

Une dernière réflexion : certains, qui ont eu une expérience de drogue et ont ensuite médité pendant plusieurs années, pensent qu'ils peuvent reprendre des substances sans danger ; qu'il se méfient de la « flèche du Parthe » : au moment où ils croient que la dépendance bat en retraite, c'est alors qu'ils en reçoivent une flèche qui les fait tomber pour de bon dans une accoutumance réelle.

De l'euphorie psychédélique à la culture « cocaïnomaniaque » : Si les drogues psychédéliques peuvent avoir tendance à « ouvrir » l'ego, la cocaïne et les drogues synthétiques ont plutôt tendance à le fermer, en rétractant le cœur et en gelant la capacité de compassion. Ceux qui prennent du haschisch aiment bien la convivialité du groupe, alors que les cocaïnomanes préfèrent être solitaires et – signe à la fois clinique et lourdement symbolique – détestent la lumière. La cocaïne a été la drogue des dictateurs d'Amérique latine ; on dit qu'Hitler avait un faible pour la cocaïne et la supérine. L'usage de la cocaïne est répandu chez les décideurs, et surtout dans les milieux liés au spectacle et aux médias. La cocaïne favorise le durcissement du moi, la violence paranoïaque et les perversions sexuelles. Ces vibrations « cocaïnomaniaques » sont véhiculées par les ondes jusqu'au petit écran ; de ce fait, ceux qui sont esclaves de celui-ci sont perturbés de façon indirecte par cette drogue, même s'ils ne la consomment pas en tant que telle.

Dernières réflexions

Il n'y a rien de neuf dans le fait de montrer que des facteurs extérieurs peuvent modifier la méditation. Sans aller jusqu'à l'éventualité d'un coup reçu sur la tête pouvant supprimer à la fois la méditation et la conscience, tous les pratiquants ont fait l'expérience d'états apparemment profonds qui pouvaient se dissiper lorsqu'un moustique venait se poser sur leur nez...

Le rapport entre drogue et expérience intérieure pose la question de l'approche dionysiaque et apollinienne de la spiritualité. L'approche dionysiaque était déjà critiquée dans l'Antiquité elle-même ; pourtant, à cette époque où l'on connaissait les plaisirs du vin, l'alcoolisme en tant que maladie n'était pas apparu. Je suis d'accord avec Claudio Naranjo qui a beaucoup réfléchi et écrit sur le rapport des drogues et des états de conscience : dans la conclusion d'un de ses textes sur le sujet, il dit : « Puisqu'on sait bien que la profondeur des expériences hallucinogènes diminue après quelque temps, les “expériences de sommet” qu’elles ont la capacité d’induire peuvent être considérées plus comme des expériences initiatiques que comme une voie en soi[12]. »

Toutes les expériences intérieures ne sont pas libératrices, loin de là. C’est une évidence, mais qu’il vaut mieux souligner. On pourrait résumer une différence implicite dans notre parallèle entre méditation et psychologie en disant que le psychologue s’intéresse aux états de conscience, et le vrai méditant, le *jñani*, à la Conscience des états. Le psychologue reste un observateur extérieur, alors que le *jñani* a réalisé son identité avec l’Observateur intérieur, c’est-à-dire le Soi.

On conclut en général un texte de recherche scientifique en soulignant l’utilité de nouvelles recherches ; mais comme dans ce chapitre il s’agit aussi de l’expérience intérieure, les « nouvelles » recherches seront à faire d’abord au-dedans du chercheur lui-même par la méditation : recherche du Divin ou du Soi, qui est à la fois ancienne et toujours nouvelle, et en réalité au-delà de l’ancien et du nouveau.

Bien que je ne sois pas d’accord avec l’idée que la religion est l’opium du peuple, il faut reconnaître que certaines croyances superstitieuses ressemblent à des drogues. Il y a des hindous par exemple, qui pensent que prendre un bain au confluent du Gange et de la Yamuna le matin de la Kumbha-Mela (la plus grande des fêtes hindoues qui a lieu tous les douze ans à cet endroit) leur assurera la Libération automatiquement. Une fois, le sage Swami Ramdas du Kerala, poussé par la foule, se trouva juste au bon endroit, à la bonne heure pour prendre le bain libérateur, mais il ne le fit pas et dit plutôt d'un air moqueur : « Je ne veux pas de la Libération à bas prix : je veux me battre pour elle. »

4.

Énergie

> « Après avoir maîtrisé, puis arrêté le souffle vital *(prana)* on dépasse le limité et on peut enfin s'unir à l'illimité au niveau de la tête. »
>
> Maitri Oupanishad, 6-21

L'énergie est une notion fondamentale de psychophysiologie orientale, que ce soit en Inde, en Chine ou au Japon ; elle a été largement adoptée et adaptée en Occident. Elle est très liée à la conscience : on peut dire en bref que l'énergie présente dans une partie du corps y attire la conscience, et qu'inversement la conscience attire l'énergie. Dans ce chapitre, je développerai surtout la tradition que je connais le mieux, celle de l'Inde, et je parlerai d'une notion plus célèbre que réellement connue, la *Kundalini*. J'essaierai de dégager en quoi cette notion peut nous aider à mieux comprendre la psychologie, la méditation et la diversité des états de conscience.

La Kundalini est une force neutre qui est éveillée

parfois spontanément, mais le plus souvent par la pratique d'intériorisation, quelle que soit la voie suivie, ou par la grâce du guide spirituel. La tradition indienne a développé en détail les moyens d'apprivoiser cette force de vie, de la faire sortir de sa forme latente, « lovée » (sens premier du mot *kundalini*), et de la diriger progressivement vers le but suprême, la libération *(moksha)*. Ceci ne signifie pas que cet enseignement autour de la Kundalini soit limité à l'Inde. Tous ceux qui sont réellement intéressés par l'itinéraire intérieur peuvent en bénéficier.

Le symbolisme et la pratique de la méditation de Kundalini sont centrés sur l'idée de sublimation de la force vitale de base qui s'exprime d'ordinaire dans l'activité sexuelle. Cette sublimation est nécessaire pour les yogis et ceux qui suivent la voie du célibat pour raison spirituelle. Elle prend alors la force d'une transmutation.

Il y a un lien évident entre affectivité et spiritualité, mais comment faire en pratique l'articulation entre les deux ? Les voies dévotionnelles parlent de diriger les émotions vers le Divin, mais ont tendance à oublier le corps. La psychanalyse freudienne reconnaît par moments l'intérêt de la sublimation, mais elle est tellement focalisée sur la sexualité et sa pathologie qu'elle ne peut consacrer beaucoup d'énergie à cette sublimation. La psychanalyse jungienne parle des métamorphoses de la libido, mais attend trop que l'inconscient fasse tout le travail, et oublie aussi le corps quand il est question de passer à une pratique. L'enseignement de la Kundalini, et de manière plus large du Yoga, se base sur les niveaux physiques et énergétiques du corps, pour ouvrir les canaux d'énergie afin que la force vitale puisse monter et se manifester sous forme de conscience et d'activités d'un ordre supérieur.

Il y a plus que la sublimation dans l'enseignement de la Kundalini ; il y a aussi l'androgynie : : l'homme et la femme sont possesseurs, en proportion complémentaire, du couple *reta-raja. Reta*, plutôt que « sperme », semble signifier « hormone mâle » ou caractère sexuel masculin en général. De même *raja*, plus que « sang menstruel », semble signifier hormones et caractère féminins en général. Dans ce sens, les yogis appellent parfois la Kundalini *nairatma*, « soi-même en tant que femme » ou « femme-âme ». Beaucoup de gens actuellement en Occident souhaitent une redécouverte de l'*anima :* une meilleure connaissance de la Kundalini favorisera ce retour.

Je suis passé récemment à Rishikesh (l'endroit où le Gange sort de l'Himalaya) et j'ai pu m'entretenir avec Swami Krishnananda, le secrétaire général de l'ashram de Shivananda. Je lui ai demandé de me résumer la démarche d'ensemble de la Kundalini. Il l'a fait ainsi : « L'âme de l'homme est enfermée dans le corps, elle veut en sortir à tout prix, elle aspire à l'expansion. Elle s'extériorise par les sens, en recherchant l'expansion de l'amour ou du succès social ; mais après, elle se lasse car elle s'aperçoit qu'elle ne peut obtenir réellement cet élargissement qu'elle souhaite. Elle se tourne vers l'intérieur et commence à procéder à l'éveil ascendant des *chakras* qui correspondent à des "disques" de conscience de plus en plus larges. L'image de l'évolution de l'homme peut ainsi être figurée par une sorte de cône dont la pointe se situe dans le bassin et dont la base est un disque horizontal de dimension infinie au niveau de la tête.

En général, on parle de descente du Divin ; mais dans notre cas, il s'agit plutôt d'une ascension de l'énergie divine *(Kundalini-shakti)* à partir du bassin. En réalité, Kundalini est partout, elle est omniprésente ; mais comme il est pratiquement impossible de se représenter une force qui est partout, on la visualise comme étant à l'intérieur du corps... L'expérience de Kundalini est complexe, on ne peut l'expliquer par le mental. »

Cette montée du Divin pourrait faire penser à un « channeling » inversé. En fait, il s'agit bien plus d'une sublimation : c'est un retour au Soi, témoin et au-delà de toutes les expériences. Ceci est important pour ne pas tomber dans l'idolâtrie des expériences d'énergie en tant que telles, l'« énergolâtrie » comme on pourrait l'appeler, phénomène courant dans le mouvement du Nouvel Âge.

En dehors de la recherche du Soi, la Kundalini est un moteur pour les activités créatrices de l'homme, comme le dit Vivekananda : « Quand, par le pouvoir d'une longue méditation, la vaste quantité d'énergie accumulée voyage le long du canal médian *(Soushoumna)* et frappe les chakras, la réaction est immensément plus intense que toute autre réaction des sens. Partout où il y a une manifestation de ce qu'on appelle communément le pouvoir ou la sagesse surnaturelle, c'est qu'un petit courant de Kundalini a dû trouver sa voie dans le canal médian [1]. » Gopi Krishna [2] s'est fait l'ardent propagateur des pouvoirs de la Kundalini avec un zèle digne de la dévotion *(bhakti)* d'un hindou pour sa Mère divine. Il a exprimé à travers ses livres une expérience personnelle « sauvage » du phénomène qui n'a pas été sans problème. À la fin de sa vie, il a rencontré un gourou qui lui a procuré une paix intérieure qu'il n'avait pu trouver auparavant dans sa propre pratique. L'éveil de la Kundalini favorise le déploiement de nos capacités cérébrales qui, de fait, sont grandes : notre cerveau contient environ douze milliards de cellules, chacune pouvant établir à peu près cinq cent mille connexions. Quand on fait le calcul, on s'aperçoit qu'il y a plus de connexions possibles dans le cerveau humain que d'atomes dans l'univers entier. Certainement, une étude concrète et théorique du Yoga de la Kundalini sera un élément important de la spiritualité du XXIe siècle.

On dit que la Kundalini est éveillée quand la pratique spirituelle se fait d'elle-même et que l'intériorisation devient spontanée. C'est à partir de ce moment-là que commence la véritable *sadhana*. Tous les efforts qui avaient précédé n'étaient qu'une préparation. Certains yogis, de leur côté, font une équivalence entre éveil complet de la Kundalini et Réalisation ; c'est une question de terme – dans la suite du texte, je me tiendrai à la première définition donnée. Il y a des voies qui favorisent un éveil rapide de la Kundalini, comme le Tantra. D'autres, comme le Jñana (voie de la Connaissance, qui est la voie que je suis personnellement) ou la méditation bouddhiste ancienne (théravada), sont plus progressives. Quelles que soient les voies, elles éveillent la Kundalini quand elles finissent par atteindre une certaine intensité.

Quelques notions de base pour comprendre la Kundalini

Il y a certains faits à connaître, certaines idées à comprendre avant de se lancer dans des pratiques d'éveil de la Kundalini. La réflexion d'Occidentaux sur le sujet est déjà ancienne : au début du siècle, Leadbeater, membre de la Société théosophique, second d'Annie Besant et éducateur de Krishnamurti pendant quelques années, a publié un livre sur les chakras. Ensuite, Arthur Avalon a écrit en 1918 *The Serpent Power (Le Pouvoir du Serpent*[3]). En Suisse, plus récemment, Yésudian et Haich ont publié *Force sexuelle et Yoga* qui éclaire un certain nombre de symboles de la Kundalini[4]. En France, Lilian Silburn a intitulé un de ses derniers livres *La Kundalini*[5]. Depuis, la littérature sur le sujet s'est accrue.

Malgré ces ouvrages, il plane toujours sur la Kundalini une aura de mystère, voire une certaine peur. Pour être clair, il y a certainement beaucoup moins de dangers réels pour le corps dans l'éveil de la Kundalini que dans le fait de prendre le volant un samedi soir après avoir bu un coup de trop... Ceci dit, si l'on souhaite un éveil rapide de l'énergie et que l'on fait des pratiques dans ce sens, le mieux est d'avoir un rapport étroit, personnel, avec un maître spirituel. Si on n'en a pas trouvé, on peut s'en représenter une image intérieure et lui demander son aide avec intensité. Le maître spirituel est comme un moniteur d'auto-école : si l'élève veut absolument et avant tout appuyer sur l'accélérateur, il est là pour tenir le volant et donner un coup de frein si besoin. Dans la tradition indienne, la Kundalini peut montrer quand les canaux d'énergie *(nadis)* sont ouverts, et c'est le gourou qui peut ouvrir ces *nadis*. À défaut, l'abandon à Dieu aide à dépasser et à dissoudre les blocages qui ne manquent pas de survenir durant le processus d'éveil. Celui-ci demande de savoir « apprivoiser le serpent » : cet animal, qui dans la Bible a une connotation négative, représente en Inde plutôt une force neutre, la force tellurique de base qui peut être employée dans le bon sens, ou dans le moins bon... Les hindous ont l'habitude d'offrir quotidiennement une guirlande de fleurs au dieu qu'ils adorent. Symboliquement, sa propre énergie peut être offerte également. Chaque *chakra* est représenté comme une fleur que la Kundalini perce ; tout ce processus d'éveil forme donc une sorte de guirlande qui a pour vocation d'être offerte au Divin.

Si la véritable expérience de Kundalini est secrète, c'est qu'elle ne peut être enseignée, elle n'est pas verbalisable. Si quelque chose en est dit, chacun l'interprète à son niveau de compréhension. On se souvient, dans l'introduction, de l'histoire de l'aveugle qui voulait savoir ce que c'est que le blanc. Il est bon de garder cette histoire présente à l'esprit pour éviter de croire qu'on a tout compris de la Kundalini sous prétexte qu'on a un peu lu sur le sujet ou qu'on a expérimenté quelques signes de l'éveil de l'énergie pendant une courte durée. L'éveil de la Kundalini ne devrait pas être une sorte de diagnostic fourre-tout ; ce n'est pas seulement une expérience d'intensité, c'est une expérience de conscience aussi.

Afin que la Kundalini ne dévie pas, il est indispensable pratiquement d'observer les règles habituelles de comportement spirituel *(yama-niyama)*, soit de manière adaptée si l'on vit dans le monde, soit de manière stricte si l'on a choisi de vivre en dehors. Il est également important de développer ce qu'on appelle en sanskrit *shraddha*, une attitude positive de l'esprit qui s'exprime sous forme de foi dans le divin, et de compassion envers ceux qui ont besoin de nous. Les Indiens ont une plus grande facilité que les Occidentaux à faire monter la « Mère-énergie » (*Ma shakti*, un des noms de Kundalini), car ils ont une relation forte avec leur mère physique et une dévotion naturelle et souvent intense envers la Mère divine. En un mot, ils développent un solide « complexe d'Œdipe » visant à favoriser la sublimation quand ils apprennent à voir dans leur propre énergie vitale rien d'autre que le « jeu de la Mère ». Cela donne à leur itinéraire intérieur parfois difficile un climat général de sécurité et de chaleur.

Il n'est pas inutile de replacer la montée de la Kundalini dans le contexte de la vision du monde, de l'écologie de l'Inde ancienne et des Védas : de la lune descend un fluide mystérieux, le *soma*, qui amène les nuages à se condenser en pluie. Grâce à la pluie, les plantes poussent, sont mangées par les êtres humains et sont transformées entre autres en « liquide sexuel » (*reta* pour l'homme et *raja* pour la femme). À ce moment-là, il y a deux possibilités : soit les parents décident de continuer le cycle naturel en concevant un enfant, soit ils font « monter » la force sexuelle au niveau de la tête où elle est de nouveau transformée en *soma ;* ceci conclut le cycle sous sa forme spirituelle.

Quand on observe en soi-même comment fonctionne le flux des sensations, on remarque qu'il y a un équilibre des contraires. On ne peut sentir exactement en même temps deux zones qui se répondent, comme on ne peut contracter en même temps les muscles agonistes et antagonistes de ces deux zones : si l'on contracte le triceps, le biceps se relâche automatiquement. Si l'on sent le dos du bras, la sensation se retire automatiquement de l'avant du bras. À cause du caractère sexualisé de l'être humain, le flot de sensations se dirige souvent vers le bassin ; de manière plus générale, son besoin d'activité fait que les sensations partent également vers les extrémités. Dans la méditation, on les rassemble dans l'aire de la colonne vertébrale et on développe la perception des parties supérieures du corps. En intensifiant la conscience des épaules, des omoplates, on favorise un redressement, un éveil qui contrebalance l'attitude voûtée liée au fonds d'inertie et de peur du mental habituel. En développant la perception du sommet de la tête, on retire le flux des sensations de la zone orale. Ainsi on tend à désinvestir l'avidité sous toutes ses formes, depuis la gourmandise jusqu'au besoin de bavarder qui démange la langue ; cette avidité globale relance constamment les mouvements du mental de base, et masque la paix profonde du Soi toujours présente. Dans l'imagerie chrétienne, la montée de la Kundalini éveille les zones où s'attachent les ailes et l'auréole de l'ange, ainsi que la place où se pose la couronne des rois.

La majorité des hindous sont influencés à travers leurs rituels et leur mythologie par le Tantrisme de la main droite. Certains groupes suivent le Tantrisme de la main gauche *(vamachara)*, utilisant l'union sexuelle physique avec une femme différente de l'épouse pour l'éveil spirituel. Dans toutes les religions, il est conseillé de donner une dimension sacrée à l'union sexuelle, mais plutôt dans les liens du mariage ; de plus, l'enseignement n'est plus très clair quand il s'agit de savoir comment y parvenir.

Pour ceux qui souhaitent une évolution spirituelle rapide et sûre, la voie de l'union sexuelle paraît aléatoire. Abhinavagupta, un sage du Xe siècle au Cachemire, auteur d'un traité célèbre sur les Tantras *(Tantraloka)*, conclut ainsi son exposition des pratiques du Tantrisme de la main gauche : « Le maître peut initier des disciples, mais un seul sur cent mille est digne d'une telle initiation[6]. » Que dire de l'Occident actuel, qui n'a pas de maître comme Abhinavagupta et dont les débutants sur la voie spirituelle manquent en général de pureté ? Dans le courant principal du Yoga indien, la véritable union s'opère à l'intérieur. Le sage a atteint le mariage, l'androgynie spirituelle, il est complet en lui-même et n'a pas besoin de relations physiques pour essayer de parvenir à une unité qu'il a déjà atteinte.

Il y a dans la psychologie indienne une polarité entre le principe du plaisir et le principe de la conscience. Les deux ne se rejoignent qu'au sommet, ce qui est symbolisé dans le Tantrisme par l'union de Shiva et de Shakti au niveau de la tête ou des canaux *ida* et *pingala* au niveau de l'*ajña* chakra, et dénommé dans le Védanta par le vocable *cit-ananda*, la conscience-bonheur qui est la désignation ultime de l'être. Tant qu'on n'en est pas à ce niveau-là, il faut éveiller l'animal en nous qui s'endort par la *tapasya*, notion de base du Yoga et de l'Inde signifiant littéralement « échauffement », mot que les anciens traducteurs rendaient improprement par « pénitence ». Il s'agit de l'exercice spirituel qui crée un échauffement, de par le « frottement » entre la tendance automatique du mental à aller vers l'extérieur et la tendance du Yoga à le faire rentrer. Cette friction, même si elle est parfois douloureuse, crée la chaleur, voire l'étincelle de la conscience. Le couple désir-colère et la Kundalini sont très proches, mais ils se dirigent en sens inverse. C'est la loi fondamentale de la *sadhana* qu'exprimait Ma Anandamayi d'un simple geste en mettant ses deux médius l'un contre l'autre et en disant : « Les deux vont ensemble : *kam-krodh* (désir-colère) et *Bhagavan ki shakti* (l'énergie de Dieu). » La tapasya mérite d'être entreprise, car elle conduit à l'éveil de la Kundalini, un grand événement dans l'itinéraire d'un aspirant spirituel, de même que l'accouchement est un grand événement dans l'existence d'une femme. Pour parler de manière imagée, la montée de la Kundalini est une sorte d'accouchement, non pas en bas et en avant, mais en haut et en arrière.

Bien que ce travail se fasse à l'intérieur, il est utile à l'univers entier. C'est le même serpent *ananta* (infini) qui est lové à l'intérieur du bassin, qui se dresse dans le canal médian jusqu'au sommet de la tête indiquant l'axe du corps et l'axe du monde, qui entoure l'univers et qui soutient Vishnou reposant sur l'océan primordial entre deux cycles de création[7]. Le yogi ressent la Kundalini dressée *(urdhvakundalini)* non seulement en lui-même, mais tout autour de lui. Le monde entier devient le « domaine de la Kundalini dressée » *(urdhva-kundalini-bhumi).*

Malgré les dangers de son éveil chez celui qui est insuffisamment préparé, la Kundalini a un effet purificateur en elle-même et vient à l'aide de celui qui la recherche sincèrement ; et comment ne pas la rechercher ? N'est-elle pas *Mohini*, celle qui fascine ?

Anatomie subtile

Les chakras ont des corrélations anatomiques qu'on trouve facilement expliquées dans les livres ; cette corrélation n'est pas si importante : la Kundalini est essentiellement un phénomène dynamique ; ce n'est pas parce qu'on a découvert un fil électrique qu'on a tout compris sur les lois de l'électricité. Les expériences de Motoyama sont plus intéressantes, dans la mesure où il a étudié des sujets vivants, et entraînés à la méditation. Il a montré l'existence des chakras en utilisant des récepteurs de rayonnement électromagnétique et optique. Il a aussi prouvé visuellement l'existence des nadis en enduisant leur parcours d'une peinture : à cristaux liquides qui changeait de couleur pour une variation de température minime [8]. Je ne développerai pas ces recherches que l'on trouvera dans les actes du congrès de l'AIEV en 1993 [9]. L'éveil de la Kundalini semble corrélé à une activation du système végétatif et de la substance réticulée activatrice, qui est la partie du cerveau responsable de l'éveil.

Le premier des chakras est le *muladhara*, le « support-racine » situé dans le bassin, au-dessus du périnée.

La Kundalini y réside, « lovée » autour d'un *shivalingam* (pierre dressée symbole de Shiva). Il s'agit d'une représentation courante dans les temples hindous renvoyant au symbolisme plus général de l'œuf du monde « couvé » par le serpent de vie qu'on rencontre dans de nombreux mythes de création [10]. C'est une expression de l'union du statique et du dynamique. La Kundalini, à ce niveau-là, est dite « empoisonnée » ou « empoisonnante » *(vish-)*. En ne pouvant s'exprimer qu'au niveau de l'instinct sexuel, elle met effectivement l'individu dans des situations compliquées qui lui « empoisonnent » la vie. Elle est enroulée sur elle-même trois fois et demi : cela signifie qu'elle est au-delà des triades chères à la pensée hindoue : les trois qualités (inertie, excitation, pureté), les trois états (sommeil profond, sommeil avec rêve, éveil) ; la triade connaissance-connu-connaisseur, etc. Une fois qu'elle est dressée, elle devient omni-pénétrante (notion exprimée par la même racine *vish* que tout à l'heure). Ensuite viennent les autres chakras dont le centre est classiquement dans le canal médian, en avant de la colonne vertébrale. À la racine de l'organe sexuel se trouve le *svadisthana*, derrière le nombril *manipura, anahata* au milieu du cœur (dans le plan horizontal des deux seins), *vishuddha* au niveau de la gorge, *ajña* entre les sourcils et *sahashrara* au sommet de la tête. Il y a des variations d'école au sujet du svadisthana entre le Yoga classique, le Shivaïsme du Cachemire et le Tantrisme tibétain.

Le sahashrara est le lotus aux mille pétales où confluent mille *nadis*. Son nom évoque son équivalent en acupuncture, *Pai-Roe*, « les mille réunions ». C'est à cet endroit-là que la force de vie *(prana)* est supposée entrer dans le corps du fœtus à l'âge de sept mois et sortir au moment de la mort. Cependant, chez l'être réalisé, le prana n'a pas besoin de sortir par cet orifice, car il est déjà répandu partout, il est identifié au prana universel. Le sahashrara est la véritable demeure de Kundalini-shakti. Il est proche aussi de *brahmarandhra*, l'ouverture du Brahma (le Créateur), par où sort le souffle vital au moment de la mort. À douze travers de doigt au-dessus de ce point, en dehors du corps donc, se trouve un autre point appelé « l'extrémité des douze » *(dvadashanta)*. Son éveil dynamise l'être entier et représente aussi l'union suprême à l'Absolu. On trouve ce centre indiqué dans la culture occidentale par le diadème ou la croix au sommet de la couronne des rois ou des empereurs, ou par le sommet de la tiare papale. Dans de nombreuses autres cultures, le sahashrara et le brahmarandhra sont marqués par une touffe de cheveux, une sorte de chignon, une calotte, etc., tellement il est important d'attirer l'énergie dans cette zone marquant la maîtrise de soi. Les Tibétains peuvent s'y concentrer jusqu'à y provoquer un exsudat de sérum, voire une plaie, un équivalent des stigmates version himalayenne.

Il y a un chakra qui est moins mentionné que les autres dans les textes, mais qui me semble important du point de vue de la méditation et de la circulation de l'énergie : il s'agit de *talu*, le chakra juste au-dessus du palais mou et de la luette. Les yogis le stimulent soit par concentration directe, soit en retournant la pointe de la langue dans cette direction *(kechari mudra)* ; il est sur le trajet même entre la base et le sommet *(sahashrara)* alors que l'ajña est plus en avant.

C'est l'endroit d'où se déverse le nectar *(soma)* dans tout le corps. De fait, en cas de joie intense on peut sentir que cette zone du fond du palais est stimulée. De plus, c'est le centre du bâillement et il est associé dans les textes à l'état de conscience modifiée *nidra*, qui dans ce sens est différent de la torpeur, obstacle à la méditation, ou du sommeil physique. Il est relié à Shiva et à la lune (Shiva a un croissant de lune sur le front). La lune (en sanskrit *chandra*, masculin) a un aspect apaisant qui tempère en la reflétant l'ardeur du soleil situé au nombril *(svadisthana)*. Elle est l'image de la sublimation directe et réussie. Le nectar *(soma)* qu'elle répand dans tout le corps est la transmutation de la semence virile *(shukra)*. Elle peut aussi représenter l'antidote du poison qu'a avalé Shiva lors du barattage de la mer de lait et qui n'a eu d'autre effet que de lui colorer la gorge en bleu. Par la force de la sublimation méditative, les poisons sont transformés en nectar. J'ai quelque peu développé ce chakra *talu* pour montrer la richesse des harmoniques symboliques du moindre détail dans une tradition retrempée, à chaque génération, dans le feu de l'expérience de ceux qui la transmettent.

Nous en venons maintenant à la description des *nadis*, les voies d'énergie. La nadi principale est la *sous-houmna*, la voie royale, au milieu du dos en avant de la colonne vertébrale. Elle est décrite par les Tibétains « de couleur bleu pâle, très droite, comme le tronc d'un bananier, avec à l'intérieur une couleur rouge huileuse comme le sang pur, très claire et transparente comme une flamme de chandelle, ainsi que douce et flexible comme un pétale de lotus [11] ». On dit qu'il faut garder bien droit le dos en méditation pour que le « tuyau » de la soushoumna ne « coude » pas, et que le flux puisse passer. Les deux canaux latéraux, *ida* et *pingala*, sont représentés soit collés sur les côtés du canal médian, soit, plus classiquement dans le Tantrisme indien, montant en double spirale autour de l'axe, se croisant au niveau des chakras et se rejoignant au niveau de l'ajña. Le pratiquant peut donc, en se concentrant sur les chakras, expérimenter le bonheur de l'union *(yogananda)*. *Ida* arrive à la narine gauche, représentant l'aspect connaissance, et *pingala* arrive à la narine droite, représentant l'aspect action. La narine qui respire préférentiellement indique l'éveil de la narine correspondante. Il y a tout un Yoga basé sur la rééquilibration des nadis par l'observation et la modification de la narine impliquée préférentiellement, à un moment donné, dans la respiration.

Comment le méditant doit-il gérer l'énergie de ces nadis ? Nous avons déjà fait allusion à la méthode de base : elle consiste à rassembler l'énergie dans le canal médian et à la faire monter vers la tête. L'ascension peut être stimulée par la joie pure et simple. La Kundalini est comparée à une épouse, soudain libérée de sa prison, qui court s'unir à son mari, Shiva, qui siège au sahashrara. La déesse, qui avait au départ l'aspect ambivalent de Kali, prend en montant l'aspect de Dourga (on dit en religion comparée que Dourga terrassant le démon correspond dans le christianisme à saint Michel ou à la Vierge Marie). Cette montée est aussi figurée indirectement par la représentation de Shiva Nataraja : il a le pied droit reposant sur une sorte de nain symbolisant les instincts de base, sa danse exprime le dynamisme ascendant, l'affranchissement de la pesanteur et le cercle de flamme le rayonnement qui est le propre de celui qui a la Kundalini éveillée. Dans le *muladhara*, il y a un triangle qui monte avec l'énergie pour retrouver son homologue inversé situé dans l'ajña. Les deux se combinent alors pour donner dans le sahashrara l'étoile à six branches, symbole de la sublimation réussie.

Le système nerveux est comme l'arbre décrit dans la *Bhagavad-Gita*, avec les racines vers le haut et les feuilles vers le bas. En partant de ces feuilles que sont les sensations, les émotions et les désirs, on remonte vers la racine qui est la partie supérieure de la tête, zone liée au samadhi semble-t-il. Quand on fait pénétrer l'énergie dans le canal médian, les côtés du corps peuvent devenir comme dévitalisés pendant la méditation. Toutes les énergies se reposent dans le canal médian, comme une bille lancée dans un bol, après avoir roulé dans tous les sens, finit par s'arrêter exactement au fond. On dit dans la *Hatha-Yoga pradipika* (IV, 17) : « Le soleil et la lune divisent le temps en jours et en nuits. La soushoumna consume le temps : tel est le secret transmis[12]. »

Par le fait qu'ils symbolisent le soleil et la lune, qu'ils montent en spirale, qu'ils sont liés à l'activité, ida et pingala représentent le temps. Quand on réussit à stabiliser la conscience dans le canal médian, on échappe aux liens du temps. Le tourbillon d'ida et pingala entraîne par ailleurs un vertige, une ivresse *(ghurni)* au niveau de la tête, qui permet aussi de transcender le temps. Après être monté au sahashrara, on dit parfois que l'énergie redescend : soit au chakra de la gorge

– cela indiquant peut-être que le yogi essaiera de dire quelque chose de son expérience, bien que celle-ci soit essentiellement indicible – ou bien, comme le dit Ramana Maharshi, au niveau du cœur ; l'expérience de l'Absolu (sahashrara) se poursuit naturellement en rayonnement de compassion (anahata). Les tantriques font redescendre l'énergie au muladhara, exprimant ainsi la nécessité de faire redescendre la Réalisation dans la vie quotidienne. Dans la Bible, on peut considérer le Cantique des cantiques comme un chant à l'éveil de la Kundalini, non seulement dans son aspect amour, mais aussi dans son aspect puissance : « Qui est celle qui surgit comme l'aurore, belle comme la lune, pure comme le soleil, redoutable comme une armée rangée en bataille ? » (Ct 6, 10)

On peut trouver une évocation de la montée de l'énergie dans *Le Château de l'Âme* de sainte Thérèse d'Avila : « Les bruits dans ma tête sont si forts que je commence à me demander ce qui s'y passe... ma tête résonne comme si elle était pleine de rivières débordantes... et une légion de petits oiseaux semblent y gazouiller, non pas dans les oreilles, mais dans la partie supérieure de la tête, où l'on dit que réside la plus haute partie de l'âme ; cela fait longtemps que je le pense aussi, car l'esprit semble y monter avec une grande vélocité [13]... »

On peut se demander, pour conclure, s'il existe des gens qui pratiquent d'une manière stricte la montée de la Kundalini, chakra après chakra. J'ai entendu parler en Inde d'un cas comme cela, plutôt étonnant : il s'agissait d'un yogi qui vivait dans le monde ; il était venu à Vindhyachal, près de Bénarès, pour parler avec Ma Anandamayi de sa sadhana. Il lui avait expliqué que son gourou lui avait demandé de se concentrer sur un chakra après l'autre à l'exclusion de toute la partie du corps qui se trouvait en dessous. Quand il pensait avoir réussi dans sa pratique pour un chakra, le gourou le brûlait un peu dans la zone supposée être insensible pour s'assurer qu'il ne réagissait pas. Le yogi a montré ses traces de brûlures à Ma...

Les moyens d'éveiller la Kundalini

Ceux qui ne sont plus débutants en Yoga s'aperçoivent que la véritable question n'est pas tant d'éveiller l'énergie que de savoir qu'en faire quand elle est éveillée. Néanmoins, nous pouvons passer en revue différents moyens pour faire sortir de son sommeil la déesse qui repose, telle la Belle au bois dormant au fond du château de notre corps. « Bien que la Kundalini brille comme l'éclair dans le muladhara de chaque être vivant, ce n'est que dans le lotus du cœur des yogis qu'elle se révèle et danse de sa propre joie[14]. »

Nous avons déjà fait allusion au fait que le moyen le plus sûr d'éveiller la Kundalini était l'action du gourou, quand il a une vraie relation avec son disciple. Il peut à ce moment-là ouvrir les nadis du disciple comme un robinet, et les refermer quand il voit que celui-ci est comme inondé par un excès d'énergie ; ceux qui en arrivent à un état d'excitation pathologique ont du mal à s'en apercevoir : mieux vaut donc prévenir l'apparition de cet état. Le gourou peut initier par le mantra, ou également par le toucher ou le regard, comme le fait actuellement Ma Amritanandamayi. Par son travail antérieur, un vrai disciple est devenu comme de la matière inflammable, et sa rencontre avec le gourou déclenche le feu [15]. Le gourou ne fait pas le travail pour le disciple, mais il peut lui donner une expérience temporaire de bonheur *(ananda)* ou faire descendre sur lui l'énergie *(shakti-pat)* de façon à ce que celui-ci ait un aperçu de l'état auquel mène la pratique qu'il entreprend.

Avant d'envisager les méthodes d'éveiller la Kundalini, il faut tout d'abord mentionner les cas d'éveil sans méthode. Certains êtres exceptionnels ont, semble-t-il, la Kundalini éveillée dès la naissance. On peut aussi l'éveiller par la prise de drogue, ou par une émotion intense, mais dans ces cas, il y a toutes les chances que l'éveil ne dure pas. Le hatha-yoga permet un éveil et une montée de l'énergie. Quand on y réfléchit, la plupart des *asanas* ont pour but de faire monter les sensations depuis la ceinture pelvienne jusqu'à la ceinture scapulaire, et au-delà jusqu'à la tête : par exemple la posture du cobra, de la sauterelle, de la tête de vache, des pinces, les postures de méditation *padmasana*, et surtout *siddhasana* qui stimule directement le muladhara par la pression d'un des talons sur le périnée. Une posture particulièrement efficace pour éveiller le canal médian est *baddhapadmasana* où la posture du lotus est fermée par-derrière avec les bras, les doigts de la main gauche essayant d'aller saisir le gros orteil du pied droit, et de même de l'autre côté. Il y a aussi les *mudras* des mains : le fait de joindre le pouce avec un doigt donné a, dit-on, l'effet d'éveiller un chakra particulier [16].

Le *pranayama* est un moyen rapide d'éveiller la Kundalini, mais il faut qu'il soit pratiqué sous la direction d'un maître expérimenté. Dans la mesure où le but du Yoga est le *sahaja samadhi*, l'état naturel, on peut aussi décider d'observer directement son souffle en l'état naturel. Pour cela, un maître est moins nécessaire que dans le pranayama. Si l'on persévère dans cette pratique, on parviendra également, bien que plus progressivement, à un éveil de la Kundalini. On interprète pranayama d'habitude comme maîtrise *(yama)* du souffle ; mais on peut aussi l'interpréter comme *prana-ayama* signifiant « expansion du souffle », ce qui en donne une définition moins physique, plus méditative.

La récitation du mantra mène aussi à un éveil de la Kundalini dont la précocité dépend de l'intensité de la pratique. Les deux arrêts séparant expiration *(prana)* et inspiration *(apana)* sont particulièrement favorables à l'éveil du « souffle égal » *(samana)* dans le canal médian. Une fois que celui-ci est éveillé, il devient ascendant *(udana)* pour aller rayonner à partir du sommet de la tête et pénétrer toute chose *(vyana)* [17].

D'après le chercheur américain Bentov [18], l'arrêt de la respiration comme la méditation donnent lieu à une vibration corporelle et magnétique ayant une fréquence de sept cycles par seconde, qu'on pourrait baptiser l'onde *mu*. Cette onde *mu* correspond à la basse fréquence principale (7,5/s) de la pulsation terrestre, appelée aussi résonance de Schumann. La méditation permettrait-elle une mise en résonance des forces telluriques avec le corps humain ?

Quelles que soient les méthodes qu'on utilise pour éveiller la Kundalini, il faut garder présents à l'esprit deux éléments de discrimination :

– Certains éveils baptisés pompeusement du nom de Kundalini peuvent n'être que des éveils sexuels à peine sublimés.

– Les soi-disant « voies rapides » peuvent être des voies rapides vers la névrose... Par exemple, le Dr J. Donnars, de Paris, m'a dit qu'il voyait en consultation de plus en plus de rescapés de week-ends où ils avaient pratiqué des techniques d'éveil rapide de l'énergie et qui présentaient des bouffées délirantes aiguës : la plupart finissent par s'en remettre, mais pourquoi risquer des accidents qui peuvent dégoûter à vie du chemin intérieur ?

Signes d'un éveil sain de la Kundalini

Le meilleur signe d'un éveil sain de la Kundalini, nous l'avons déjà dit, c'est quand la pratique spirituelle (sadhana) se met à se faire d'elle-même. Ceci est symbolisé par la pointe du triangle du chakra de la base (muladhara) qui se retourne vers le haut ; c'est-à-dire que nos trois facultés principales, connaissance, volonté et activité, se tournent vers le divin... Tout un programme ! Swami Muktananda va dans ce sens : « Après l'éveil de la Kundalini, la méditation vient spontanément ; ce n'est pas la peine de concentrer son esprit parce que la Kundalini elle-même s'empare de l'esprit et le fait méditer sur ce qui lui semble préférable[19]. » Au fond, il n'y aurait pas lieu de parler des signes d'éveil de la Kundalini. Quand cela survient chez quelqu'un, cela se voit.

Je vais cependant indiquer ci-dessous quelques signes possibles. Il ne faut pas prendre l'arbre pour la forêt, et croire qu'un ou deux signes seulement suffisent pour dire que la Kundalini est éveillée. Comme pour un diagnostic en médecine, on a en général besoin d'un faisceau de signes, et que ceux-ci soient stabilisés. Swami Muktananda raconte en détail dans son livre *Chitshaktivilas*[20] ses expériences d'éveil de la Kundalini. Il conseillait lui-même sur le sujet un autre livre, *Devatma-shakti*, publié en 1948 à Rishikesh[21]. L'auteur y cite l'ouvrage *Mahayoga* de son gourou Yogananda Maharaj, où ce dernier recommandait, quand les signes apparaissaient, de les observer d'une manière neutre et détachée :

– Le signe préliminaire d'éveil de la Kundalini peut être une pulsation *(sphurana)* au niveau du chakra de la base (muladhara). Cette pulsation est dépourvue de connotation sexuelle et se propage à la colonne et à tout le corps.

– Le corps se met à trembler, on a la chair de poule, on se met à pleurer ou à rire sans raison, on émet des sons déformés.

– La convergence des yeux vers le centre du front se fait spontanément, ainsi que le retournement de la pointe de la langue vers le fond du palais.

– La posture devient fixe et l'esprit ainsi que le regard vacants. On a l'impression de ne plus avoir de corps. On peut rester étendu, comme un mort, pendant un certain temps.

– Assis jambes croisées, il y a un spasme réflexe des cuisses qui fait qu'on saute sur place. Il y a des secousses dans le corps ; on se met à prendre des postures et à faire des mouvements spontanés *(kriyas)*.

– On se met à émettre des sons d'animaux : oiseau, tigre, chien, etc. (si cette transformation animale s'installe, on peut se poser la question d'une déviation pathologique).

Les signes suivants traduisent un éveil stabilisé :

– L'esprit reste rempli de joie et de félicité tout le temps. Même en allant aux toilettes ou durant le sommeil, on sent des courants d'énergie (prana) monter le long de la colonne vertébrale jusqu'au sahashrara.

– On se met à chanter des mélodies nouvelles, à écrire des poèmes et à parler dans des langues étrangères qu'on ne connaît pas.

– On se sent comme intoxiqué sans drogue, on marche majestueusement et à grands pas, on a envie de courir, on sent le corps léger comme l'air, on est infatigable.

– On comprend du premier coup d'œil le sens des écritures spirituelles.

– On ne se sent jamais malheureux, pas même en rêve, et on garde son équilibre quelles que soient les circonstances.

À ces signes, on peut ajouter quelques autres symptômes mentionnés par Lilian Silburn dans son ouvrage *La Kundalini :*

– On a l'air de quelqu'un de tout à fait étonné, avec les yeux écarquillés et la bouche entrouverte.

– L'énergie fait frémir les narines.
– Le corps oscille.
– Le discours ou le chant est entrecoupé de sanglots de joie.
– Le sommeil s'enfuit : cela n'est pas considéré comme pathologique par le pratiquant, qui profite du temps libre laissé par l'insomnie pour méditer.

On peut se demander quelle est l'utilité de tout cet éveil. Sans doute sert-il à donner la capacité de faire une sadhana réelle. Celle-ci mène à l'épanouissement complet du lotus de la Kundalini, pas seulement au sommet de la tête, mais dans tout l'univers qui ne finit par ne faire plus qu'un avec l'expérience du méditant. Il siégera alors paisible, protégé à la manière du Bouddha par les cinq têtes de Muchilinda, le roi des cobras, qu'il avait réussi à apprivoiser.

Symptômes de déviation pathologique de la Kundalini

1) Le vrai signe de progrès spirituel, ce ne sont pas les expériences de méditation spectaculaires ou les visions, mais c'est le changement dans la vie quotidienne, en particulier la manière dont on réussit à maîtriser la colère et à sublimer la force sexuelle, ce qui n'est pas facile. Shankaracharya dit dans un distique célèbre : « Le désir, la colère et l'avidité *(kama-krodha-lobha)* sont trois voleurs qui demeurent dans le corps et dérobent le joyau de la Connaissance : c'est pourquoi éveille-toi, éveille-toi, éveille-toi ! » Le redressement même du dos lié à la montée de l'énergie peut

facilement dévier vers la colère ; on dit que la Kundalini qui sort de sa torpeur se dresse comme un serpent frappé à coups de bâton... ce n'est pas rien.

2) Il y a des similarités intéressantes entre les variations d'humeur d'un aspirant dont la Kundalini est en train de s'éveiller et la cyclothymie. Certains patients en état hypomaniaque ou maniaque présentent des signes de Kundalini éveillée ; c'est ce que j'ai pu observer en retournant, après cinq ans en Inde, faire une visite dans un hôpital psychiatrique à un patient maniaque avec des idées mystiques, qu'un ami psychiatre m'avait dit d'aller voir. Les signes communs étaient une joie irrépressible, une sympathie avec l'univers entier, un sens de l'humour aiguisé, la générosité, le don des associations rapides, une volonté d'entreprendre de grandes actions pour le bien du monde. Mais contrairement au sadhaka, le patient maniaque ne réussissait pas à maîtriser les aspects négatifs de cette excitation. Il avait un trouble du comportement social et sexuel peu commun, qui l'avait fait interner par la police. Il avait aussi un trouble du comportement alimentaire : il avait tellement soif qu'il s'est mis, lorsqu'on a tardé à lui apporter sa dixième bouteille d'eau de la journée, à boire l'eau des toilettes...

3) L'éveil trop rapide de la Kundalini peut donner un tableau qui ressemble à une bouffée délirante aiguë, mais :

– le sujet n'est pas grinçant, il a peu de conflits avec son entourage. Il souhaite plutôt qu'on le laisse tranquille ;

– son rire n'est pas ambivalent ;

– les conseils qu'il reçoit de ses voix intérieures sont plutôt positifs ;

– il est fortement décidé à résoudre ses problèmes par lui-même.

Pour de tels cas, le meilleur est un environnement discret, tolérant et qui comprend les grandes lignes de l'évolution spirituelle et de ses crises.

4) L'hystérie est une déviation tentante, si les sujets sont convaincus, avec le groupe auquel ils appartiennent, que l'éveil de la Kundalini doit se manifester par des mouvements étranges ou spectaculaires. En prenant des attitudes théâtrales, ils peuvent bénéficier secondairement de la reconnaissance du groupe. Ceci dit, pourquoi faudrait-il culpabiliser ceux qui apportent un vent frais de folie mystique dans notre société de normosés, parfois normosés jusqu'au suicide ? Nous nous moquons des clercs qui voyaient dans les convulsionnaires de Saint-Médard des possédés de Satan, mais ne faisons-nous pas sortir trop facilement, pour des sujets qui cherchent leur voie spirituelle, le diagnostic d'hystérie comme le diable de sa boîte ? Évidemment, des textes trop détaillés sur la Kundalini, et j'y inclus le mien, peuvent suggérer des expériences construites chez des gens influençables avec le risque ensuite qu'ils croient qu'ils ont eu un éveil complet. Peut-être serait-il mieux de ne rien écrire et de laisser la Kundalini elle-même diriger son propre éveil...

5) Syndrome du *dhat :* il s'agit d'un syndrome névrotique connu en Inde. *Dhat* vient du sanskrit *dhatu* qui signifie « élément » constitutif du corps. Dans ce contexte particulier, *dhat* fait référence à la

semence virile que les patients atteints de ce syndrome se plaignent de perdre par des excès hétéro- ou auto-érotiques. Ils attribuent à cette perte fatigue, dépression, anxiété, etc. En fait, il ne s'agit pas d'un syndrome d'éveil de la Kundalini, mais à l'inverse, de déplétion. Ce qu'il a de névrotique, c'est qu'il produit un écart trop grand entre un idéal de pureté complète et une réalité quotidienne qui n'y ressemble guère, ainsi qu'une culpabilité tellement intense qu'elle paralyse tout effort pour améliorer les choses d'une manière ou d'une autre. Ceci dit, il ne faut pas se hâter de coller des étiquettes pathologiques. Il se peut qu'il y en ait, parmi ces patients, qui aient une vocation réelle au célibat *(brahmacharya)* si valorisé dans le contexte indien. S'ils ont une pratique du Yoga correcte et l'aide d'un maître spirituel compétent, ils arriveront, comme un certain nombre de yogis à chaque génération, à une compréhension et à un contrôle de leur sexualité et de leur mental qui leur assureront, si ce n'est la Libération, au moins une grande liberté d'être.

6) L'inflation de l'ego est une déviation moins spectaculaire, mais plus fondamentale, de l'éveil de la Kundalini ; de fait, on pourrait dire que le problème central de cette montée d'énergie est l'« egolâtrie ». Au lieu de développer une forte spiritualité, le yogi développe un ego rigide. Le Yoga donne des *siddhis*, des pouvoirs dont il faut éviter de se servir. L'un d'eux est le pouvoir d'influencer les autres, et ce pouvoir doit être abandonné par le sadhaka qui n'est au fond responsable de personne d'autre que de lui-même.

Contrairement aux religions ordinaires, le Yoga n'encourage pas le prosélytisme.

7) Après l'egolâtrie, nous avons déjà fait allusion à l'« énergolâtrie », l'idolâtrie de toute expérience d'énergie quelle qu'elle soit. Au départ, cette faim d'expérience à tout prix est une réaction saine contre l'intellectualisme ambiant ; mais après, il est bon de développer une maturité, une discrimination, et de se mettre à faire la part entre les expériences qui vont réellement dans le sens d'une libération et celles qui compliquent plutôt la vie, parce qu'elles ne sont par exemple pas assez purifiées. Plutôt que de rester fasciné par l'expérience elle-même, on peut essayer de l'observer comme si elle était projetée sur un écran, et se demander quel est cet écran.

8) Les signes physiques : Un cas intéressant à ce propos est celui de Krishnamurti. Il a eu à l'âge de 26 ans, à Ojai en Californie, une expérience qui influença toute sa vie. Cette expérience dura trois mois en 1922 et revint cinq mois en 1925 ; elle continua ensuite en filigrane pendant quarante ans. Selon Pupul Jayakar, dans sa biographie de Krishnamurti (traduite en français), l'expérience initiale a été vécue par l'entourage comme l'éveil de la Kundalini chez Krishnamurti, passage nécessaire pour qu'il puisse être réellement considéré comme le Messie de la Société théosophique. Nous avons déjà signalé que Leadbeater, l'éducateur de Krishnamurti, avait écrit un livre sur les chakras. Pendant trois mois donc, Krishnamurti était en dehors de son corps, comme halluciné ; mais son sommeil restait bon, ce qui va à l'encontre du diagnostic de bouffée délirante aiguë. Après trois mois, les choses se sont débloquées : Krishnamurti a senti une

douleur qui montait le long du dos jusqu'au milieu du front. Cette douleur qu'il appelait « le processus » le suivra jusqu'à un âge avancé, dès qu'il cherchait à se reposer.

Tous ces effets secondaires ou déviations possibles de l'éveil de la Kundalini ne doivent cependant pas faire oublier que cette énergie primordiale est avant tout la grande guérisseuse. Une fois que les voies d'énergie (nadis) sont ouvertes, le yogi peut jusqu'à un certain point éliminer nombre de maladies à leur début. Néanmoins, il y a un risque à vouloir asservir la Kundalini, même avec de bonnes intentions de départ, en vue d'un travail de guérison, surtout s'il est pratiqué de manière professionnelle. La Kundalini est une reine qui ne se laisse pas réduire si facilement au rôle de servante. Elle peut conférer un certain pouvoir de guérison, mais sa véritable vocation est bien au-delà. Swami Muktananda comparait la Kundalini à une chaîne d'or qu'on a reçue en cadeau, et le corps à un vélo. Si la chaîne du vélo est cassée, on peut certes utiliser la chaîne d'or pour la réparer, mais c'est un peu dommage.

Il est possible d'établir toute une psychologie à partir des chakras qui fournissent un langage symbolique au même titre que les planètes en astrologie ou les arcanes dans le tarot. L'avantage des chakras, c'est qu'on peut agir dessus directement par les pratiques yogiques et la méditation et s'en servir comme support pour le travail de montée consciente de l'énergie de l'instinctuel vers le spirituel et de l'individuel vers l'universel. Prise au sens large et fondamental, la Kundalini ne peut être une expérience pathologique, car elle est cette énergie même qui nous permet de faire le saut au-delà de l'expérience.

La Kundalini dans les traditions non tantriques

1) Les canaux subtils dans les Oupanishads : Bien que le mot Kundalini n'apparaisse pas dans les Oupanishads (environ Vᵉ siècle avant J.-C.), on y rencontre des allusions claires aux canaux subtils, et le canal central (soushoumna) est mentionné : il s'agit donc de notions anciennes. On a trouvé à Mohenjodaro une représentation du dieu Shiva datant de cinq à six mille ans. Il est assis les jambes écartées, les plantes des pieds l'une contre l'autre. L'axe médian est évoqué en bas par une prolongation des pieds, et juste au-dessus de la tête par une ligne verticale faisant partie d'un pictogramme. Cette ligne semble indiquer l'axe de la soushoumna qui se poursuit en dehors du corps, et le point connu plus tard sous le nom de *dvada-shanta*, situé à douze doigts au-dessus de l'apex. Dans la Maitri Oupanishad, on se réfère à la soushoumna comme à une tradition déjà plus ancienne : « Or, on a dit ailleurs : "Il existe un canal appelé soushoumna qui conduit vers le haut en véhiculant le souffle et en perçant le palais. En le suivant, on peut aller dans les zones supérieures, grâce à l'union du souffle, de la syllabe *Om* et de l'esprit. En retournant la pointe de la langue contre le palais et en unissant *(sam-yojya)* les sens, on peut, devenu soi-même grandeur, percevoir la grandeur."

Grâce à cela, on parvient à un état sans ego ; à cause de cette absence d'ego, on devient celui qui n'expérimente pas le plaisir et la douleur ; on obtient l'unité absolue *(kevalatva)*. En effet, on a dit ceci : "Après avoir maîtrisé, puis arrêté le souffle, on dépasse le limité et on peut enfin s'unir à l'illimité au niveau de la tête" » (Maitri Oupanishad, 6-21).

« Quand quelqu'un quitte son corps, il monte en suivant ces rayons mêmes du soleil. Avec la pensée du Om, en vérité, il décède. Il parvient au soleil aussi rapidement qu'on peut y diriger son esprit. Voilà, en vérité, la porte du monde, une voie d'accès pour ceux qui savent, un point d'arrêt pour ceux qui ne savent pas. À ce propos, il y a les versets suivants : "Il y a cent un canaux partant du cœur, dont l'un passe par le sommet de la tête. En le suivant, on parvient à l'immortalité ; sinon, on s'en va dans des directions variées" » (Chandogya Oupanishad, 8-6, 5 et 6).

2) La Kundalini dans la Bhakti : Dans la voie de la Dévotion, on ne parle pas nommément de la Kundalini, mais il y a un moment où la concentration complète sur le Divin provoque cet éveil, qui correspond à une expérience au-delà des mots. Selon l'arrière-fond culturel et religieux du pratiquant, cette énergie intense est projetée sur une forme ou une autre du Divin, et c'est alors ce qu'on peut appeler la vraie vision *(darshan)*. Les images qui étaient apparues auparavant mériteraient plutôt le nom de visualisation. Cet éveil d'énergie est la voie pour obtenir la paix authentique : « Pour être établi dans cette Tranquillité, soyez

d'abord fou de Lui », disait Ma Anandamayi[22]. Une fois, un serpent est apparu, suspendu à la poutre maîtresse de la hutte où Ma Amritanandamayi donnait le darshan ; elle a expliqué qu'elle n'avait pas de raison d'en avoir peur, puisqu'elle sentait que le serpent était en elle et que la poutre maîtresse était sa colonne vertébrale[23]. Elle décrit parfois le mouvement spontané de l'énergie d'extase en elle comme une poussée puissante vers le haut : « Quelque chose doit retenir le mental d'Amma sur ce plan-là [le désir d'interaction avec un disciple, etc.], sinon, c'est difficile de l'empêcher de fuser vers le haut [*shoot up* dans le texte anglais][24]. »

3) L'éveil de l'énergie dans le bouddhisme : Le bouddhisme tibétain inclut une tradition tantrique et parle donc de l'éveil de l'énergie d'une façon presque identique à celle du Tantrisme hindou. Dans le Zen, l'éveil d'énergie est surtout décrit à partir du *hara*, le centre en dessous du nombril correspondant au *svadisthana* du Yoga. Ce centre est à la fois la mère et la mer de l'énergie, une source inépuisable où nous avons notre origine. Quand on conseille dans la méditation Zen de pousser le ciel avec la tête et le sol avec les genoux, on recherche un éveil d'énergie, une extension du corps favorisant une expansion de conscience. Dogen réfléchit sur l'enseignement du maître T'chan Gensha (IXe siècle) qui parle de l'univers et de l'Éveil comme d'une perle brillante[25]. Ce n'est pas sans analogie avec la vision de la « perle bleue », un des signes importants d'éveil de la Kundalini d'après Swami Muktananda.

La physique moderne considère que matière et énergie ne sont que deux manifestations du « champ unifié » qui a des ressemblances étranges avec ce que les traditions nomment la Conscience. Nous n'avons pas la place de développer ce point ici, mais nous renvoyons le lecteur à l'ouvrage de synthèse d'Ervin Laszlo, *Aux racines de l'univers*[26], ou aux articles de la revue *Troisième Millénaire*. Ceux qui sont intéressés par l'étude scientifique et les applications médicales de l'énergie dans le corps humain peuvent prendre contact avec l'Association internationale Énergie vitale.

La Kundalini, expérience immédiate et chemin à long terme

La Kundalini doit être éveillée, le plus sûr étant qu'elle le soit par le gourou. Elle devient alors le moteur de la sadhana qui se fait toute seule. Au fond, on ne devrait rien dire de la réelle expérience de la Kundalini qui est au-delà des mots. Vouloir réduire la Kundalini à un traitement curatif est à la fois une limitation et une entreprise risquée pour le guérisseur : « La Kundalini est comme un bistouri : on peut l'utiliser pour éplucher les pommes de terre, ce sera très efficace, mais on risque de se couper les doigts très fort. » Les yogis reprochent parfois aux scientifiques de bien vouloir tout étudier dans le Yoga, sauf l'essentiel. Quand on souhaite développer l'énergie fondamentale de l'être humain, on a le droit d'avoir des ambitions plus vastes que celle de n'être qu'une sorte d'agent paramédical. Favorable aux recherches scientifiques sur la Kundalini, j'avais eu moi-même un projet de recherche dans ce sens avec une équipe de Villejuif ; je dois dire que je n'en attends rien de fondamental pour la pratique spirituelle, même si on trouve des éléments intéressants pour des applications thérapeutiques. Ce qu'il y a de fondamental pour la pratique spirituelle a déjà été dit depuis bien longtemps, de manière différente dans diverses traditions ; le travail principal me semble plutôt de le comprendre et de l'expérimenter.

Un éveil stable de la Kundalini ne se fait pas le temps d'un week-end ou d'un stage de vacances. En Inde, beaucoup de gens considèrent que cet éveil est suffisamment important pour lui consacrer jusqu'à douze ans de leur vie à temps complet. Pour moi qui suis depuis dix ans en Inde, je m'aperçois que même cette période semble courte. Si le Yoga, comme les autres traditions spirituelles, insiste tant sur une paix de l'esprit au-delà du mental, c'est que celle-ci n'est pas évidente à trouver, même pour de grands hommes ; Goethe avouait par exemple à la fin de sa vie : « Je ne dirai rien contre le cours de mon existence ; mais dans le fond, elle n'a été que douleur et fardeau, et je dois affirmer que pendant ces soixante-quinze ans que j'ai vécus, je n'ai pas eu quatre semaines de réel bien-être. Ma vie n'a consisté qu'à pousser perpétuellement un rocher auquel il faut faire remonter une pente indéfiniment[27]. »

L'énergie de Kundalini peut être transmise par le toucher, comme le fait Ma Amritanandamayi. Un jour, alors que je visitais son ashram au Kerala et que j'attendais pour la saluer, j'ai eu un fort désir intérieur qu'elle me bénisse en mettant ses mains sur ma tête, au niveau du sahashrara, ce qu'elle fait assez rarement. À ce moment-là, c'était important pour moi. Quand elle m'a vu venir, sans que je lui aie rien dit, elle s'est mise à partir d'un grand rire et m'a longuement touché la tête à cet endroit avec l'air de dire : « Pourquoi me demandes-tu des choses aussi concrètes et matérielles ? » Ce contact par le toucher m'a aidé dans ma pratique ultérieure. Je suis resté ensuite une quinzaine de jours dans son ashram en passant la saluer quotidiennement, mais je ne lui ai pas vraiment redemandé intérieurement de me toucher au niveau du sahashrara, et elle ne l'a pas fait.

La Kundalini qui se dresse comme un serpent resplendissant permet de progresser sur le chemin du Raja-Yoga (racine *raj- :* briller), le « Yoga qui brille »... L'éveil de la Kundalini, la Mère divine, est une étape clé du voyage de retour vers l'essentiel. Les hindous, qui ont une affection particulière pour les sons et les mantras, font remarquer que le premier son de l'enfant est « Ma ». Il va du « M » représentant l'Absolu vers le « A » représentant le créé. Dans son chemin spirituel et à sa mort, le yogi récite le mantra *Om* qui retourne du « A » créé vers le « M » non manifesté. L'éveil de la Kundalini n'est pas un renforcement de l'ego, c'est au contraire une ouverture du petit « moi » vers l'universel.

Un jour un moine *(sannyas)* de Bénarès, qui venait de temps en temps voir Ma Anandamayi dans son ashram des bords du Gange, lui a demandé :

« Pourquoi ma Kundalini ne s'éveille pas ?

– Tant qu'il y aura *ma* Kundalini, il n'y aura pas d'éveil. »

L'Absolu est aussi proche de nous-mêmes que notre propre souffle : mais que nous sommes loin de notre souffle !

De même qu'un moustique ne peut se poser sur une flèche en plein vol, de même les pensées ne peuvent approcher l'homme à l'énergie éveillée.

La méditation est une électrolyse du corps vécu dans le champ de la conscience. Quand une énergie est créée entre deux pôles, toutes les « particules » du corps vécu se réorganisent suivant de nouvelles lignes de force.

L'ascension de l'âme est pareille à celle du cerf-volant : celui-ci ne peut monter, poussé par le souffle de l'énergie, que s'il est retenu par le fil du contrôle de soi. Si le fil est lâché, le cerf-volant pourra sembler monter encore un peu pour un court moment, puis s'affaissera lamentablement.

L'amour est trop souvent comme de l'eau tiède, qu'il faut toucher pour en savoir la température ; mais l'amour spirituel éveillé, lui, est comme un fer porté au rouge : même de loin, on en perçoit le rayonnement.

Le filet des tensions enserre l'oiseau du souffle, le filet des pensées emprisonne l'oiseau de l'âme.

L'œil est la fenêtre de l'âme, le souffle en est le miroir.

L'Énergie divine : une joie plus intense même que la colère.

Un soupir peut soulever le monde ; une expiration peut en libérer.

5.

Action

> « Le nœud du cœur est percé,
> les doutes sont résolus,
> les conséquences des actions (karma) sont effacées
> au moment où Il apparaît, le Suprême, le Support. »
>
> Mundaka Oupanishad, 2-2-8

Dans toutes les traditions religieuses, le rapport entre intériorisation et action est un thème central de réflexion, l'idéal étant bien sûr d'avoir une pleine conscience dans l'action ; mais ce n'est pas si facile : comment prétendre à ce niveau alors que, même quand on cherche à méditer assis tranquillement et qu'on n'a a priori rien d'autre à faire, le mental est distrait et la conscience fragmentée ? Il faut être honnête avec soi-même.

Les chrétiens ont été influencés tout au long de leur histoire par la parabole de Marthe et de Marie, celle-ci restant assise aux pieds du Christ et ayant « choisi la meilleure part ». Les moines ont trouvé leur équilibre entre un travail souvent manuel et l'oraison, d'où une de leurs devises : « *Ora et labora* (Prie et travaille). » Les soufis ou les cabalistes vivent dans le monde et, pour eux, la tension entre intériorisation et action est particulièrement vive. J'ai rencontré, lors d'un congrès, un Hollandais qui suit une voie soufie, M. Van Weeteven. Il a été ministre des Finances de son pays et président du Fonds monétaire international. Il nous a expliqué comment la méditation l'avait aidé tout au long de sa carrière à ne pas perdre de vue l'essentiel, à réussir à comprendre en profondeur le point de vue de l'autre et à rester centré sur l'harmonie au-delà des conflits.

Dans l'hindouisme, la figure du roi Janaka est l'archétype de la réussite d'une alliance entre action et méditation. Tout en continuant à être roi, il avait atteint la réalisation. Dans notre siècle, Gandhi est connu pour avoir allié une vie spirituelle intense et une action politique efficace sans être violente. Dans l'ensemble, les gourous qui ont acquis une certaine notoriété doivent être aussi des hommes ou des femmes d'action, car on s'adresse à eux non seulement pour les questions spirituelles, mais aussi pour toutes les affaires pratiques importantes, et même souvent pour des questions de détail. L'action *(karma)*, si elle veut être juste, doit reposer sur la loi juste *(dharma)* : les deux vont ensemble, on ne peut les séparer.

Le thème central de la *Bhagavad-Gita* est « agir ou ne pas agir ». On y définit le Yoga comme *karmasu kauchalam*, l'« habileté dans l'action » (II, 50) – on pourrait également traduire par « bonheur dans l'action », à la fois au sens d'« avoir la main heureuse » et d'éprouver une plénitude dans le fait même d'agir.

Se souvenir qu'on n'est pas l'acteur de l'action qui se joue à travers nous ne signifie pas démission ou cynisme ; cela veut dire qu'on est capable de considérer son action comme une part du jeu *(lila)* divin ; il faut bien jouer son rôle, que celui-ci soit comique, tragique ou le plus souvent tragi-comique. Il est très difficile d'agir sans motifs, mais ce qu'on peut faire, c'est remplacer les motifs multiples par un motif unique, la purification du mental grâce à l'action.

Nécessité de l'action

C'est une évidence : le corps ne peut pas vivre sans action ; le cœur, par exemple, se met à être actif dès avant la naissance et continue jusqu'à la mort. Le simple fait de prendre ses repas est un travail et, quand on y pense, une bonne partie de la journée est occupée directement ou indirectement par le soin du corps (*cf. Gita*, III, 6).

En fait, il n'y a pas à choisir entre action et méditation. C'est l'interaction, le « frottement » de l'action et de la méditation qui crée la conscience, comme le frottement de deux surfaces crée la chaleur. Pour la plupart, la question de la méditation continue ne se pose pas en pratique : ils n'ont pas la possibilité de se retirer complètement, et même s'ils réussissaient à le faire, ils ne tiendraient pas le coup par manque de préparation. Par contre, un certain nombre de gens sont partisans de l'« action continue », disant qu'il leur suffit d'être complètement conscients dans leur quotidien, et qu'ils n'ont pas besoin de pratiquer. Le but étant très difficile à atteindre concrètement, la pratique reste quasi indispensable.

Action ne veut pas dire activisme : une surcharge d'action qui empêche une pratique régulière de la méditation n'est pas bonne spirituellement, surtout si c'est une situation qui se prolonge. Beaucoup de gens qui croient agir sont en fait agis, poussés par une fébrilité intérieure dont ils n'identifient pas l'origine. De même, des patients qui ont été piqués par la tarentule dansent la tarentelle, mais peut-on parler véritablement de danse quand ils n'ont pas le choix ?

L'action est une nécessité de la voie spirituelle : si on dit à un débutant de ne rien faire, il deviendra paresseux. Il y a trois qualités d'action : le travail qu'on fait pour gagner sa vie, le service désintéressé financièrement et le réel karma-yoga, où l'on se détache même du besoin de reconnaissance affective, sociale, ou du désir d'accumuler des mérites. Même quand un aspirant spirituel n'est pas engagé dans une activité de service à plein temps, il doit être prêt à rendre service quand l'occasion s'en présente.

« Voir l'action dans l'inaction et l'inaction dans l'action »

D'après la *Gita* (IV, 18), celui qui est capable de cela est « un sage parmi les hommes et un yogi qui accomplit l'action dans sa plénitude *(kritsna-karma)* ». Quand on parle d'action, on pense d'abord au domaine extérieur, mais on peut agir aussi à l'intérieur : c'est le but des thérapies et de certaines formes de méditation. Les pensées elles-mêmes sont des actions qui ont leurs conséquences ; on dit dans le Dhammapada : « Si quelqu'un agit ou parle avec une pensée mauvaise, la souffrance le poursuit comme la roue du chariot suit le sabot du bœuf qui le tire. » Le Bouddha lui-même, après sa Réalisation, a été actif dans la mesure où il se déplaçait et prêchait, mais pendant les quatre mois qui encadrent la saison des pluies *(chatur-mas)*, il avait coutume de rester au même endroit, en retraite.

L'action a souvent une tendance entropique, vers la dispersion du mental et le désordre. La méditation, elle, a un effet de rassemblement, de concentration des nourritures psychiques au sein d'une seule cellule de conscience, une action de néguentropie qui est à la source de la vie.

Il y a maintenant de plus en plus d'arguments scientifiques en faveur de la notion traditionnelle de champ de conscience unifié. Dans cette optique-là, quelqu'un qui médite, même de façon isolée, influence positivement la marche du monde. L'ésotérisme juif, musulman et hindou croit en l'existence de justes cachés dont l'existence à chaque génération assure le maintien d'un certain ordre du monde. Il est de toutes façons difficile de parler en général du rapport entre action et méditation : les tempéraments et les vocations sont très différents. Nisargadatta Maharaj avait abandonné sa femme et ses enfants pendant plus d'une année, quand il était jeune, pour partir sur les routes comme moine errant : grâce à la foi qu'il avait dans la parole de son gourou qui lui avait dit « Tu es Cela », il a obtenu une réalisation puis est revenu dans le monde pour veiller sur sa famille. Il s'occupa pendant toute sa carrière de petites boutiques, et ce n'est qu'à 76 ans qu'il devint vraiment connu par la parution en anglais, en 1973, de ses entretiens sous le titre de *Je suis Cela*, publiés par Maurice Frydman, qui avait lui-même suivi Ramana Maharshi et J. Krishnamurti auparavant. Nisargadatta enseigna jusqu'à sa mort en 1981. Il dit à propos de l'action : « Le chaos, c'est le mouvement pour le mouvement : la véritable action ne déplace pas, elle transforme. Un changement de place ne revient qu'à un déplacement : un changement dans le cœur, voilà l'action... l'activité n'est pas l'action. L'action est cachée, inconnue, inconnaissable ; vous pouvez seulement en connaître le fruit[1]. »

Agir avec le mental vide

Il n'y a qu'en agissant de façon désintéressée qu'on peut maintenir le mental silencieux dans l'action. Pour s'entraîner à cela, le rituel est une école importante, si tant est qu'on sente de le pratiquer. Au moins à ce moment-là, on peut essayer d'avoir l'esprit complètement tranquille. Ce qui crée les conséquences perturbatrices des actions, ce sont les émotions de toutes sortes qui les accompagnent. L'action sereine n'a pas de conséquences perturbatrices. Aussi, sentir que ce n'est pas soi, mais le corps qui agit, est un bon moyen. C'est une forme de dépersonnalisation non pas pathologique, mais saine, car elle ne s'accompagne pas d'anxiété, mais au contraire d'une relaxation ; l'action devient alors presque un jeu. L'intérêt de la dépersonnalisation non pathologique échappe complètement aux thérapeutes qui ne sont pas intéressés par la voie spirituelle, n'arrivant tout simplement pas à la comprendre.

Quand on parle de « mental vide », cela ne signifie pas qu'on doive détruire ce mental, mais qu'on doit le garder à sa place, le maintenir à son poste de travail : voilà la véritable libération du mental. Il y aura toujours des soucis, mais comme le dit Ma Anandamayi, le non-souci restera la méditation suprême. C'est quand quelqu'un est libéré du monde qu'il peut vraiment l'aider, c'est quand il est vide qu'il peut se remplir des autres. Nisargadatta disait, quand on lui demandait comment il pouvait s'occuper de visiteurs si différents les uns des autres : « Qui est là pour s'occuper ? Je n'ai pas de pose, de discours tout fait, de forme fixée qui me soit propre. Si j'avais une forme propre, il aurait été difficile d'accepter, ou d'entrer en relation avec tout un chacun, mais mon néant est le plus subtil, et c'est ainsi que je peux m'adapter complètement à tout, à n'importe quelle situation [2]. »

L'habitude de la plénitude

La répétition des gestes de la vie quotidienne peut devenir une école, si on cherche à bien faire les choses tout simplement parce que c'est bien de les faire bien. Nisargadatta répète le message de la *Gita* quand on lui demande comment il faut travailler : « Ni pour vous-même ni pour les autres, mais pour le travail lui-même. Une chose qui mérite d'être faite est son propre but, sa propre signification en elle-même. Ne faites de rien un moyen pour quelque chose d'autre. Ne liez pas. Dieu ne crée pas une chose pour en servir une autre. Chacune est faite pour elle-même. Parce qu'elle est faite pour elle-même, elle n'interfère pas. Vous vous servez des choses et des gens à des fins qui leur sont étrangères et vous provoquez des désastres pour le monde et pour vous-même[3]. »

Quand on le peut, il est bon de travailler en silence : de cette façon, son lieu de travail deviendra progressivement son oratoire ou son temple. Méditation et action sont reliées comme deux vases communicants : s'il y a un trop-plein d'action dû à un travail accompli dans un état de fébrilité mentale, cette agitation passera dans la méditation. Si au contraire on éprouve une réelle plénitude chaque matin durant sa pratique, celle-ci acquerra une sorte de pression naturelle qui lui permettra de s'écouler dans les actions de la journée.

Le double sens du mot *shraddha* en Malayalam est intéressant : il signifie la capacité de faire quelque chose à la perfection et avec amour, parce qu'on a confiance en la valeur de ce qu'on fait ; l'autre sens, issu du sanskrit, évoque la confiance qu'on a dans la tradition, en particulier les ancêtres, et désigne par conséquent aussi les rites qu'on accomplit pour les honorer et rendre leur lumière présente au milieu de nous. En accomplissant avec pleine conscience ces actions quotidiennes qu'ont faites nos ancêtres avant nous, on les fait revivre en nous, on confirme avec eux le lien d'éternité.

L'homme d'action véritable agit comme un serviteur. Ma Amritanandamayi conseille : « Vivez avec une attitude exprimant "je suis le serviteur de tous". C'est à ce moment-là que l'univers entier s'inclinera devant vous[4]. » Tant qu'on n'a pas un niveau spirituel réellement élevé, la spontanéité complète n'est pas dénuée de risques ; l'humilité et le silence sont préférables.

Un nouveau maître Zen venait d'être intronisé dans un monastère : des visiteurs à l'esprit quelque peu retors lui dirent : « Maintenant, tu es comme un nouveau Bouddha. Le Bouddha a vu sa naissance accompagnée de multiples miracles, des pluies de perles sont tombées, des fleurs d'or ont poussé... et aujourd'hui, quels miracles peux-tu nous montrer ? » Le maître répondit seulement : « Ce matin, j'ai balayé la neige devant ma porte. »

Compassion

J'ai souffert, durant les années où je travaillais dans le milieu « psy », de voir le peu d'importance qu'on accordait à la notion de service rendu aux autres dans les conseils suggérés aux patients. La plupart des souffrances psychiques sont dues à un renfermement sur soi-même, et le service désintéressé est la manière la plus directe de réouvrir le cœur ; le rôle du travail intérieur est alors de purifier les motivations dudit service. Il est vrai que la religion avait péché dans l'autre sens, attendant d'abord des gens qu'ils soient utiles au groupe et qu'ensuite, éventuellement, ils se comprennent mieux eux-mêmes.

Quand on aide quelqu'un, c'est normal de lui manifester son affection, point n'est besoin qu'elle reste comme du miel à l'intérieur d'une pierre. Ceci dit, l'implication émotionnelle n'est pas si nécessaire, car elle est au fond perturbatrice ; après tout, on peut dire que quelqu'un a vraiment été aidé quand il n'a plus besoin d'être aidé.

Dans les *Jatakas* où le Bouddha raconte ses existences antérieures, on voit qu'il a souvent été jusqu'à sacrifier sa vie pour aider les autres, ce qui lui a permis de renaître enfin dans le corps de Bouddha Sakyamouni. Ces contes annoncent les développements ultérieurs de l'idéal du bodhisattva dans le bouddhisme mahayana.

Une réelle vie mystique rayonnera dans la vie de famille : « Votre attitude générale sera faite de détachement affectueux, d'une bonne volonté énorme, sans attente d'un quelconque retour, de don constant sans demande. Dans le mariage, vous n'êtes ni le mari ni la femme ; vous êtes l'amour entre les deux. Vous êtes la clarté et la gentillesse qui rend toute chose ordonnée et heureuse[5]. »

Même si ton action est comme un cyclone, que ta méditation en soit l'œil : se déplaçant avec lui, et pourtant immobile.

Tout commence dans l'esprit : y a-t-il d'ailleurs action plus belle – et plus réelle – que la matérialisation d'un rêve ?

Comment l'action peut-elle jaillir de la non-action ?
Comment la parole peut-elle jaillir du silence
En étant spontanée.

L'action est un devoir d'état ; la méditation, un devoir d'être.

La méditation dans l'action : être assis, immobile et recueilli, dans un avion qui vole vers le but à grande vitesse.

Ne pas accepter plus de travail que ce qu'on peut accomplir joyeusement.

Les médias sont censés responsabiliser vis-à-vis de l'action extérieure : mais ce que j'observe le plus souvent, c'est qu'ils déresponsabilisent vis-à-vis de l'action intérieure.

L'étymologie nous dit que l'esprit, c'est le souffle. Le péché contre l'esprit, celui qui ne peut être pardonné, serait-il le péché contre le souffle – c'est-à-dire son oubli, qui peut à peine être évité ? Si on oublie son souffle, on oublie sa réalité, comment donc pourrait-on se pardonner à soi-même, et par qui d'autre pourrait-on être pardonné ?

Les nihilistes sont les apprentis sorciers de la métaphysique : ils créent le néant d'abord dans leur tête, mais ils ne se sont pas aperçus que celui-ci avait une bouche et se mettait à les dévorer.

Il y a un sentiment puissant de plénitude à bien faire ce qu'on a à faire : plénitude au-delà de l'action, de la non-action et de leurs résultats respectifs.

Avec l'habitude, on sent bien le travail du jour qu'il faut finir avant de pouvoir s'asseoir tranquillement en méditation.

Si on se met en colère lorsqu'on est dérangé en méditation, on devrait se demander si on a bien compris le but de celle-ci.

Éviter que la « méditation dans l'action » ou le « souvenir de la Présence de Dieu » ne soient que de belles paroles, des prétextes pour abandonner la pratique quotidienne : ce serait dommage et pour la méditation et pour l'action.

Un certain nombre de gens, s'ils ne sont pas pressés, comprimés par un emploi du temps surchargé, se sentent déprimés. L'être humain n'est-il pas appelé à un autre fonctionnement que celui du moteur à piston : comprimé, déprimé, comprimé, déprimé ?...

L'action habituelle est une interaction de l'ego avec l'extérieur, le plus fréquemment sous forme de réaction.

L'action pure est aussi vide que la méditation pure.
L'action est un espace restreint où ego et conscience ne peuvent coexister.
Une action doit être vide d'ego pour être pleine de conscience.

L'homme ordinaire voit le ciel au-dessus de la terre : l'idéaliste voit le ciel sur terre, et le véritable homme d'action voit le ciel dans la terre, mêlé à celle-ci comme une pluie d'automne aux labours.

L'action, c'est l'épreuve de vérité : dans la méditation, on peut se faire croire qu'on est ce qu'on voudrait être, mais dans l'action, on est ce qu'on est et puis c'est tout.

Quand un pays entre en guerre, on dit que la première victime, c'est la vérité. De même, quand un mouvement spirituel se lance dans des conquêtes missionnaires, la première victime est la méditation. Voilà qui est dommage, car celle-ci ne s'avère-t-elle pas le meilleur moyen de revenir à sa vérité – et à la vérité ?

Avec un peu de discernement et le sens de l'observation, on s'aperçoit vite que compassion et commerce ont beaucoup plus en commun que leurs trois premières lettres...

Si tu lances une corde pour tirer quelqu'un vers le haut, songe quand même d'abord à te demander si ce n'est pas cette même corde qui va te faire basculer vers le bas.

Si on a tendance à aller chercher les gens pour les aider, mieux vaut commencer par se demander en quoi les aider nous aide. De toutes façons, ceux que nous devons aider viendront sur notre chemin spontanément.

De chaque point de la vacuité, le sage sent sourdre une larme de joie et une larme de compassion.

L'action intéressée est tapageuse, l'action désintéressée silencieuse.

On fait, on fait, on n'arrête pas de faire ; et puis tout d'un coup, on s'aperçoit qu'on a fait son temps, et on est refait.

De même qu'on peut être seul au milieu d'une foule, de même on peut être silencieux au milieu des paroles.

Que ton amour soit vaste comme le jour, et secret comme la nuit.

La spontanéité, c'est le silence en action.

DEUXIÈME PARTIE

LA TIGE DE LA PSYCHÉ

6.

Émotions

> « Ce n'est pas pour l'amour de la femme que la femme est chère, mais pour l'amour du Soi.
>
> Ce n'est pas pour l'amour du fils que le fils est cher, mais pour l'amour du Soi... »
>
> Brihad Aranyaka Oupanishad, 4-5-5

Comprendre comment gérer les émotions est un sujet central non seulement pour la psychologie, mais pour la société humaine en général : le XXe siècle a été de loin le siècle le plus sanglant de l'histoire humaine, nous n'avons donc pas de quoi nous vanter par rapport à nos ancêtres de la manière dont nous réussissons à comprendre et à maîtriser les émotions liées à la violence comme la colère ou la haine. Dans beaucoup de cultures primitives, les gens avaient l'impression que leurs pensées venaient de la région abdominale ; il faut croire que bien des personnes de nos jours restent primitives, dans la mesure où elles ne réagissent qu'à ce qui les « prend aux tripes ». Ceci dit, la source émotionnelle et mentale située dans l'abdomen peut être régulée par des pratiques respiratoires et méditatives faisant intervenir la zone juste en dessous du nombril (*hara* en japonais, *svadisthana* en sanskrit).

Le point à ne jamais perdre de vue à propos des émotions, c'est qu'elles sont extrêmement changeantes ; ce n'est que par commodité ou habitude que nous leur surimposons un vernis de continuité. En réalité, nous gardons la variabilité émotionnelle de l'enfant, voire du nourrisson. Prendre réellement conscience de cela est libérateur en soi. Un jour, un moine Zen vint voir son maître et lui dit : « Je ne réussis pas à maîtriser la colère. » Le maître lui répondit : « Montre-moi ta colère ici et maintenant. » Le moine, déconcerté, resta bouche bée ; le maître conclut : « Si tu ne peux me montrer ta colère, c'est qu'elle n'est pas ta vraie nature. Médite sur ta vraie nature. » Ce chapitre sur les émotions pourrait s'arrêter là, mais comme je sais, pour l'avoir essayé, qu'il n'est pas si facile de méditer sur sa vraie nature, je vais continuer à donner certaines informations sur les émotions.

Le second point à bien comprendre, c'est que les émotions remontent grâce à une mémoire liée à l'état, pour reprendre la terminologie de Rossi [1]. C'est une notion qui correspond à celle de *bija*, de « germe » dans la psychologie indienne : quand une « graine » se trouve dans des conditions favorables, elle se met à germer, sinon elle reste quiescente dans ce que les hindous appellent *citta* et les Occidentaux inconscient. En hypnose, on parlera de dissociation, en psychanalyse freudienne de refoulement et en psychanalyse jungienne de complexe à tonalité affective. Le processus de guérison émotionnelle passe par la « catharsis », c'est-à-dire la purification. Notons en passant qu'on pourrait désigner l'ensemble de la spiritualité indienne par le terme *vishuddhi marga*, « la voie de la purification ». Il s'agit d'un processus à deux phases : ressenti intense de l'émotion, éventuellement manifestée à l'extérieur (abréaction), accompagnée d'une stimulation du système sympathique, puis phase de relaxation, c'est-à-dire une stimulation du système parasympathique, une assimilation et un sentiment de reconnaissance pour les prises de conscience qu'on a eues. En méditation, ce processus est présent, mais il s'agit d'habitude de micro-décharges émotionnelles, qui travaillent à un niveau plus subtil que les décharges physiques, mais qui peuvent être néanmoins très intenses chez celui qui médite réellement. Du point de vue pratique, il peut être bon de s'allonger un peu après une période de méditation assise pour faciliter cette phase d'assimilation.

Les émotions sont nécessaires au progrès intérieur : simplement, il faut qu'elles soient dirigées dans les bons « canaux ». Une erreur qu'on peut faire en thérapie, c'est de ne pas utiliser la force émotionnelle contenue dans le symptôme de départ et de vouloir l'écarter d'emblée par une réassurance ou des conseils de relaxation, alors que ceux-ci ne devraient venir que dans la seconde phase. Quelqu'un comme Milton Erickson n'hésitait pas à provoquer les remontées émotionnelles chez ses patients quand ils avaient atteint un état de conscience plus profond, et il pouvait ainsi enclencher un processus thérapeutique efficace. D'une façon analogue, dans la voie de la Dévotion, il faut ressentir intensément la séparation d'avec le Divin pour espérer avoir une véritable union avec Lui.

Ignorance, séparation et souffrance émotionnelle

Un jour, un disciple part à la recherche d'un vieux maître Zen dans la montagne. Quand il arrive à l'ermitage, le maître lui ferme la porte au nez. Déçu et un peu en colère, le disciple repart ; absorbé par ses ruminations, il ne voit pas une pierre au milieu du sentier et se cogne un doigt de pied. Il est immédiatement envahi par une douleur intense, mais plus intense encore surgit en lui l'interrogation : « Qui est ce “Je” qui souffre ? » Et il obtient un *satori*, un éveil : la souffrance aura été son maître.

Le Bouddha disait : « Je ne suis venu que pour enseigner la souffrance et la voie en dehors de la souffrance. » On comprend facilement le besoin d'enseigner la cause de la souffrance et une voie hors de la souffrance, mais pourquoi donc « enseigner la souffrance » qui est inhérente à la vie humaine ? Il me semble que cela part d'une constatation que font aussi les psychothérapeutes. L'esprit a tendance à refouler la souffrance, à l'éliminer le plus vite possible comme un symptôme gênant, sans prendre la peine de rechercher ses racines, de comprendre d'où elle vient. De ce fait, on n'obtient pas de soulagement durable. La souffrance n'est pas punition, elle est le signal de notre ignorance, elle est une invitation à la conscience. Notre ignorance se manifeste par la tendance fondamentale au désir (*trishna*). Il n'y a pas que le Bouddha qui insiste sur la réalité de la souffrance : c'est le point de départ de la plupart des écoles philosophiques de l'Inde ; un texte de base de l'école Samkya par exemple, la *Samkya karika*, d'Ishwara Krishna, s'ouvre par une réflexion sur la souffrance. Cependant, les grandes Oupanishads plus anciennes parlent très peu de la souffrance ; elles parlent surtout de la plénitude.

Dans la voie dévotionnelle (*bhakti*), on fait ressortir la souffrance enfouie en insistant sur le sentiment de séparation d'avec la divinité bien-aimée. L'intensité de ce sentiment de séparation, de ce désir d'union, peut aller, chez certains saints, jusqu'à une sorte de chantage au suicide : « Si tu ne viens pas à moi, disent-ils à la divinité, je me laisse mourir ! »

Les voies religieuses dualistes, qui font intervenir un Dieu personnel, ont du mal à expliquer la souffrance. Un grand mystique du judaïsme était atteint d'une maladie qui le faisait souffrir terriblement. Un de ses collègues rabbin vint le visiter pour lui donner des conseils de piété : « La souffrance que Dieu nous inflige est un signe, à la mesure de son amour pour nous... » Le mystique se mit immédiatement à prier : « Seigneur, de grâce, cesse de m'aimer autant ! » La dépression des origines est, si l'on peut dire, le *primum movens* de la création de l'Univers pour les Orientaux. Dans la voie de la Dévotion hindoue, on explique que Dieu « déprimait » et qu'il a créé le monde par jeu (*lila*). Dans le soufisme, on retrouve un mouvement analogue dans la célèbre parole divine : « J'étais un trésor caché, et j'ai voulu être connu. »

Le Bouddha, pour en revenir à lui, disait : « La souffrance devient sensible du fait qu'on est séparé de ce qu'on aime, et qu'on est uni à ce qu'on n'aime pas. » Pour le Védanta, la souffrance vient de la dualité. Il y a là une analogie avec la psychanalyse. Pour Lacan par exemple, il y a une division inéluctable entre le soi originaire de l'enfant et son intégration au monde de l'adulte. Cette séparation (*spaltung, refente*) engendre la constitution d'un organe intermédiaire, le Moi, qui n'a pas de réalité substantielle, pour Lacan comme pour la philosophie orientale : « Le moi est absolument impossible à distinguer des captations imaginaires qui le constituent de pied en cap, par un autre et pour un autre [2]. » Freud a eu sans doute l'intuition de cette séparation oubliée quand il met à la base de sa théorie du refoulement la notion de « refoulement originaire » (*Urverdrängung*). S'il n'a jamais trop précisé cette notion [3], c'est peut-être qu'il a senti que réveiller cette énergie refoulée dès l'origine revenait à entrer dans le domaine de la recherche spirituelle, et il ne voulait pas, ou ne pouvait pas s'engager sur ce terrain sur lequel il n'avait pas de contrôle.

Commediante, tragediante

On raconte qu'il y eut un entretien plutôt mouvementé entre Napoléon et le Pape. Il s'agissait de savoir si celui-ci devait quitter Rome et venir s'installer en France. Au début, Napoléon essaya de montrer au Pape tous les avantages qu'il y aurait à venir s'installer en France. Le Pape commenta juste d'un mot : « Commediante » ; de ce fait, Napoléon devint furieux, et se mit à proférer toutes sortes de menaces contre Sa Sainteté. Au bout d'un certain temps, le Pape conclut l'entretien par un second mot : « Tragediante »... Même si les couples d'émotions opposées ont un pouvoir d'emprise plutôt tyrannique sur nous, il y a une partie de nous-mêmes qui peut les reconnaître en tant que tels, l'autorité papale si je puis dire.

Les polarités émotionnelles peuvent s'inverser rapidement : on observe cela au niveau du couple, où le dominant peut devenir soudain dominé, où le consolateur devient celui qui est consolé. On dit qu'en égyptien ancien, il y a un seul hiéroglyphe pour désigner « fort » et « faible », l'interprétation dépendant du contexte ; il s'agit plutôt de « l'axe » force-faiblesse que l'un des deux pôles en particulier. Dans le cerveau, la faim et la satiété, et les autres couples émotionnels, correspondent à des paires de centres qui se régulent l'un l'autre.

Tant qu'on n'a pas bien médité sur cette alternance des contraires, on n'a guère de chances de progresser vers l'esprit pur qui est au-delà : on sera plutôt comme cet homme à qui le chauffeur d'une voiture demande de vérifier par la fenêtre si le clignotant marche ; l'ami regarde et répond : « Il marche, il ne marche pas, il marche, il ne marche pas... »

La succession rapide des émotions contradictoires auxquelles on est identifié crée une confusion dans la vie de tous les jours, ce qu'on pourrait appeler le « méli-mélodrame » quotidien. Émotions et stress sont liés, et correspondent à des sécrétions élevées de cortisol et d'adrénaline : on a montré qu'il y avait accoutumance à des taux élevés de cette dernière hormone, et donc réaction dépressive de manque quand elle redescend à des taux normaux.

Il faut comprendre que la plupart des gens s'ennuient au fond d'eux-mêmes : l'explosion émotionnelle-passionnelle apporte du changement, ils se mettent à avoir quelque chose à se raconter ou à raconter aux autres. Si la souffrance émotionnelle peut hypnotiser le mental, c'est d'abord parce qu'elle est un événement dans la grisaille quotidienne, et en cela, qu'elle représente une certaine jouissance. De plus, le mental habituel est fragmenté, et la fragmentation rend malheureux. L'explosion émotionnelle-passionnelle donne une impression d'unité ; en cassant les assiettes à la maison, on a l'impression de recoller l'assiette du mental qui était en morceaux ; mais l'effet ne durera guère, l'assiette intérieure restera fêlée et se cassera de nouveau à la première occasion. On aime les explosions émotionnelles parce qu'elles font perdre un temps le sens des réalités, et que la réalité n'est pas brillante. Il se crée une unité éphémère, un blanc dans le mental, comme une drogue qui stupéfie, mais cette émotion fait encore plus, elle « stupidifie », car elle rend aveugle à tout le reste, à commencer par les sentiments des autres. N'est-il pas surprenant que tant de gens trouvent une sorte de petit bonheur là-dedans ? Peut-être parce qu'ils n'ont jamais eu l'idée qu'on puisse « cuisiner sa vie » autrement qu'à la sauce aigre-douce des émotions.

Dire ou ne pas dire

On pense qu'il y a un lien direct entre une capacité d'expression inhibée et l'apparition de troubles psychosomatiques. Telle est l'« alexithymie », le fait de ne pas pouvoir reconnaître ses émotions. On a décrit par exemple un type C de personnalité, renfermé et inhibé, qui serait fréquemment associé à la polyarthrite rhumatoïde ou au mélanocarcinome (cancer foudroyant qui part des cellules pigmentées des grains de beauté). Du point de vue neurophysiologique, on pourrait parler d'absence d'expression de l'hémisphère gauche (verbalisation, analyse) et même de l'hémisphère droit (images mentales, sensorialité). Les émotions restent bloquées au niveau hypothalamo-hypophysaire et se traduisent sous forme de troubles corporels.

Ceci dit, il faut s'entendre sur ce qu'on appelle « reconnaître ses émotions ». Il est bon de comprendre que cela peut passer par un processus direct de claire vision intérieure. La verbalisation, bien que plus facile pour ceux qui n'ont pas d'entraînement, est un processus plus superficiel. Son grand danger est qu'elle peut avoir une action semblable à la drogue, c'est-à-dire donner un soulagement au début, mais créer ensuite une dépendance. C'est une question de niveau. La psychologie s'adressant à tout un chacun se base sur le modèle de communication familial ou amical où « on parle un bon coup » et on se sent soulagé. Les mystiques, qui ont un accès direct à eux-mêmes à travers une perception claire de leurs images mentales, et surtout de leurs sensations, insistent sur le silence, font l'économie du détour par la parole. Quand on parle de ses expériences intérieures positives de méditation, disent-ils, on les perd. Et si on parle trop de ses expériences négatives, intérieures ou relationnelles, on leur donne une réalité qu'ultimement elles n'ont pas. Le mental, au début du processus d'introspection, est comme un enfant fatigant qui découvre le monde et demande toujours : « Pourquoi ? pourquoi ? » avant de mûrir et d'aller vers le but qu'il vise sans se poser une foule de questions inutiles.

Dans la vie de couple, la méditation les yeux dans les yeux peut être une bonne manière de développer la capacité de communication silencieuse, la consigne de base étant de ne pas chercher à manipuler l'autre comme on a tendance à le faire d'habitude, mais d'observer seulement. Cela ne devrait pas être la seule pratique, puisque la base de la méditation reste d'être seul face à soi-même pour découvrir ce qu'il y a au-delà de soi-même. Ceux qui croient en un Dieu personnel ont l'habitude de lui parler, voire de l'invectiver, moyen éprouvé et fort simple de pouvoir s'exprimer sans dépendre des complications relationnelles quotidiennes. Ainsi, on résout le dilemme du « dire ou ne pas dire » en disant sans dire.

Refoulement, sublimation, transmutation

Il faut distinguer dès le départ le contrôle inconscient des émotions, c'est-à-dire le refoulement, qui n'est souhaitable ni en psychologie ni en spiritualité, du contrôle conscient, c'est-à-dire la maîtrise de soi, qui est une nécessité évidente dans la vie sociale, familiale et dans l'éducation sans même avoir à parler de spiritualité. Quant à la sublimation, elle correspond à une transformation partielle des émotions, alors que la transmutation correspond à une métamorphose complète. Alors qu'on voit cette dernière chez certains spirituels avancés, on ne risque guère de la trouver dans la clientèle d'un thérapeute.

Il faut savoir que, chez la plupart, le refoulement fondamental est celui du spirituel. Et cela crée une souffrance profonde, qu'on peut appeler existentielle. Comme dit mon ami Michel Random dans une de ses pensées : « La conscience devient souffrance quand on s'assoit dessus[4]. »

La catharsis, l'abréaction spectaculaire telle qu'on la pratique dans les thérapies émotionnelles, a prouvé une certaine efficacité, mais ne résout pas le fond du problème qui est de trouver un objet supérieur sur lequel centrer ses émotions. C'est le rôle de la sublimation et de la transmutation des énergies, et bien entendu le champ de ce qu'on appelle en langage religieux la Dévotion. Sans cet objet supérieur, la catharsis émotionnelle risque de devenir un but en soi, et on aura des clients dépendants de leurs groupes de thérapie comme d'autres de l'alcool, des films de violence ou des images de guerre à la télé. Dans la foire aux émotions, l'attraction la plus palpitante pour les enfants ne reste-t-elle pas le tunnel aux horreurs ?

Le moyen le plus radical pour ne plus être le jouet

de ses émotions, c'est d'être désidentifié du corps ; mais cela reste un but lointain pour la plupart qui sont déjà fortement attachés, par les liens de l'amour, au corps de l'autre. Reste la possibilité de la transformation des poisons en médicaments, recommandée à la fois par la voie tantrique et la voie de la Dévotion. Ramakrishna dit par exemple : « Dirigez les six passions vers Dieu. L'impulsion érotique doit être transformée en désir d'entrer en communion avec l'Esprit divin. Soyez en colère contre ceux qui sont des obstacles sur la route menant à Dieu. Soyez avide de lui. Si vous devez avoir le sentiment de "je" ou de "moi", associez-le à Dieu. Si vous devez avoir de l'orgueil, que ce soit d'être le serviteur ou l'enfant de Dieu[5]. »

En Inde, il est courant de transformer l'attachement fondamental de l'enfant à sa mère en désir pour la Mère divine ; en plus de la force que cela donne au processus d'intériorisation, grâce à la motivation pour retrouver cette Mère qui est cachée au-dedans, cela confère aussi une sorte de statut métaphysique à la mère physique, et elle en a besoin. En Occident actuellement, la femme est trop considérée comme objet sexuel ; quand on n'en a plus l'usage, on ne pense qu'à s'en séparer, et elle vieillit seule. Voir la Mère divine au-delà de la personne limitée de la mère physique peut aider à assainir cette situation psychosociale déséquilibrée.

Il n'y a pas besoin d'avoir pénétré les arcanes de la psychopathologie pour comprendre l'utilité du mécanisme de sublimation et savoir l'utiliser pour évoluer. Ma Amritanandamayi en parle en des termes on ne peut plus directs : « En embrassant votre oreiller, imaginez que c'est Dieu[6]... » Elle recommande aussi de pleurer pour le Divin, à la manière du *penthos* (larmes d'amour) des Pères du désert : « Pleurer pour Dieu n'est pas une souffrance, mais une félicité égale à celle du yogi en samadhi[7]. »

Comment sortir du cercle de la répétition ?

La loi la plus fondamentale du psychisme est le conditionnement : plus on s'attarde sur un état mental, plus il s'intensifie ; plus on répète une action, plus elle se grave dans la mémoire. Par rapport à cela, les phénomènes de refoulement restent secondaires. Les traditions spirituelles disent depuis toujours que les désirs sont sans fin, comme un feu qu'on alimente sans cesse. Certains pensent qu'ils sont comme des créanciers, et qu'en leur payant leur dû, ils vont s'en aller ; mais c'est une vision à court terme. Cela peut marcher parfois pour des petits désirs, mais certainement pas pour ceux qui sont à la base des émotions perturbatrices fondamentales : ceux-là sont plutôt comme des mendiants ; tant qu'on ne les aura pas congédiés gentiment mais fermement, ils reviendront vous importuner et demanderont toujours plus s'ils voient que vous leur avez donné une première fois.

Jean-Yves Leloup[8] raconte l'histoire de la mendiante qui suivit le Bouddha dans le parc de Jetavana, car elle savait qu'il lui donnerait à manger. Le Bouddha lui dit : « Je te donnerai à manger, mais il faut d'abord que tu me dises “non”. » La mendiante s'aperçut qu'il lui était très difficile de le faire, car toute sa vie elle avait toujours voulu plus. Quand enfin elle y réussit, elle obtint du Bouddha beaucoup plus que de la nourriture : elle commença à remettre en question ce moi en elle qui fonctionnait comme un mendiant éternel.

Il y a trois groupes de gens : les meilleurs, ceux qui comprennent en voyant seulement les erreurs et les déconvenues des autres ; les moyens, qui ont besoin de se tromper une ou plusieurs fois pour comprendre ce qu'il ne faut pas faire ; et les pires, qui même après de multiples déceptions ne comprennent toujours rien.

À mon sens, la libération du désir ne vient pas de la répétition des déconvenues, on peut au contraire s'y habituer ; les échecs que l'on subit peuvent devenir une drogue comme une autre. La libération de la compulsion de répétition du désir vient de l'intensité de la conscience et de l'intelligence pour observer son mental et voir comme il tourne en rond. Et pour cela, le plus rapide me semble de méditer, même si c'est quand même long. Point n'est besoin de recommencer cent fois la même bêtise pour la comprendre et s'en défaire. On risque plus de s'habituer à la bêtise elle-même que se libérer de la peur de la bêtise. De plus, si on attend d'être vieux et sans énergie vitale pour se libérer, on ne risque pas d'aller bien loin. On demandait un jour à Ramakrishna, au retour d'une première rencontre, son impression sur Devendranath Tagore (le père de Rabindranath), qui avait mené une vie princière et sur le tard s'était mis à écrire des choses émouvantes sur le renoncement ; Ramakrishna a seulement dit : « C'est facile de renoncer à manger de la viande de chèvre quand on n'a plus de dents. »

Ramana Maharshi, à qui on demandait si une solution pour se libérer des désirs n'était pas de les accomplir complètement, a juste répondu : « Ce serait mettre de l'huile sur le feu ! » et l'affaire fut classée.

Il est bon de distinguer différents niveaux de « oui » :

– Le « oui » à la souffrance, par exemple les douleurs physiques : une fois qu'on a fait ce qu'il fallait pour se soigner et qu'il n'y a plus qu'à attendre que ça passe, autant dire « oui », comme c'est recommandé dans toutes les traditions. Ce « oui » diminue la souffrance mentale associée au début de manière réflexe à la douleur. Même en ce cas, un « non » peut être sain de temps en temps : on cesse de s'apitoyer sur ses petites misères pour pouvoir faire ou penser à autre chose.

– Le « oui » au passage à l'acte : cela ne me semble pas recommandé ; n'est-ce pas la définition même de la psychopathie ? Acte se dit *karma* en sanskrit : c'est le passage à l'acte qui crée le karma le plus puissant, le lien le plus fort.

– Le « oui » intériorisé. C'est le domaine de la méditation et du travail thérapeutique : on laisse remonter pour pouvoir comprendre le pourquoi et le comment, et pouvoir se détacher. Ce « oui » au-dedans est en fait facilité par le « non » au-dehors, le « non » au passage à l'acte : comme on est sûr que personne ne pâtira des pensées peu reluisantes qu'on a, qu'elles ne s'extérioriseront pas, on peut les examiner en toute quiétude. Certes, le « non » au passage à l'acte crée un malaise ; mais ce malaise lui-même est l'épine qui pousse à s'observer, à prendre conscience. Beaucoup de gens entretiennent l'idée que maîtrise des émotions signifie refoulement : c'est vrai pour ceux qui ne méditent pas ou ne font pas de travail sur eux-mêmes ; pour les autres, il n'y a pas de refoulement mais au contraire intensification de la prise de conscience due au « non ».

Analysons de plus près ce qui se joue dans l'expression de l'émotion. Peut-on bloquer l'émotion au beau milieu de son expression, comme on le préconise parfois ? En fait, la question ne se pose pas en pratique ; il faut reconnaître que seul l'ascète entraîné peut y arriver, et il maîtrisera en fait l'émotion dès le début. Si on peut arrêter un cheval au galop, comment ne pourrait-on pas l'arrêter quand il va au pas ? Ceci dit, c'est vrai que des sadhakas se mettent en colère ; mais s'ils sont de bons sadhakas, leur colère se dissipe très vite. Ma Anandamayi disait : « *Sadhu ka rag, pani ka dag* (Colère de sadhou, vaguelette sur l'eau). »

Est-il sûr que si l'on exprime complètement une émotion, elle ne reviendra plus ? Il est vrai que, sur le coup, une émotion exprimée violemment crée une fatigue, et qu'on n'a plus envie de continuer à l'exprimer à outrance. Par la suite, ne se créerait-il pas un conditionnement aversif ? En associant une image du passé à toutes les sensations désagréables de la crise émotionnelle (tension, nausées, cris, etc.), on bloque sa réapparition qui évoquerait des souvenirs physiques trop pénibles. C'est une hypothèse, certainement pas la seule. À long terme, un conditionnement direct est créé dans le sens de l'assertion émotionnelle, en gardant à l'« émotion » la connotation d'« émotion négative » avec laquelle nous l'employons depuis le départ. C'est bon pour des patients ayant un complexe d'infériorité, ceux qui veulent développer leur agressivité socioprofessionnelle pour réussir dans certains milieux du business, ou ceux auxquels ne déplaît pas l'idée d'une relation de couple dominant-dominé. Mais n'est-on pas loin du charme, de la légèreté et de la joie de l'état sans ego ? n'en est-on pas même aux antipodes d'une certaine manière ?

Essayer de fabriquer une mystique du « oui » correspond à une vision limitée de la vie intérieure, puisque quand on dit « oui » à quelque chose, on dit nécessairement « non » à son opposé ; la vie psychique, nous l'avons déjà vu, s'organise autour de couples de contraires. Le vrai dynamisme de la pratique, c'est d'aller au-delà du oui et du non. Parler de désir conscient semble être une contradiction dans les termes, c'est parler « en double aveugle » si je puis dire : le premier aveuglement vient du désir lui-même, dont la nature est d'obscurcir la conscience, le second du fait de croire qu'on maîtrise la situation alors que ce n'est pas le cas. Cette fausse logique apparaissait de façon majeure chez les alcooliques et toxicomanes avec lesquels j'ai travaillé en tant que psychiatre : ils se croyaient la plupart du temps beaucoup moins « accros » qu'ils ne l'étaient en réalité. C'est pour cela que le premier des douze points du programme des Alcooliques anonymes est de reconnaître qu'on est réellement dépendant ; sans cette honnêteté vis-à-vis de soi-même, il n'y aura guère d'amélioration possible. Le désir doit être transmuté, ce qui est symbolisé de façon claire par le mythe de Shiva qui dirige le rayon de son troisième œil vers Kama, le dieu du désir venu le troubler dans sa méditation ; de ce fait, Kama est transformé en une énergie subtile et omniprésente.

On peut se demander pourquoi les Occidentaux ont plus de désirs que les Orientaux (par exemple les Indiens, quand ils ont été élevés de façon relativement traditionnelle). On a souvent invoqué la carence affective de la petite enfance en Occident ; il y a certainement du vrai, mais il ne faut pas oublier la carence éducative. En Inde, le réseau relationnel autour de l'enfant ou de l'adolescent est fort, ce qui l'oblige très tôt à devoir dépasser son individualité et son égoïsme pour être accepté et utile dans sa famille. De plus, la culture favorise une certaine simplicité de vie et beaucoup d'Indiens continuent à voir la société de consommation comme une invention de l'Occident, c'est-à-dire des ex-colonialistes. Je terminerai par la parole forte de Nisargadatta Maharaj : « Ne fuyez pas le désir : veillez simplement à ce qu'il s'écoule dans les bons canaux. Sans désir, vous êtes mort ; mais avec des désirs inférieurs, vous êtes un spectre[9]. »

De la colère

Le lien entre colère et sexualité est connu depuis longtemps. Ceux qui sont quelque peu habitués aux textes sanskrits savent que désir sexuel et colère en sont venus à former presque un seul mot, *kamakrodha*, tellement ils sont utilisés ensemble. En grec, le mot *orgê* signifie colère et a donné « orgasme » en français, peut-être aussi « orgueil ». La littérature psychanalytique n'a pas manqué de redécouvrir ces associations, et la biologie contemporaine aussi, à sa façon, en parlant du lien ACTH-endorphines : « Une décharge massive d'ACTH se produit lorsque survient un stress intense (...) un stress aigu, et en particulier l'asphyxie, qu'on peut considérer comme un stress humoral puissant, produit une érection et un orgasme, le fameux "orgasme du pendu". Certaines personnes ne peuvent, à l'évidence, atteindre l'orgasme que sous l'effet d'un tel stress, un fait qui provoque des morts accidentelles par étouffement ou étranglement, et peut-être aussi une bonne partie de la violence interpersonnelle de notre époque (...). L'ACTH est sécrétée par à-coups pendant les périodes de sommeil paradoxal (rêves) et la stimulation sexuelle est une des caractéristiques du sommeil paradoxal [10]. »

Pour quelqu'un de névrosé et d'inhibé, savoir dire « non » est un progrès important ; mais cela ne l'oblige pas nécessairement à se mettre en colère. Quant à ceux qui ont une pratique spirituelle intensive, nous avons vu dans le chapitre sur l'énergie et la Kundalini qu'ils pouvaient être plus enclins que d'autres à la colère : raison de plus pour qu'ils veillent à la maîtriser, sans pour autant se laisser humilier. Ramakrishna raconte l'histoire du cobra féroce qui avait reçu un mantra d'un gourou de passage ; de ce fait, il s'était laissé piétiner par les enfants du voisinage qui avaient remarqué qu'il était devenu très doux. Le gourou, une fois de retour, entendant les récriminations du serpent, lui dit : « Tu n'as rien compris, je t'ai interdit de mordre, mais je ne t'ai jamais interdit de siffler... » Un bon test pour savoir si on est capable de jouer la colère sans y être identifié, c'est que cette colère feinte ne laisse aucune trace de ressentiment ou d'émotion dès qu'elle est terminée : pas si facile... en général, avant d'être en colère contre les autres, on est en colère contre soi-même.

La colère est universelle, mais elle est certainement plus courante dans la vie quotidienne occidentale qu'en Inde. On peut certes dire qu'elle est refoulée en Inde, mais il semble vrai aussi que les Indiens aient une plus grande capacité de patience et un plus grand souci de relations interpersonnelles harmonieuses que les Occidentaux, qui valorisent davantage l'affirmation de soi.

Une forme particulière de colère est l'intolérance religieuse : on pourrait voir celle-ci comme du matérialisme masqué, le fanatique déçu de ne pas avoir de véritable expérience intérieure se met donc en colère contre lui-même et par projection contre les autres.

En cas de malheur, certains réagissent par la révolte contre le sort, le ciel, ou toute autre chose. Ils sont pareils à ceux qui se cognent le pied contre une pierre et, de rage, lui donnent un grand coup de pied et se font alors vraiment mal. D'autres, au contraire, savent dépasser la colère existentielle. J'ai par exemple travaillé comme psychiatre auprès des victimes du tremblement de terre de Latur, en Inde, en 1993, qui avait fait dix mille morts environ. Dans un village, les gens avaient demandé expressément qu'on reconstruise le temple avant leurs maisons individuelles : le malheur et le deuil n'étaient pas pour eux une occasion de rompre le lien avec ce qu'il y a au-delà du temps, mais au contraire de le renforcer.

Le snobisme du révolté

En Occident, le fait d'être révolté est souvent bien considéré et confère une sorte de statut social ; savoir contre quoi on est révolté est un problème au fond très secondaire. Le révolté croit affirmer son indépendance envers et contre tout, mais en fait il est dépendant car il a besoin de sa révolte pour exister. Il ne réalise pas que la véritable liberté est au-delà de la révolte et de la soumission.

La mystique du révolté, comme la mystique chrétienne contre laquelle le plus souvent il se révolte explicitement ou implicitement, est une mystique de la souffrance. Il y a bien besoin de l'Orient, en particulier de l'hindouisme, pour découvrir une mystique de la félicité – de plein droit si je puis dire. Certains pensent qu'une mystique fondée sur la souffrance est plus pure, car elle ne séduit pas ; mais elle risque aussi bien d'attirer les amateurs de douleurs, et ils sont plus nombreux qu'on ne pense. La question qui se pose alors est de savoir si la voie qu'ils suivent est capable de les libérer de la souffrance, ou ne fera que les y confirmer d'une façon plus ou moins indirecte et subtile.

Je trouve amusant de sentir la critique que me font des personnes intéressées par la mystique, chrétiens ou non, quand je fais des séjours en Occident ; exprimée en des termes directs, elle reviendrait à dire : « Vous ne pouvez être mystique, vous n'êtes pas assez torturé pour cela. » Je pense que l'habitude d'associer la mystique et les affres psychiques a plusieurs racines en Occident : d'abord l'absence de lignées de maîtres spirituels stables, qui fait que les mystiques doivent se débrouiller par eux-mêmes, avec des livres uniquement, ou avec des guides qui eux-mêmes n'ont pas trouvé une joie intérieure profonde ; ensuite l'injonction paradoxale de la hiérarchie, et même de la communauté ecclésiale, c'est-à-dire des deux références suprêmes du christianisme : soyez mystiques, c'est le but de la voie religieuse, mais surtout ne le soyez pas, parce que vous risqueriez d'en savoir plus que nous, et donc de devenir insoumis. On sait maintenant en psychologie qu'il n'y a rien de tel qu'une injonction paradoxale répétée et non reconnue comme telle pour pousser quelqu'un vers la schizophrénie. Il est sûr que des mystiques chrétiens ont atteint la joie pure, mais leur enseignement n'a pas été suivi sérieusement. On a préféré une religiosité populaire, plus facile et « passe-partout », qui console de la souffrance plutôt qu'elle n'en résout les causes. La souffrance, c'est-à-dire le mental surajouté à la douleur, vient de l'ignorance : l'ignorance du bébé qui crie, se débat et s'étouffe sous ses couvertures.

À mon sens sont liés au snobisme du révolté deux autres types de snobisme : le snobisme de l'incompréhensible, où l'on ne sait plus si on a affaire à un mystique ou à un mystificateur, et le snobisme du nihiliste, qu'on trouve de temps à autre dans les milieux intellectuels. Ils ne méditent par sur le Vide ou le Plein, mais se contentent d'utiliser la vacuité pour produire des effets littéraires ou alimenter une dépression masquée ; leur devise pourrait être : « Plus ça sonne creux, mieux ça sonne. »

Pour revenir à la question de départ, savoir donc si la révolte contre l'esprit traditionnel suffit à rendre quelqu'un moderne, et surtout libre, j'aimerais citer une parole de Ma Anandamayi qui, comme à son habitude, va à l'essentiel en peu de mots : « Dans le domaine religieux, vous aimez vous sentir libres de toute obligation : vous réservez à tous les autres domaines de votre vie votre grande capacité à être dépendants[11]... »

Émotions et pratique spirituelle

Parfois, les thérapeutes retrouvent des formes de pratique proches de la spiritualité. Par exemple, J.K. Stettbacher[12] organise des retraites d'une vingtaine de jours où ses patients doivent travailler au moins trois heures par jour selon un schéma simple : partir de la sensation, reconnaître l'émotion, en acquérir la compréhension, puis avoir l'aspiration de la transformer. Les trois premières phases évoquent la pratique de l'observation de l'esprit, la dernière celle de la concentration. Le principe de la retraite, c'est de guérir des traumas relationnels par une absence temporaire de relations, ou une relation centrée sur le thérapeute.

Une autre pratique importante de thérapie évoque à son niveau un processus de méditation : si quelqu'un a eu un problème à un moment donné, on le fait revenir, dans un état de conscience profond, à la période précédant le problème, où celui-ci donc n'existait pas. Cela peut suffire à le résoudre. Si l'on pousse cette méthode à son aboutissement, on arrive à la méditation classique du Vedanta et du Zen : « Où était ce "je", quel était mon visage avant la naissance ? »

Quand on parle de maîtrise des émotions, certains peuvent penser à un processus frustrant ; mais on peut voir aussi cet exercice comme un jeu ou un sport, une sorte d'équitation intérieure dont le but est de rester en selle quoi qu'il arrive, même si parfois la reprise tourne au rodéo... Le méditant n'est pas le jouet de ses émotions, il joue avec elles.

Quand il n'y a pas de pratique, le spirituel se limite à de l'intellectuel enduit d'une couche d'émotionnel pour « faire vécu ». Le méditant, comme l'enfant, utilise les émotions pour attirer l'attention : mais l'enfant cherche le contact avec la mère ou l'entourage, alors que le méditant le cherche avec Dieu au-dedans ou, au début, avec le maître spirituel qui pour lui représente Dieu au-dehors.

Il y a plusieurs façons de méditer sur les émotions. On peut chercher à voir son visage de l'intérieur, le relaxer en abandonnant et en déconstruisant tous les masques qu'on avait fabriqués pour entrer en relation émotionnelle avec les autres. Une seconde méthode est celle du mariage intérieur : une des sources principales d'émotion étant la relation entre homme et femme, on décide de trouver la véritable union à l'intérieur ; d'après Jung, « le seul mariage qui puisse être complètement dépourvu de projections est le mariage spirituel[13] ».

Il y a un troisième type de méditation sur les émotions si simple que je crains que le lecteur, surtout s'il est psychologue, ne le prenne pas au sérieux ; pourtant, il est recommandé par Shantideva, un des maîtres les plus célèbres du bouddhisme mahayana ; on pourrait parler de « méditation de la bûche » : « Quand on remarque que le mental est emporté par l'attraction ou la répulsion, on ne doit ni agir ni parler, mais demeurer comme un morceau de bois[14]. » C'est une allusion au *kashta mauna*, au « silence de bois », la forme la plus stricte de silence où l'on ne fait même pas de signe pour expliquer qu'on est en silence. Un autre type de méditation consiste à réaliser que les émotions étaient des gonflements de l'ego, des ballons de baudruche, et on cherche à les percer avec la petite aiguille du discernement : « Suis-je vraiment ces émotions qui passent en moi ? »

Enfin, un dernier type de méditation sur les émotions est en fait de savoir laisser tomber à certains moments la méditation sur les émotions précisément. Les traités spirituels oublient d'en parler, mais c'est une méthode efficace. Quand on sent qu'on n'a plus guère de contrôle sur le mental émotionnel, au lieu de se laisser emporter, on s'arrête pour vaquer à des occupations pratiques ou avoir une lecture distrayante et, peu à peu, on constate que le drame émotionnel qui nous préoccupait tant a fondu comme neige au soleil.

Les débutants peuvent avoir des émotions plus manifestes, à l'occasion d'une expérience intérieure, que ceux qui sont avancés : Ramakrishna comparait cela à l'éléphant qui en se baignant dans une mare fait de grosses vagues, alors que s'il va dans le Gange, il ne troublera guère le cours du fleuve. Il est vrai que la pratique intensifie et accélère l'évolution ; ceux qui croient en la réincarnation disent qu'elle fait vivre dix vies en une, et ce n'est pas toujours facile. Quand on approche d'une expérience clé, des émotions peuvent s'élever fortement, comme les vagues d'un fleuve à l'approche de l'océan.

Un pratiquant mature, moins perturbé par ses propres émotions, se mettra à l'être plus par celle des autres : en effet, il attirera leur transfert positif, car les gens, croyant qu'il est presque arrivé au but, le rechercheront pour un soutien spirituel. Il est bien meilleur pour la pratique d'éviter de s'engager dans une relation d'aide personnalisée et à long terme ; si malgré tout on ne peut éviter certains transferts positifs, ce sera le moment de reprendre la prière que Toukaram, mystique indien du XVIIe siècle, adressait à Dieu avec l'humour de l'humilité : « Seigneur, ils croient que je suis réalisé ; maintenant, c'est à Toi de faire en sorte que je le devienne un jour pour de bon. »

Les conflits émotionnels, et surtout le conflit de notre moi supérieur avec les émotions qu'il doit gérer, n'est pas une lutte absurde et indéfinie comme les attaques de Don Quichotte contre les moulins. Ceux qui nous ont précédés sur la voie spirituelle nous montrent par leur exemple que ces conflits ont une fin, et qu'un moment vient où nous levons la tête du livre et où nous réalisons que nous n'étions pas le héros du roman mais son lecteur. Nous sommes alors libres de fermer l'ouvrage ou de le reprendre, mais cette fois avec un sourire.

Au terme de ces réflexions sur les émotions, et en particulier sur les émotions dans la pratique spirituelle, j'aimerais mentionner le fait qu'on ne peut rester constamment au sommet d'une émotion mystique, pas plus qu'au sommet d'une émotion ordinaire. La stabilité n'est pas dans l'émotion, mais dans la conscience de base : si celle-ci n'existait pas, il faudrait l'inventer.

L'homme ordinaire a une complaisance sans compassion ; le sage une compassion sans complaisance.

Vie politique et vie émotionnelle ont ceci en commun que le Capitole y est proche de la roche Tarpéienne.

L'animal fuit ou attaque ; le méditant, immobile, observe.

C'est dans la nature des émotions d'avoir des hauts et des bas : pourquoi ne pouvez-vous pas vous empêcher de retourner sans cesse à la foire aux émotions, puisque vous savez d'avance que vous n'y trouverez qu'une seule attraction : les montagnes russes ?

Un signe linguistique évoquant l'Unité au-delà des contraires : ne dit-on pas « heureux comme tout » et

« malheureux comme tout ». Si le « tout » peut être en même temps heureux et malheureux, peut-être tout à la fois, cela ne veut-il pas dire qu'il est au-delà ?

Si on est encore un tant soit peu victime de ses mouvements d'humeur, comment peut-on espérer faire l'expérience de la grande Immobilité ?

L'impulsif a ceci de commun avec le mystique, qu'il veut tout tout de suite ; c'est peut-être pour cela que le meilleur remède à l'impulsivité inhérente à l'homme demeure l'expérience mystique.

Céder à une explosion émotionnelle-passionnelle consiste à se mettre dans un « bel état », qui en fait n'est pas si beau.
Méditer, c'est découvrir le Bel État.

La difficulté de l'être humain, c'est qu'il ne peut comprendre le langage du réel, la parole du présent, sans rechercher à chaque fois dans le dictionnaire des émotions passées ; et le passé n'est jamais simple.
Le pratiquant, quant à lui, est à la fois de tous les temps et d'aucun : il conjugue sa méditation au présent, qui pour lui est le temps parfait par excellence ; ou alors il se souvient du Divin en un présent continu si parfait qu'il en devient quasiment plus-que-parfait.

On peut réduire le couple désir-peur soit au désir, puisque la peur c'est le désir d'éviter, soit à la peur, puisque le désir c'est la peur de manquer. Pourquoi donc la plupart des gens espèrent-ils encore pouvoir trouver un désir sans peur ? Ne réalisent-ils pas qu'ils courent après leur ombre, ou qu'ils cherchent à escalader un nuage ?

L'homme ordinaire perçoit ses sensations et émotions comme le choc de gros grêlons sur la peau ; le méditant, lui, les considère comme des flocons de neige qui vont au vent.

Il faut se méfier des sentiments excessifs, comme une compassion irrépressible ou une colère soi-disant juste, car ils mettent « hors de soi » ; et le tout de la méditation, c'est justement d'être en soi : au double sens de demeurer en soi-même et d'« être » en tant que tel.

« Moi je pense que toi tu penses que moi je pense que toi... » Et ils appellent ça l'amour ! À quand l'amour sans pensée ?

Si on n'apprend pas à diriger ses émotions vers Dieu, elles risquent de rester diablement confinées dans le personnel, pour ne pas dire confinées en diable...

Paradoxe : si on croit que nos relations sont réelles, elles ont toutes les chances d'être des projections ; par contre, si on observe jour après jour qu'elles sont des projections, elles ont quelques chances de devenir réelles.

Des relations vécues au niveau purement personnel, c'est-à-dire celui de l'ego, ne sont jamais simples. Si certains le croient, c'est qu'ils se sont tellement habitués à la complication qu'ils ne peuvent même plus imaginer ce qu'est la simplicité.

La force de l'amour entre homme et femme, et même celle de la relation entre maître et disciple, vient du fait que pendant longtemps, il est beaucoup plus facile de se raccrocher au Soi en l'autre qu'au Soi en soi.

Ceux qui ne peuvent voir au-delà de l'émotionnel-relationnel sont dans la situation peu enviable du bébé qui reçoit une claque de sa mère et qui ne peut crier autre chose que « Maman, Maman ! »...

Étonnant que sans le sel des disputes et le sucre des réconciliations, la plupart estiment que la cuisine relationnelle n'a aucun goût.

On dit qu'il vaut mieux laver son linge sale en famille plutôt que sur la place publique ; mais quand on s'est aperçu que la famille était une place publique miniature, on décide de le laver à l'intérieur de soi-même. On est alors mûr pour la méditation.

Les formes les plus primitives de la vie, les amibes par exemple, sont basées sur la phagocytose : avaler l'autre ; les formes les plus primitives de l'amour également. C'est le choix des amants de rester amibes ou de devenir amis.

C'est quand on expérimente un au-delà du mental que le mental trouve sa juste place. C'est quand on expérimente un au-delà de la relation que la relation trouve son juste équilibre.

La véritable stabilité du couple est au-delà des paires d'opposés : attirance/dégoût, amour/haine, patience/colère, etc.

On dit d'habitude : « unis pour le meilleur et pour le pire » mais j'aurais tendance à dire : « unis au-delà du meilleur et du pire ».

Pour celui qui sait voir dans la femme la femme éternelle, elle n'est plus vraiment autre puisqu'elle n'est autre que le Un ; et le Un n'est-il pas la source et le but de l'amour ?

Les émotions du sage sont feintes avec honnêteté pour répondre au désir de l'entourage ; en cela, il est comme le pleureur professionnel : quand les visiteurs sont passés, ses émotions s'en vont comme le nuage de boue dans la rivière une fois que les baigneurs s'en sont allés.

On associe automatiquement relation et mouvement ; mais j'aurais tendance à dire que la relation réelle, que ce soit entre Dieu et l'homme, entre le maître et le disciple ou entre l'homme et la femme, est un repos ; seulement, c'est un repos l'un dans l'autre.

Les sensations, les émotions ont un intérieur, une surface et un extérieur. L'homme ordinaire ne perçoit que l'intérieur, le méditant perçoit la surface et l'ouvre vers l'extérieur.

Pour bien méditer, on doit être « bien dans son assiette ». Est-ce à dire que méditer, c'est passer à table pour se manger soi-même ? Et pourquoi pas ? Ne serait-ce que par pure curiosité : il serait amusant de savoir qui reste après s'être mangé soi-même...

Ce qui fait le plus de tort aux religions, ce n'est pas l'athéisme, mais l'intégrisme.

Bêtise sacrée, sacrée bêtise.

Est mystique celui qui expérimente une union intérieure sensible, mais non sensuelle, et qui sait faire durer l'extase, cette fusion immobile.

Celui qui réussit l'union du masculin et du féminin à l'intérieur est complet, donc accompli. Il devient l'époux de chacune et l'épouse de chacun : et pourtant, il reste complètement seul, complètement libre.

S'exprimer durant une psychothérapie ou une confession, ce n'est qu'un début ; en effet, on est le seul à pouvoir connaître tout son mental, toute sa mémoire, et ce n'est donc que par la vision claire et directe du monde intérieur qui échappe aux mots qu'on pourra obtenir une confession complète, une absolution absolue.

Est vraiment seul, est vraiment moine celui qui a quitté la foule des pensées, la famille des attachements et – pourquoi ne pas le dire ? – le harem des émotions : pour être tranquille, et finalement pour être.

L'homme ordinaire communique avec les autres en leur envoyant des « bouffées d'émotion ». Le sage transmet sa sagesse en envoyant des bouffées d'immobilité.

Certains psychologues s'attendent à trouver le Soi au détour d'un beau rêve ; mais le Soi n'est pas un rêve, c'est un Éveil, et comment l'atteindre si ce n'est par des éveils de plus en plus éveillés ?

Un enseignement secret du Yoga pourrait s'énoncer ainsi : Heureux celui qui atteint les rives de la non-peur, car il sera Dieu.

7.

Ego

« Au commencement tout cet univers était l'Atman, le Soi en forme de Pourousha – de Personne.

Regardant autour de soi, il ne vit rien d'autre que soi.

Il dit en premier lieu : "Je suis."

De là le nom "Je". »

Brihad Aranyaka Oupanishad, 1-4-1

L'ego est la fonction du psychisme qui permet de dire « je ». Il a une fonction centrale, et il doit être dépassé d'après l'enseignement des traditions spirituelles. Les Pères grecs voyaient dans la philautie, l'attachement à l'ego, la base commune des difficultés de l'évolution intérieure.

Je ne développerai pas en détail le cadre général de la comparaison entre psychologie occidentale et orientale, déjà abordé en Introduction (*cf.* « Du soi au Soi »). Je ne développerai pas non plus les différentes conceptions de l'ego des diverses écoles de philosophie indienne. Cela nous amènerait à déborder le projet de cette étude somme toute générale[1].

On pourrait dire de l'ego ce qu'on dit de l'argent : c'est un bon serviteur, mais un mauvais maître. Il est comme le chauffeur d'une voiture de luxe qui aurait tendance à oublier le propriétaire assis sur la banquette arrière et à se croire maître à bord. Se désidentifier du mental ne signifie pas le rendre complètement inutilisable, mais ne le laisser fonctionner que quand c'est nécessaire. À ce moment, on peut dire que le mental fonctionne sans ego.

La psychanalyse présente l'ego sous son aspect défensif : tiraillé entre le Ça et le Surmoi, son rôle principal est de mettre en jeu des mécanismes de défense. Une autre définition de l'ego me semble intéressante : « L'ego est la somme totale de tous nos attachements. » Les psychologues occidentaux qui vont au bout de leur réflexion seront d'accord avec l'idée que la culpabilité, la peur, le sentiment d'infériorité et les réactions de projection ne sont pas des qualités accidentelles de l'ego, mais qu'elles font partie de sa structure même. L'ego est de toutes façons morcelé ; il faut passer de l'impression superficielle d'unité personnelle à l'expérience d'une réelle unité au-delà de la personne. La confiance en cette unité supérieure permettra de réorganiser les morceaux de l'ego, de même que la limaille de fer, quand elle est polarisée dans un champ magnétique, s'organise suivant de nouvelles lignes de force. Un individu qui réalise la cohérence derrière le chaos habituel de l'ego voit ses capacités changer radicalement.

Les sciences humaines nous ont appris qu'on ne pouvait bien étudier un phénomène qu'en le replaçant dans son contexte, qu'on ne pouvait bien comprendre une forme qu'en la voyant sur une toile de fond. Pour la pensée indienne, l'ego, le moi, ne peut être correctement étudié que par rapport à cette toile de fond qu'est le Soi. Nisargadatta Maharaj exprime cela en des mots fort simples : « Vous allez au bord d'un bassin gigantesque, vous prenez un petit verre d'eau et vous dites : "C'est moi." »

L'ego représente à la fois une question théorique de psychologie comparée, et un problème éminemment pratique pour l'aspirant spirituel qui voudrait aller au-delà, sans trop bien savoir comment. Les courtes pensées à la fin de ce chapitre tenteront de donner quelques suggestions dans ce sens. Avant de parler de l'ego en Orient et en Occident, je voudrais faire remarquer que dépasser l'ego n'est pas important simplement pour une bonne santé psychique, mais aussi pour le corps. Ceux que les cardiologues rangent dans les personnalités de type A ont un profil typique d'hypertrophie de l'ego, et ils meurent jeunes. Témoin cette étude citée par Hélène Barrère, psychologue, gérontologue et fondatrice d'une association, « Yoga et psychologie » : « Larry Scherwitz, psychologue à l'université de Californie, a enregistré les conversations de plus de cinq cents hommes, dont le tiers étaient des malades cardiaques. Les autres étaient en bonne santé. En écoutant ces enregistrements, il compta combien de fois chacun utilisait les mots "je", "moi", "mien". En comparant les résultats des groupes de sujets normaux avec ceux du groupe des malades cardiaques, Scherwitz s'est aperçu que les malades utilisaient plus ces mots. En outre, par le suivi de ces sujets pendant plusieurs années, il découvrit que plus un homme parlait de lui, plus il avait de chances de faire un infarctus. L'antidote, conclut l'auteur, était de se montrer plus généreux et plus respectueux d'autrui, moins égocentrique[2]. » Ce qui est le premier pas d'un long chemin pour oublier l'ego, qui a des racines plus profondes que l'égoïsme au sens moral du terme : Tané Ikani, qui fut la doyenne du Japon, a déclaré le jour de ses 116 ans qu'elle pensait avoir eu une longue vie parce qu'elle n'avait jamais été égoïste et avait remis complètement le soin de sa vie à la nature[3].

L'ego en Occident : Narcisse et le personnalisme

Il y a une nuance entre l'ego et la personne, l'ego étant plus limité, avec un sens souvent péjoratif, la personne correspondant à un aspect plus positif (voir par exemple la notion de dignité de la personne humaine). Cela dit, les deux restent très proches, et ont une même base. Le christianisme, comme la psychologie courante, a une notion de « noyau dur » de la personne, capable de résister aux pressions extérieures coûte que coûte et de s'affirmer individuellement. Cette notion de personne s'est développée avec le personnalisme dans les années 30, à une époque où l'individu était menacé par l'essor des totalitarismes et par une psychologie réductrice. J'ai parlé de la personne dans un texte donnant une vue d'ensemble sur le rapport entre non-dualisme et christianisme[4]. On pourrait dire en bref que les totalitarismes et les psychologies réductionnistes « sortent » de la personne par le bas, alors que la mystique et la psychologie traditionnelle de l'Orient en sortent par le haut, vont au-delà. Se constituer en tant que personne est nécessaire pour l'enfant et l'adolescent. Apprendre à respecter la personne de l'autre est important chez l'adulte jeune pour équilibrer la poussée primaire du désir physique dans le couple. Aller au-delà de la personne est une nécessité pour celui qui a atteint une maturité intérieure.

Le mythe de Narcisse[5] est interprété souvent de manière simpliste : « Ne pas trop s'occuper de soi-même, sinon on risque d'avoir des ennuis. » Mais plus que cela, on peut y reconnaître une évocation d'un itinéraire complet de méditation, surtout si on se réfère à la voie de la Connaissance. Le corps de Narcisse représente l'ego lié à l'identification au corps physique. Au début, Ovide le décrit beau comme de l'ivoire : c'est le stade du Narcisse préadolescent et complètement centré sur lui-même, donc *froid* comme de l'ivoire. Ensuite, il tombe amoureux de la nymphe Écho, mais celle-ci, au lieu de se donner physiquement, quitte son corps et ne fait que lui renvoyer ses propres paroles et pensées : cela souligne d'une façon on ne peut plus claire le caractère ultimement illusoire et projectif de l'amour physique qui ajoute à l'identification à son propre corps l'identification au corps de l'autre ; au lieu de saisir ce qu'on désirait, on se trouve confronté à ses propres projections mentales. Ceci amène Narcisse à se poser des questions, à revenir à lui-même et à se dédoubler en observateur et objet d'observation, ce qui est le fondement même de la voie de la Connaissance. Ce processus débouche sur la dissolution du corps, c'est-à-dire de l'ego basé sur l'identification au corps. Puis Ovide raconte que Narcisse continue à observer sa propre image dans les eaux du Styx, le fleuve souterrain. Reste à la place de son corps une fleur au cœur jaune, aux pétales blancs et au parfum pénétrant, que ses compagnons finissent par trouver. Ainsi, le méditant qui a abandonné l'identification au corps continue à observer le fleuve de conscience dans les profondeurs de lui-même. Le corps que voient ceux qui viennent le rencontrer n'est là qu'à cause de sa compassion pour les autres. Cette compassion, symbolisée par la fleur nommée narcisse, fait rayonner sa pureté et répand son parfum pour quiconque passe par là.

Réduire, comme le fait une certaine psychologie, la conscience qu'il y a au-dessus de l'ego au surmoi est une erreur évidente, même sans prendre en compte la spiritualité. Comment pourrait-on expliquer avec le seul surmoi l'intuition poétique, artistique ou même simplement intellectuelle ? De même on ne peut confondre le Ça (ou « Id » de la psychanalyse) et le Soi : cela reviendrait à identifier l'essence qui fait marcher la voiture au propriétaire de ladite voiture. L'ego, basé sur les forces instinctuelles de la nature, n'est pas irrémédiablement opposé à la culture : c'est une dualité qui, comme toutes les dualités, doit être transcendée. Ceci dit, on peut quand même trouver dans la psychanalyse une suggestion d'un état sans ego, lorsque la libido a désinvesti les fixations orales, anales et génitales et se trouve libre. À ce moment-là, une véritable conscience existentielle peut se développer. Jung et Christophe Colomb ont ceci en commun qu'ils ont trouvé tous deux quelque chose d'important mais se sont trompés sur sa nature. Christophe Colomb pensait avoir atteint l'Inde, mais il s'agissait de l'Amérique ; Jung pensait avoir trouvé le Soi au sens indien du terme, le but de l'évolution intérieure, mais il s'est laissé piéger dans les déterminismes de l'inconscient et n'a guère été capable de se stabiliser dans la surconscience.

La psychologie occidentale s'intéresse beaucoup aux complexes d'infériorité, etc., que peut développer l'ego, mais l'Orient dit que c'est l'ego en soi qui est un complexe, un double complexe pourrait-on dire, puisqu'il est emmêlé en lui-même et emmêlé au corps dans la mesure où il s'y identifie. Dans l'évolution, le paléocortex a été inclus et régulé par le néocortex ; de même, dans l'évolution intérieure, notre ego doit être inclus et régulé par le Soi.

Comme le dit Martine Quentric-Séguy, une psychothérapeute qui a vécu vingt ans en Asie : « Une différence que je vois entre bouddhisme et psychothérapie, c'est que cette dernière nous délivre de l'autre comme pseudo-responsable de nous et de nos vies, tandis que le bouddhisme nous délivre ultimement de l'idée du "moi", l'"agissant[6]". » La vraie thérapie a un effet « impersonnalisant » au bon sens du terme : certes, il y a des victimes, mais il n'y a pas de coupable.

En dehors du champ de la psychologie, de grands esprits comme Einstein avaient une idée nette de la nécessité du dépassement de l'ego : « La valeur véritable de l'être humain dépend d'abord de la mesure et du sens dans lequel il a atteint la libération de l'ego[7]. »

L'absence d'ego en Orient : puissante impersonnalité

Une distinction importante à faire pour comprendre la pensée indienne à propos de l'ego, c'est de différencier l'ego sattvique de l'absence d'ego. Il faut que l'aspirant spirituel transforme d'abord l'ego tamasique (paresse, etc.) en ego rajasique (capacité de travail, mais attachement et colère) puis sattvique (pureté, lumière, etc.). Ensuite seulement on peut espérer une réelle absence d'ego. On peut voir la nécessité de la constitution d'un ego sattvique dans le conseil de la *Bhagavad-Gita : «* C'est par soi-même seulement qu'on doit s'élever soi-même » (VI, 5). Dans la société indienne, la décision de prendre la vie monastique (*sannyas*), de tout quitter pour Dieu malgré une opposition fréquente de l'entourage, représente une manifestation de l'ego sattvique, qui n'est pas sans rapport avec l'individuation jungienne. Ceci n'empêche pas qu'ultimement la personne, l'ego ne pourront jamais être libres, car c'est justement de la personne et de l'ego qu'on doit se libérer. Pour exprimer ceci de façon claire, les sages aiment parler d'eux de manière impersonnelle : Ramakrishna disait « ici » en se désignant lui-même, Ramdas parlait de « Ramdas » comme s'il s'agissait de quelqu'un d'autre, Ma Anandamayi disait « ce corps ».

Nous allons maintenant envisager successivement l'ego sattvique et l'absence d'ego.

L'ego sattvique

Pour la pensée orientale, la conscience n'est piégée par l'ego que de façon temporaire. Arrivera un moment où elle sera de nouveau libre, si ce n'est dans cette vie, au moins dans une vie ultérieure. La vie psychique est divisée en quatre fonctions : *manas*, qui correspond au mental sensori-moteur et automatique, *chitta* qui correspond à la mémoire et à l'inconscient, *bouddhi* représentant l'intuition qui permet de décider (du point de vue intellectuel, moral ou absolu) et enfin *ahamkar*, l'ego, qu'on pourrait traduire littéralement par « ce qui fait "je" ». Ainsi, dans le mot même, l'*ahamkar* évoque plutôt un objet fabriqué qu'une entité simple et absolue. Ce qu'il faut bien comprendre, c'est que la psychologie spirituelle indienne n'a pas beaucoup d'intérêt pour les contenus du *manas* ou de l'*ahamkar*, mais qu'elle cherche surtout à démêler la *bouddhi* qui est prise en eux comme dans un filet.

Le mécanisme de défense le plus courant de l'ego est tellement évident que les psychologues n'ont pas pensé à le mentionner en tant que tel : il s'agit de la dispersion, la distraction (*vikshepa*). (Nous en reparlerons en détail dans le chapitre sur l'attention.) Il est intéressant de voir la similarité entre les mots sanskrits *chitta*, la mémoire, et *chinta*, le souci, l'inquiétude : l'idée que les problèmes viennent du passé était déjà implicite dans le vocabulaire sanskrit, un des plus proches de la source indo-européenne. On peut noter aussi en hindi le double sens de *sotch :* pensée et anxiété.

Pour conclure ces quelques réflexions sur l'ego sattvique, nous pouvons dire que renoncer à son ego ne signifie pas devenir l'esclave de l'ego des autres. Ma Anandamayi dit clairement : « Faites l'impossible pour ne jamais tomber sous l'influence de quelqu'un. Pour rester stable, calme, profondément sérieux, héroïque et garder votre personnalité intègre, pure et sainte, centrez-vous sur Dieu[8]. »

L'absence d'ego

L'absence d'ego n'est pas l'apanage de l'Inde : on trouve dans les textes taoïstes des expressions comme « aller comme une barque vide », « vomir son intelligence », « penser sans tête ». Le mot *atma* en sanskrit est intéressant, car, comme il n'y a pas de majuscules en devanagari, il peut signifier à la fois « soi-même », c'est-à-dire presque l'ego, et le Soi, c'est-à-dire le non-ego. Alors que je pensais que c'était un signe du caractère confus de la philosophie de l'Inde, j'ai réalisé ensuite que ce flou de signification rendait en fait exactement le flou de la réalité, dans la mesure où nous sommes en évolution dans un continuum allant de l'ego vers le non-ego.

Il y a quatre idolâtries ultimes : le corps ; soi-même considéré comme personne, c'est-à-dire l'ego ; le maître spirituel, considéré comme une personne physique ; et le Divin, considéré comme une personne métaphysique. Quand on se désidentifie *réellement* du corps, les trois autres idolâtries s'évanouissent d'elles-mêmes ; avant cela, elles gardent une réalité à leur niveau. L'identification au corps est profondément enracinée, même dans le langage : ne dit-on pas en anglais pour désigner une personne *somebody*, c'est-à-dire « un corps » ? La mort de l'ego apparaît, d'après le témoignage des mystiques qui l'ont vécue, comme plus terrible que la mort physique. Néanmoins, elle est en même temps un sujet de réjouissance. Nisargadatta la compare à la joie qu'on éprouve quand, après avoir cru qu'un ami était mort dans un terrible accident de train, on s'aperçoit finalement qu'il n'avait pas pris ce train [9]. L'ego et la permanence sont deux notions qui se soutiennent l'une l'autre comme deux infirmes : si l'on supprime l'une, l'autre s'effondre ; si l'on se centre sur l'impermanence, l'ego se dissout. Pour continuer avec Nisargadatta : « Remontez chaque action jusqu'à sa motivation égoïste, et regardez avec insistance cette motivation jusqu'à ce qu'elle se dissolve [10]. » Ce n'est pas seulement la motivation qui disparaît, mais la « peau de l'ego » si l'on peut dire : « Dans la paix et le silence, la peau du moi se dissout, l'intérieur et l'extérieur deviennent un. La pratique réelle est sans effort [11]. » Le résultat de ce processus est une non-peur fondamentale, comme le dit Nisargadatta à ses visiteurs : « Votre monde est quelque chose d'étranger, et vous en avez peur. Mon monde est moi-même, je suis à la maison[12]. »

L'ego en question : perspectives récentes de la psychologie occidentale

L'étude de la conscience a été longtemps évitée par les sciences cognitives. Francisco Varela, spécialiste dans ce domaine, a étudié dans son ouvrage, *L'Inscription corporelle de l'esprit*, comment les sciences cognitives en viennent à être en faveur d'une absence d'ego. Étant un ami du Dalaï-Lama, il fait un rapprochement de ces conceptions avec la voie du Milieu (*Madhyamika*). Il insiste sur le fait que la non-substantialité du monde peut tout à fait aller de pair avec le développement d'une éthique planétaire. Il montre en particulier comment le nihilisme de certains scientifiques ou amateurs de la déconstruction se pose comme un refus de l'objectivisme antérieur, et ne réussit donc pas à dépasser la dualité objectivisme/nihilisme comme le conseille le bouddhisme, et par exemple le sage Saraha (IXe siècle après J.-C.) qu'il cite en exergue de son ouvrage : « Ceux qui croient en la substantialité ne sont guère plus que des vaches ; ceux qui croient en la vacuité sont encore pires[13]. »

Une autre notion récente de psychologie, qui remet sérieusement en question les fondements d'un ego stable, est la « subpersonnalité ». On parle aussi de « personnalités multiples » ou d'« états de l'ego[14] ». J'aimerais préciser ces notions : une subpersonnalité est un état semi-autonome et semi-permanent de la personnalité capable d'agir comme une personne. Une subpersonnalité n'est pas une « chose », mais un flot d'énergie. En faisant une revue des divers courants de la psychologie actuelle, Rowan a trouvé vingt-cinq noms différents pour désigner ce phénomène de subpersonnalité : les personnes introjectées, les rôles, l'*animus*, l'anima (Jung), etc[15].

Les formes extrêmes correspondent à la dissociation schizophrénique, la mythomanie, l'hystérie et ce groupe nosologique qu'on appelle « psychose hystérique ». Mais les formes masquées de subpersonnalité sont très fréquentes ; elles peuvent par exemple être manifestées clairement sous hypnose. Les subpersonnalités ne sont pas en nombre indéfini. Rowan décrit parmi les plus fréquentes : « (...) le protecteur, le critique, le perfectionniste, l'activiste, celui qui est avide de pouvoir, le séducteur, l'enfant intérieur, et bien sûr le bon ou mauvais père et la bonne ou mauvaise mère[16] ». Le thérapeute devient une sorte de diplomate d'un gouvernement fédéral qui cherche à établir des accords entre les différentes provinces du pays, ou un chef d'orchestre qui harmonise les instruments entre eux.

Ces subpersonnalités représentent des forces plus que des personnalités, mais on peut leur parler, dialoguer avec elles. Leur venue régulière ou inattendue au premier plan permet de rendre compte de la plupart des changements de comportement d'un individu.

L'enfant a pris l'habitude de se dissocier quand il est confronté à des souffrances ou des traumas qu'il ne peut intégrer parce qu'ils sont pour lui incompréhensibles ; il peut s'agir par exemple d'abus sexuels. Cette dissociation d'urgence devient inadaptée quand elle se prolonge à long terme. Une forme bénigne de subpersonnalité se manifeste dans le dialogue de l'enfant avec un compagnon de jeu imaginaire.

Pour clore cette réflexion, nous pouvons mentionner l'intéressante étude de Hughes[17], qui a comparé un groupe de patients souffrant de dissociation pathologique et un groupe de « channels » (personnes qui pensent être à certains moments des canaux d'une force supérieure). Le groupe de patients avait subi des traumas dans l'enfance, présentait de la dépression, une tendance schizoïde, une compulsion des phénomènes de dissociation, pas de lien avec un mouvement socioculturel comme l'est le channelisme. Les channels, au contraire, avaient une maîtrise de ce qui leur arrivait et de leur capacité à « communiquer », et n'avaient pas ou peu de passé pathologique ; ils avaient plus d'expériences parapsychiques que les patients, et autant qu'un groupe équivalent de guérisseurs non channels. On ne peut donc pas considérer le « channelisme » comme une pathologie, même s'il n'est pas dénué de risques du point de vue spirituel.

La personne est plus qu'un masque (latin : *persona*), c'est toute une série de masques. Une façon pratique de méditer est de regarder son visage de l'intérieur, c'est-à-dire non plus le visage construit pour communiquer avec les autres, mais son visage relaxé, naturel,

« le visage qu'on avait avant la naissance » pour reprendre la formulation du koan Zen.

Nous disions plus haut que la vision habituelle de l'ego est celle d'un « noyau dur » au-dedans de nous-mêmes. Si l'on réussit à provoquer la fission de ce noyau, on parviendra à dégager une énergie considérable pour l'évolution intérieure, analogue à l'énergie de fission de l'atome. L'instinct de conservation qui assure la cohésion de l'ego correspond aux interactions fortes entre les composants du noyau. Par rapport à cet instinct, la sexualité, qui assure le soubassement des relations entre individus, est une interaction faible, analogue aux champs électromagnétiques qui permettent aux atomes de se regrouper en molécules, ou aux champs gravitationnels qui permettent aux étoiles de se regrouper en galaxies.

On critique d'habitude en psychologie l'ego idéal comme étant source d'illusions sur soi-même. Et c'est vrai, puisque le véritable idéal est l'absence d'ego. Ceci dit, en pratique, on a bien besoin d'un idéal de l'ego ; il faut qu'il soit comme celui qu'on surnomme le « lapin » devant un coureur qui s'entraîne : ni trop près, car le coureur risque de ralentir, ni trop loin, car il risque de se décourager. Après avoir suivi cet idéal de l'ego pendant longtemps, on a une chance d'atteindre réellement l'idéal au-delà de l'ego, c'est-à-dire la Libération.

La psychologie occidentale, basée sur le sens courant, a une vision superficielle des individus séparés comme des îles. La psychologie traditionnelle, par contre, sait qu'il y a un socle commun qui relie ces îles entre elles. L'ego a sa fonction dans le psychisme ; mais quand il s'hypertrophie, il peut devenir comme une tumeur relativement maligne. Méditer, c'est essayer d'être plus malin que la tumeur... Il faut de toutes façons savoir que l'ego en soi est incurable : le mieux est de s'en désidentifier directement. À ce moment, on atteint ce que la *Gita* décrit comme un état de stabilité « en soi-même et par soi-même », ou « dans le Soi et par le Soi ».

Cette expérience d'unité avec les autres est le fondement de la vraie compassion. Nous pourrons devenir alors disciples de cet enfant de trois ans qui disait à sa mère : « Je te m'aime. »

Le sage : puissante impersonnalité.

L'ego dit : « Je suis ceci ou cela. » Le Soi dit : « Je suis. » Le Soi, si sérieux soit-il, sourit en voyant le jeu du je.

Vouloir guérir l'ego par l'ego, c'est essayer de se soulever en tirant sur ses lacets de chaussures.

L'ego du prêcheur ou de l'écrivain spirituel est le plus difficile à identifier, car il se réfugie constamment derrière de belles idées comme une souris sous les meubles. Il est prisonnier du réseau de ses jugements et théories comme l'oiseau des filets de l'oiseleur.

À quoi cela sert-il d'être post-darwinien, post-freudien, post-chrétien ou même post-moderne si on n'est pas « post-soi-même » ?...

Quand un patient se sait atteint d'une maladie mortelle, il court désespérément d'un thérapeute à l'autre, quel qu'il soit, pour essayer de sauver sa peau.
Quand le pratiquant sent que la méditation commence à lui saper l'ego, il court désespérément d'un enseignement à l'autre pour sauver ses attachements. Il cherche à fuir le véritable enseignant spirituel.

Le retour à soi est rarement paisible ; seul le retour au Soi l'est.

Le progrès décisif : se vider si bien de l'ego qu'on en devienne débordant de Vacuité.

L'ego est un corset plâtré : la rigidité qu'il assure n'est force qu'en apparence. Par-dessous, les muscles sont atrophiés.

Être autosuffisant parce que gonflé d'ego, c'est le pire ; être autosuffisant parce que rempli de Soi, c'est le meilleur.

Les relations aident l'ego de l'enfant à se développer, mais elles atténuent celui de l'adulte. L'absence de relations, quant à elle, est utile pour celui qui fait retraite en lui en permettant de mettre au repos l'ego relationnel au point qu'il en devienne presque transparent.

J'ai beaucoup cherché, mais j'en suis arrivé à une psychologie simple, que je vous livre : l'ego est toujours malheureux, le Soi est toujours heureux.

Toutes nos attitudes outrées, voire outrancières, ne sont que des débordements de l'outre de l'ego. À crever sans tarder.

La solution fondamentale des innombrables problèmes de relation, c'est de trancher net sa relation à l'ego. Tout le reste nous sera donné par surcroît.

De même que c'est après un jeûne qu'on ressent vraiment le goût de la nourriture, de même, c'est après avoir touché en méditation l'Impersonnel qu'on apprécie réellement le goût du personnel.

Le méditant sait d'expérience que le retour à soi n'est pas vraiment paisible : mais quel autre chemin possible pour parvenir à la paix en soi, dont un autre nom est le Soi ?

Le personnel est un nid fragile dont la vocation principale est d'abriter l'œuf de l'Impersonnel.

Mieux vaut considérer son ego comme un enfant à éduquer. En effet, à quoi cela servirait-il de le considérer comme un ennemi mortel et de dire « lui ou moi », alors que précisément, « lui », c'est « moi » ?

Au début, le méditant est plein de lui-même ; ensuite, il est vide de lui-même, c'est-à-dire plein sans lui-même ; enfin, vide et plein passent, ne reste que la méditation.

Si on se concentre avec persévérance sur la frange « supérieure », la plus subtile de la Personne divine, l'Impersonnel se révélera de lui-même.

« Toi et moi nous sommes un », disent les amoureux ; mais avez-vous entendu par-derrière une petite voix persistante qui ajoutait : « Lequel ? »

Il y a quelque chose de commun entre le jeu de go et le jeu de l'ego : constamment essayer d'encercler, d'étouffer l'autre : qui saura arrêter ce supplice chinois ?...

L'être qui va, dépouillé d'ego, risque d'éveiller le désir spirituel de même que celui qui irait sans vêtements risquerait d'éveiller le désir sensuel. Qu'il soit prudent : il se pourrait bien que l'Autorité centrale engage des poursuites contre lui pour « attentat à la pudeur laïque »...

Une relation est un jeu de ping-pong : on est focalisé sur la balle des échanges, ou sur les raquettes du moi et du toi ; mais qui pense au « Lui », à cette table par laquelle le jeu est rendu possible ?

On dit parfois que la méditation est une régression au service de l'ego. Méfiez-vous quand même du jour de la révolution de palais, où le serviteur va renverser le roi ego pour de bon et régner à sa place.

Deux individus engagés dans une relation personnelle oscillent constamment entre le trop près ou le trop loin. L'Impersonnel, lui, n'oscille pas, il n'est ni trop près ni trop loin ; il est déjà ici et déjà partout.

Le psychisme est un jeu de rôle où l'acteur se cache si bien qu'on finit par douter qu'il existe vraiment.

Celui qui a un ego est comme une plaque de fer verticale : il prend les chocs de plein fouet ; celui qui n'en a pas est une plaque oblique : il répercute les coups vers le haut, vers l'au-delà de l'ego.

La puissante impersonnalité du sage fait plus pour toucher les couches profondes de l'être qu'une relation personnelle, si intime soit-elle : peut-on comparer au vent du large le courant d'air produit quand on souffle dans une paille ?

Avez-vous remarqué ce fait étonnant ? Moins les gens sont maîtres d'eux-mêmes, plus ils veulent l'être des autres.

L'individu est en réalité un double dividu : d'une part divisé à l'intérieur de lui-même, d'autre part divisé, séparé d'avec l'univers et d'avec Dieu. Le véritable individu, c'est donc le non-individu, celui qui a transcendé l'individualité dans un état où ni dualité ni division n'apparaissent.

Le « Je » universel qu'on vise par la pratique de la non-dualité n'a rien à voir avec le je-ego. Quand le J est devenu majuscule, comment pourrait-il en même temps rester minuscule ?

Le vrai processus de méditation est une implosion du mental en lui-même. Qu'en reste-t-il ? Une ombre lumineuse assez légère pour ne pas s'attacher ni être cause d'attachement : état béni, en vérité.

Vouloir juger les fruits de ses pratiques spirituelles est une entreprise délicate, voire égocentrique ; mieux vaut les offrir : à Dieu, au maître spirituel, à l'humanité, à qui vous voulez – mais les offrir.

Si on doit avoir un attachement personnel, que ce soit au Divin personnel-impersonnel.

Notre ego, notre mental ont une certaine réalité ; mais il s'agit d'une réalité virtuelle, pas d'une « réalité réelle ».

Le personnel est comme la cheminée d'un gouffre ; quand découvrirons-nous l'immense grotte sous-jacente ?

Le véritable abandon au Divin est une neige fraîchement tombée ; elle reste là, totalement là.

Désirer les humiliations, c'est vouloir être pris pour ce qu'on n'est pas ; mais la véritable humilité consiste à être ce qu'on est.

Quand on dit « J'adore cette personne », on pense que c'est au sens faible ; mais il se peut que ce soit au sens fort, car l'amour qui nous pousse vers l'autre, c'est l'amour du Tout Autre, qui n'est autre que le Tout : sentez-vous ce qu'il y a sous de simples mots ?

Ne pas mettre d'ego dans ses relations n'a jamais signifié devenir victime de l'ego des autres ; cela veut plutôt dire deviner la lumière derrière ces ego qui la voilent.

L'expression « psychologie transpersonnelle » repose sur un paradoxe : car quand on est réellement au-delà de la personne, qui donc a encore besoin de psychologie ?

De même que le savon qui est censé laver un vêtement peut le salir s'il n'est pas lui-même rincé, de même la méditation qui est censée purifier le mental peut le souiller si elle n'est pas prise dans un courant d'amour et de détachement.

Certains sourires – parce que venant de l'au-delà de la personne – peuvent faire voir un instant tous les trésors du ciel.

Dans la steppe immense de l'Impersonnel, on a planté la tente du personnel. Il y eut un soir, il y eut un matin, la tente a été pliée, la caravane repart.

Le personnel est un bout de bois emporté par la rivière de l'Impersonnel.
Le bout de bois passe, mais la rivière, tout en passant, reste.

L'ego n'est qu'un maillon entre l'instinct et le Soi ; l'homme n'est qu'un maillon entre l'animal et l'Homme.

À s'écouter parler, l'ego prospère ; en s'écoutant se taire, il se dissout.

8.

Imaginaire

> « Ce qu'on ne regarde pas avec le regard
> Ce par quoi on regarde le regard,
> Sache que c'est Cela qui est Brahman
> Et non pas ce que les gens adorent comme tel. »
>
> Kena Oupanishad, 6

Quelle est la caractéristique de l'*homo sapiens ?* On dit qu'il est un animal sociable, mais à la réflexion, on s'aperçoit que les fourmis et les abeilles forment des sociétés qui paraissent plus disciplinées que les nôtres... Le propre de l'homme semble plutôt être la capacité de pensée conceptuelle, d'évocation de l'absence par la présence, de l'invisible par le visible, en un mot, sa possibilité de symbolisation.

Les symboles naissent, vivent et meurent dans le fleuve parfois paisible, parfois tumultueux de l'imaginaire. Il est important, d'abord, de distinguer entre l'imaginaire au sens courant qui évoque la rêverie et l'*imaginal*, pour reprendre le terme d'Henry Corbin[1]. Ce terme évoque l'imagination concentrée sur un symbole religieux, comme dans le cas d'un moine tibétain qui médite régulièrement plusieurs heures par jour sur la représentation de Tchenrézi, le bodhisattva de la compassion. L'imaginaire est lié à l'inconscient, et risque de faire dévier s'il impose en maître ses fantaisies à la conscience. Paracelse, qui était un expert en symboles, n'hésitait pas à dire que « la fantaisie imaginaire est la pierre angulaire des fous ». À la fin du siècle dernier, on s'est intéressé à la psychologie de la conscience, ensuite on s'est passionné pour l'inconscient qui a partie liée avec l'imaginaire. Souhaitons que nous puissions voir, dans le siècle qui va bientôt s'ouvrir, un retour du subconscient, de l'esprit (par opposition à l'âme) et de l'imaginal qui sont les lignes de force d'une tradition spirituelle stable.

Le symbole répond à notre aspiration à l'unité : témoin Mircea Eliade qui le définissait en disant qu'il « révèle l'unité fondamentale de plusieurs zones du réel[2] ». De fait, le mot grec *sumbolon* désignait un objet qu'on brisait en deux fragments et que leurs propriétaires respectifs rapprochaient par la suite pour prouver qu'ils avaient eu partie liée ; ceci évoque également dans la culture grecque le mythe de l'androgyne tel qu'on le trouve décrit dans *Le Banquet* de Platon : l'homme et la femme sont les deux moitiés, les deux morceaux d'une unité primordiale perdue. Dans la tradition indienne, quand gourou et disciple se rencontrent, en fait ils se retrouvent car ils sont supposés avoir été ensemble dans une vie antérieure ; les deux moitiés reconstituent une unité. Le symbole ainsi que ses deux échos analogiques que sont la relation d'amour et la relation d'enseignement spirituel reflètent cette unité présente mais oubliée à laquelle nous aspirons d'autant plus que, quelque part, nous la possédons déjà.

On ne profite vraiment du symbole que quand on le médite. Bachelard, qui était pour toute une part de lui-même un rationaliste convaincu, dit à propos des images dans un de ses derniers livres (*La Poétique de la rêverie*) : « L'image ne peut être étudiée que par l'image, en rêvant les images telles qu'elles s'assemblent dans la rêverie. C'est un non-sens de prétendre vouloir étudier objectivement l'imagination puisqu'on ne reçoit vraiment l'image que si on l'admire[3]. » Bachelard avait pour projet d'écrire un livre supplémentaire sur l'« imagination active » ; autant dire qu'il s'acheminait à la fin de sa vie vers une forme de méditation. Un symbole est fait pour être contemplé, de même qu'une partition de musique est faite pour être jouée. N'est-il pas un peu triste de trouver au fond des malles du grenier une partition qui ne sera sans doute plus jouée ou une robe de bal qui ne sera plus portée ?

Dans l'histoire du christianisme, l'utilisation du mot latin *sacramentum* pour rendre le mot « mystère » des liturgies grecques semble traduire une tendance réductrice : le mystère, c'est-à-dire un symbole qui doit être contemplé, devient sacrement, c'est-à-dire une action de type plus répétitif, à efficacité garantie de manière juridique par l'institution romaine. Dans l'Église de la Contre-Réforme, le symbole cède le pas à l'allégorie, l'interprétation ouverte et personnalisée à l'équivalence univoque. Une dame qui tient une balance et un glaive représente la Justice, un point c'est tout. À l'opposé du symbolisme scolaire de l'allégorie se trouve le symbolisme ouvert du sage : pour lui, tout est reflet, tout est prégnant du divin, du Soi. L'apparence est devenue d'une telle transparence que le symbole n'existe pour ainsi dire plus, qu'il se résorbe en cette lumière d'où il vient, et où il doit reconduire.

L'imaginaire et le corps

L'éveil de l'énergie intérieure se manifeste à la fois dans le corps et dans les images mentales. Quand une image remonte dans un rêve éveillé ou dans un rêve nocturne lucide, on peut faire immédiatement trois sortes d'associations ; déjà avec un souvenir récent des jours qui précèdent, souvent avec un souvenir ancien qu'on croyait oublié, et toujours avec le vécu corporel instantané. Dans le rêve la géométrie même des images mentales d'apparition spontanée reflète la position des parties du corps qui sont ressenties au même moment. S'il se passe quelque chose d'intéressant au fond de la grande salle du château à gauche, on s'apercevra que le coude gauche, plié à 90 degrés, est sensible d'une manière ou d'une autre juste à ce moment-là. Bergson mentionne ce genre d'expérience. Il semble que l'objet du rêve plane entre le miroir du mental et le miroir du corps comme un nuage entre ciel et terre. Quand on a compris cette loi, on a fait un grand progrès : d'une part on peut mettre de côté, parmi tout le chaos d'images mentales qui remontent, celles qui semblent essentiellement liées à une sensation physique intercurrente : si l'on s'est tordu la cheville droite et qu'on rêve de quelqu'un qui a une chaussette de laine uniquement au pied droit, on comprendra facilement d'où vient l'image. Toutefois on n'expliquera pas pourquoi c'est le souvenir d'une personne donnée, et non d'une autre, qui remonte. Il faudra chercher cela dans les associations de souvenirs anciens ou récents. Cet effet de miroir constant entre la forme de l'image mentale et la « géographie » des sensations corporelles a été négligé par les psychologues jusqu'à une date récente, car cela semble réduire les interprétations psychodynamiques basées sur l'histoire du patient ; en fait, je ne le pense pas : les trois niveaux d'associations, sensations corporelles, souvenirs récents et souvenirs anciens se complètent les uns les autres pour expliquer le pourquoi d'une image mentale.

Par la relaxation, la respiration ou certaines petites transformations de la posture, on peut modifier la sensation corporelle, donc l'image visualisée. Par cette sorte de « dédoublement maîtrisé », on a une base solide pour faire évoluer son mental, à condition toutefois d'équilibrer après chaque séance l'expérience de rêve éveillé par une technique dynamique (hatha-yoga, etc.) afin de revenir à une conscience normale du corps. De plus, on comprend mieux l'importance de la posture de méditation qui assure et renforce l'orientation dynamique des images surgissant dans le mental, ce qui a un effet positif à la fois à court et à long terme. Quand on se repose dans la conscience du corps, on est à la source des images intérieures, de leurs associations possibles et donc de leurs interprétations possibles. C'est un état dans lequel le grand enfant rentre facilement car il est encore proche de son corps. L'adulte doit en général passer par la relaxation physique pour redécouvrir cet état de rêve éveillé.

La « projection » est une notion clé de la psychologie ; à mon sens, la projection fondamentale est celle de la « diapositive corporelle » sur l'écran mental. Nous sommes tellement fascinés par les couleurs chatoyantes de l'écran que nous en oublions la diapositive et la lumière de départ. La pratique de la méditation est sans cesse recentrée quand on a l'habitude de ramener instantanément les images mentales à leur base corporelle, comme un rayon lumineux qui revient à sa source après s'être reflété dans un miroir. Si l'on voulait donner un nom à ce processus, on ne parlerait plus de projection, mais de « rétrojection ».

Tant qu'on ne sera pas capable de ressentir directement dans le corps l'énergie psychique, on aura besoin d'images, de symboles pour la véhiculer. Des auteurs parlent à ce propos d'« approche phénoménologique », signifiant en pratique qu'on essaie d'être ouvert au moment même par exemple à un symbole sur lequel on se concentre. La traduction de ce symbole dans le corps peut être non seulement sensitive, comme dans le rêve éveillé, mais aussi motrice. Le fait de l'exprimer par une posture spontanée et précise en particulier des bras, des mains et des doigts, est une bonne forme de méditation. On retrouve ce type de travail dans les *mudras* (gestes sacrés) des danses et des rituels indiens.

Quand on a compris le moyen d'éveiller l'imaginaire, puis de le canaliser par une discipline de base qui est la même que celle nécessaire pour la méditation, et enfin de transformer cet imaginaire dans le sens souhaité, on a une bonne base pour agir par soi-même sur son propre mental. Un symbole a besoin d'être d'abord vécu dans le corps pour être intégré. Les symboles directement corporels, comme dans le Tantrisme (*chakras*, etc.) ou la Cabale, sont ainsi assimilables immédiatement, d'où leur intérêt et leur force. Le symbole donne corps à une intuition : en ce sens, le symbole corporel lui donne « double corps », et double poids. Le corps lui-même est le premier symbole.

Interprétations symboliques descendantes et ascendantes

Le symbole est l'équivalent dans le corps subtil de la colonne vertébrale dans le corps physique, en ce sens qu'il permet la communication des zones inférieures et des zones supérieures. Les interprétations descendantes sont nécessaires pour dégonfler les illusions de l'idéalisme facile ou faire tomber les masques de l'ego : mais quand elles sont systématiques, elles deviennent réductrices, comme dans le cas de la psychanalyse pure et dure qui ne voit dans tous les symboles et les mythes rien que la sexualité refoulée, ou le structuralisme qui ne voit en eux rien que des assemblages formels et logiques. L'interprétation ascendante prend de l'ampleur au cours de la vie spirituelle ; au début, elle est timide comme une fumée qui cherche sa voie vers le ciel mais qui est dissipée par le premier coup de vent, ensuite, elle devient impérieuse comme la flamme d'un brasier qu'on dirait vouloir aller jusqu'aux étoiles. L'interprétation descendante réduit le symbole à un symptôme, ne voit dans l'imaginaire qu'un épiphénomène de l'inconscient. L'interprétation ascendante épanouit le symbole en figuration du subconscient, en théophanie, et lui confère une vertu créatrice dans le monde subtil de l'imaginal.

Il est difficile d'établir une science pure des symboles indépendante de son application pratique en thérapie ou dans une voie spirituelle traditionnelle. On risque de tomber dans une sorte de dictionnaire par thème, une espèce de jeu de familles des images mentales : c'est intéressant, mais sans plus. On risque également de tomber dans le formalisme si on essaie d'établir une sorte d'algèbre des symboles complètement indépendante de leur contenu. Cela reviendrait à organiser un séminaire sur le thème « Qu'est-ce que la note de musique ? » au lieu de simplement jouer d'un instrument ou de chanter... Un des grands intérêts de l'interprétation descendante en thérapie, c'est de pouvoir contourner des résistances. Un élément négatif de l'inconscient qui n'osait pas se montrer au grand jour peut ressortir sous forme de symbole. Il y a par exemple une technique psychologique fort utile basée sur les ressemblances animales des visages humains. Cette analogie est exprimée clairement dans de nombreuses civilisations primitives où l'individu est associé à un animal-totem. Aristote en parle et

Giambattista Della Porta, un des savants universels qui ont illustré la Renaissance italienne, a développé ce sujet dans *De humana physiognoma* (1586).

Il s'agit de visualiser dans un état relaxé le visage d'une personne dont on souhaite mieux connaître la nature, ou dont on veut se détacher. Il ne s'agit pas de considérer son « sourire social », mais son état de base, quand elle est plutôt fatiguée ou un peu déprimée. On observe le visage d'animal qui s'associe spontanément. Il peut y en avoir plusieurs qui expriment sous forme symbolique les tendances instinctives de base de la personne. Cette technique était utilisée par Pierre Janet pour libérer certains de ses patients ou patientes de fixations affectives, le détour par le symbole animal permettant de contourner le mécanisme d'idéalisation et de voir objectivement les aspects négatifs d'une personne.

Une image remontant spontanément dans le mental traduit une aspiration profonde, mais est-ce une aspiration qui fera régresser ou progresser ? La distinction n'est pas toujours facile à faire, et pourtant elle est essentielle. Une interprétation isolée doit être intégrée dans l'orientation à long terme que le patient se propose sinon elle n'est guère utile, elle peut même créer une sorte d'encombrement du mental. Sénèque ne disait-il pas : « Il n'est pas de bon vent pour celui qui ne sait où il va » ? Aussi valable soit-elle, l'interprétation d'un symbole selon une grille donnée, c'est-à-dire son analyse intellectuelle, a un côté scolaire dont il ne faut pas rester prisonnier. En quoi l'oignon nous est le plus utile ? Quand on en pèle les différentes couches pour voir ce qu'il y a au centre, ou quand on le mange ? Il y a une certaine opposition entre la psychologie qui fait, sous l'influence de Jung, du symbole-archétype un instrument de métamorphose de la libido, et la conception traditionnelle développée par exemple dans *L'Imagination créatrice* d'Henry Corbin commentant Ibn 'Arabi. Dans cette vision des choses, il existe un monde intermédiaire, un monde subtil où les esprits se corporalisent et les corps se spiritualisent. Il est constitué d'une cascade de niveaux qui reflètent chacun la réalité suprême. L'interprétation ascendante évite de se perdre dans des interprétations multiples qui se subdivisent à l'infini. Elle cherche naturellement à se cristalliser sur une « interprétation » unique, qui en ce sens n'est plus une interprétation : voir partout le Soi, le Divin ou la Nature profonde. Ce recours incessant, qui peut sembler à première vue une sorte de panacée, correspond à une logique de la psychologie spirituelle. Nous ne sommes pas ici dans le domaine du corps et de la médecine, les lois sont différentes. Même Bachelard, malgré son point de départ rationaliste, est arrivé à percevoir cette nécessité quand il nous invite à « franchir la limite, à remonter le courant, à retrouver le grand lac aux eaux calmes où le temps se repose de couler. Et ce lac est en nous, comme une eau primitive, comme le milieu où une enfance immobile continue de séjourner[4] ». Il retrouve spontanément le symbole du *puer aeternus*, de l'enfant éternel cher aux traditions, que ce soit dans le *hadith* de la vision cité par les soufis ou le personnage de Dakshinamurti, le Gourou adolescent silencieux de l'hindouisme. Un esprit scientifique dira peut-être que cette confiance dans le pouvoir transformant du symbole nous mène en pleine magie ; mais réfléchissons : y a-t-il tant de différences entre le méditant qui change son esprit d'abord et modifie ensuite le monde autour de lui, et le scientifique qui découvre et conceptualise d'abord dans son esprit une nouvelle loi avant de la vérifier et de l'utiliser dans le monde extérieur ?

Les symboles doivent être hiérarchisés. Il me semble qu'on peut perdre beaucoup de temps si l'on doit attendre, comme ont tendance à le faire les jungiens, que les archétypes réellement spirituels apparaissent spontanément dans le rêve nocturne. C'est une attitude trop « contemplative », je puis dire cela sans hésitation après dix ans en Inde consacrés pour une part non négligeable à la méditation. Ne sommes-nous pas tous appelés à vivre ce genre d'archétypes ? Pourquoi ne pas les méditer consciemment dès qu'on en a la capacité ? Est-ce en se contentant de regarder l'Ombre, ou alors en l'éclairant, qu'on réussira à la dissiper ?

Les archétypes peuvent recouvrir des niveaux très différents : même des manifestations psychotiques peuvent avoir des ressemblances superficielles avec des images religieuses, leur « arrière-goût » émotionnel est tout différent et leur pouvoir évolutif est bien plus faible. Le symbole est semence, il a besoin d'une terre favorable pour se développer pleinement. Pour synthétiser cette idée d'évolution par le symbole, nous pouvons nous souvenir de ces quelques vers de Tilopa, le fondateur de la lignée tibétaine des Kagyupa. Il dit dans un chant spirituel intitulé le *Mahamudra du Gange :*

« Au début, l'activité de l'esprit
est une cascade tumultueuse,
Puis elle coule doucement
comme les flots du Gange,
Finalement ses eaux ressemblent
à l'enfant rencontrant sa mère[5]. »

Le symbole, aide ou obstacle ?

Le symbole est un moyen indispensable d'éducation spirituelle, c'est un vecteur de la tradition, et on ne peut guère en faire l'économie. Les histoires-enseignements, dont l'action peut être résumée en général en une image, sont des symboles un peu élargis. Il est intéressant de voir que les deux traditions qui rejettent peut-être le plus les images, c'est-à-dire le Zen et le Soufisme, apprécient particulièrement les histoires-enseignements, comme par compensation : chassez le symbole, il revient au galop... Si les symboles sont vecteurs d'une tradition, cela ne veut pas dire qu'on puisse remplacer celle-ci par la simple liste d'images et d'archétypes qu'elle utilise. Une tradition donne en plus des bases de comportement et des pratiques d'intériorisation qui permettent déjà de croire au pouvoir de ses symboles, puis de les intégrer et réaliser pleinement au cours de sa vie.

Le symbole n'est pas seulement le vecteur d'une énergie spirituelle qui se communique de génération en génération, ou d'homme à homme. Il facilitera la communication à l'intérieur même du psychisme ; une expérience de méditation associe en général un complexe de sensations à une certaine forme d'image mentale. Si l'expérience correspond à une prise de conscience utile, on peut la confirmer, la stabiliser dans la mémoire profonde en se concentrant sur cette image mentale pendant quelques respirations, quelques minutes ou plus selon ses besoins, ou ses capacités. On pourra éventuellement reprendre cette image par le mental par la suite, si l'on sent qu'elle est nécessaire pour se rééquilibrer ; elle prend alors la dimension d'un symbole qui favorise la communication intrapsychique. Certaines techniques de méditation, comme celles du bouddhisme tibétain, utilisent des images fixées. Elles sont des sortes de rituels intérieurs correspondant aux longues liturgies rythmant la vie quotidienne des monastères. Ce genre de méditation peut-il dégénérer en ritualisme intérieur ? À partir de quel moment un symbole cesse-t-il d'être une aide pour devenir un obstacle ?

Le symbole est un abat-jour : on ne peut séparer le fait qu'il atténue la lumière du fait qu'il la diffuse. En réfléchissant sur les mots mêmes, on peut s'apercevoir de cette ambivalence : le symbole associe deux choses, il se trouve entre elles. Par le fait même de « se trouver entre » *(dia-bolos)*, il sépare aussi, comme le « diable » s'interpose et divise. Le symbolique devient « diabolique » quand par exemple il cristallise une haine mutuelle : croix gammée contre étoile rouge, vingt millions de morts... D'un point de vue plus intérieur, le symbole a tendance à l'inertie, à être répétitivement pris pour une fin en soi. À un moment, il est un facteur d'éveil de succès quand on a le sentiment d'en pénétrer le sens profond, puis il peut devenir un facteur de somnolence quand on y revient mécaniquement. Le méditant s'endort sur ses lauriers, plante qui évoque d'abord la victoire, puis le sommeil.

Il y a une psychopathologie du fonctionnement symbolique ; elle est liée à une hypertrophie et à une baisse de qualité de la mécanique associative du mental. Tout objet, étant une source possible d'associations, est doué de prégnance symbolique. Dans les délires d'interprétation, tout devient symbole et renforce un a priori négatif, en général le sentiment d'être persécuté. Pour le délirant comme pour le sage, il n'y a pas de « nature morte ». Pour le premier, la nature est dangereusement vivante, pour le second, elle est heureusement éveillée.

Pour le schizophrène, l'usage du langage symbolique est une manifestation d'ambivalence : il veut communiquer, mais en même temps il ne le veut pas. Il parle par symboles, comme cela on ne le comprend pas, il peut donc se refermer en toute bonne conscience sur son isolement douloureux : « J'ai fait un effort pour me faire comprendre, pense-t-il, mais les autres sont trop stupides. » Cette complication torturante de la communication est visible dans la gestuelle même du patient : c'est ce qu'on appelle le maniérisme. Pour prendre un verre d'eau sur la table, le psychotique, au lieu d'avoir un geste simple, peut faire toute une série de circonvolutions avant d'atteindre le verre. On dit que la pensée du schizophrène est « diffluente », c'est-à-dire qu'elle est emportée de-ci de-là par l'imaginaire laissé à lui-même. De manière générale, ce qui gêne beaucoup de gens pour s'intéresser à l'imaginaire, c'est qu'ils ont le sentiment que son exploration est sans fin. La question est de savoir si on doit exploiter de manière illimitée la « carrière aux symboles », ou choisir quelques belles pierres et construire sa maison avec.

Une des caractéristiques du Nouvel Âge est une grande consommation d'imaginaire et de « SF » (spiritualité-fiction)... On découvre tout à coup le pouvoir de l'image mentale, et on va en « acheter » à l'occasion de stages de visualisation, de week-ends de voyages astraux, voire d'occultisme. C'est la loi de l'offre et de la demande, l'ensemble du tableau évoquant une sorte de « Disneyland spirituel ». Cela dit, il est possible que la « symbolophagie » soit une phase du développement spirituel difficile à éviter.

L'homme occidental fait de manière générale une grande consommation d'images par la presse, l'audiovisuel et la diffusion des livres illustrés. Il faut cependant bien distinguer entre l'imaginaire passif, imposé de l'extérieur, qui n'a pas un grand intérêt psychologique, et l'imaginaire actif, émergeant de l'intérieur, qui a l'avantage de déboucher assez naturellement sur une forme ou une autre de méditation et d'évolution. Les symboles, s'ils se multiplient et se développent sans contrôle, peuvent « cancériser » le mental, et faire s'embourber l'individu dans une sorte d'occultisme qui lui prend la majeure partie de son énergie. Il n'est pas sûr que cette sorte de surcharge psychique soit la meilleure aide pour avancer rapidement dans son long pèlerinage intérieur. Cela dit, il y a différentes voies possibles.

Au-delà du symbole

J'ai demandé un jour à un ermite qui a passé dix-sept ans pratiquement solitaire dans l'Himalaya ce qu'il pensait des symboles. Je croyais qu'avec l'expérience qu'il avait de son propre esprit, il pourrait me parler longuement des voies et des pièges du symbolisme. Il m'a juste dit : « Les symboles, moins on en a, mieux c'est ! »

Dans l'hindouisme et le bouddhisme, on vise à une perception directe de la Réalité dès ce monde. *Perception directe* (*Aparokshanubhuti*) est le titre d'une des œuvres brèves, mais célèbre de Shankaracharya, le promoteur de la philosophie de la non-dualité (Advaïta-Védanta) à la fin du dernier millénaire. Il dit : « L'aspirant doit pratiquer avec attention la méditation qui révèle sa félicité naturelle. Quand il en atteindra le plein contrôle, elle remontera spontanément, en un instant quand il en aura besoin[6]. » Le fait d'espérer la Réalisation dès cette vie, peut-être même très prochainement, amène à moins se perdre dans le détail des symboles. Il me semble important, quand on parle des voies qui insistent sur le rejet de tout symbole (voies apophatiques), de distinguer entre philosophie et mystique. La philosophie apophatique n'est guère compliquée : il suffit de répéter « pas ceci, pas cela » et d'expliquer, d'étoffer un peu cette méthode simple de manière intellectuelle ; mais quand on veut appliquer le même principe à une pratique mystique, c'est moins simple, c'est l'aventure d'une vie. Certes, il est facile de dire que tout symbole est une idole, d'affirmer avec Grégoire de Nysse que « les concepts créent des idoles de Dieu, seul le saisissement pressent quelque chose[7] ». Mais qu'est-ce au juste que ce saisissement qui permet d'aller au-delà du Dieu créé par les dogmes ? Quelle est cette semence qui, dit-on en Inde, contient tout l'univers ? Peut-on aller, et comment, à la source commune de la création et du Créateur ?

Si ces questions ne correspondent pas à une pratique personnelle intense, on risque de tomber dans le Védanta du dimanche ou le Zen de salon, ou encore dans un esthétisme sceptique et vaguement dépressif, comme c'est le cas de ceux qui sont fascinés par la philosophie de la déconstruction : « Nous croyons que le but dernier des sciences humaines n'est pas de constituer l'homme, mais de le dissoudre[8]. » Dissoudre l'homme, peut-être, mais dans quoi ? Si c'est dans une sorte de néant grisâtre, je ne vois guère l'intérêt. Il faut déjà être un bon méditant pour parvenir à faire périr son ego, en l'immergeant dans un flot prolongé de bonheur intérieur, mais après tout, n'est-ce pas la meilleure méthode ? Le fondement du bien-être n'est-il pas d'expérimenter que l'être est un bien ? C'est quand le pratiquant s'est perdu dans la félicité qu'il se retrouve vraiment. Après, son action est naturellement juste. Si cela pouvait servir de toile de fond aux sciences humaines, n'en deviendraient-elles pas des sciences plus humaines ? Quand la psychologie pensera sérieusement à dépasser son égocentrisme, il est possible qu'elle subisse une révolution copernicienne équivalente à celle de l'astronomie médiévale quand elle a abandonné son géocentrisme.

Là où il n'y a plus d'ego, il n'y a plus de symbole, car il n'y a plus personne pour en prendre conscience. Dans ce mouvement de dépassement, le processus d'individuation ne peut être qu'une étape : l'adolescent, quel que soit son âge légal, se détache de la famille, de son groupe social d'origine pour devenir un individu capable de dire « non » ; c'est une phase normale. Comme disait le poète : « Il faut être seul pour être grand. Mais il faut déjà être grand pour être seul[9]. » Cette phase mérite d'être suivie par un processus d'universalisation où l'on apprend à sentir et aimer la nature et les autres comme soi-même, où l'on apprend à dire « oui ».

Se dégager des symboles devrait être un processus aussi naturel que celui du serpent qui se défait de sa mue. La méditation aide ce métabolisme des images mentales : de leur anabolisme, c'est-à-dire de leur surgissement dans la conscience jusqu'à leur catabolisme, c'est-à-dire leur effacement. C'est par ce travail de digestion que le corps spirituel grandit, qu'il se dégage du multiple et du quantitatif. Abellio dit avec justesse : « Les sciences sont cumulatives, la vraie philosophie ne l'est pas[10]. » Les symboles d'une société traditionnelle s'organisent facilement de façon bipolaire et symétrique : les valeurs s'équilibrent par couples : pur/impur, fécond/stérile, yin/yang, etc. Cette alternance des contraires est la loi du monde lui-même. Le sage, de par le fait même qu'il en a la claire perception, dépasse ces contraires et devient, comme disent les Indiens, *dvandvatita* – au-delà des contraires. Si les symboles se répartissent spontanément de façon duelle, cela signifie que le non-symbole fait déboucher sur le non-duel : et le non-duel n'est-il pas un autre nom de l'Absolu ?

9.

Poétique

> « Nombreux sont ceux à qui il n'est jamais donné d'entendre cela.
> Nombreux aussi sont ceux qui l'entendant ne comprennent pas.
> Admirable est celui qui "sait" le communiquer.
> Béni celui qui l'obtient ! »
>
> Katha Oupanishad, 2-7
> (traduction Swami Abhishiktananda)

Les fleurs du silence : poétique méditative

N'y a-t-il pas un lien entre poésie et méditation ? Peut-on mettre en évidence et préciser certaines aspirations convergentes qui émergent lorsqu'on considère notre poésie occidentale et les pratiques d'intériorisation, souvent d'origine indienne ?

La poésie n'est pas si facile à définir : si nombreux sont les styles, les auteurs, les goûts. Toutefois, un critère simple me semble être celui-ci : une bonne poésie, c'est une poésie qui touche. Quels sont les principaux points communs entre poésie et mystique ? Le poète, comme le sage, cherche à « voir vraiment » les choses, les événements, les émotions simples de la vie. L'idée est facile à énoncer, sa réalisation est sans doute ce qu'il y a de plus difficile. Mystique et poésie ont en commun le désir d'immortaliser l'instant, et la capacité d'émerveillement : grande qualité, en effet, que de savoir conjuguer le verbe « s'émerveiller » à toutes les personnes du présent. Dans les deux voies, il faut une intériorisation, une douce « intravagance » est même tolérée, un affinement de la conscience est recherché.

L'insistance sur l'Art en tant que voie de développement intérieur me semble bien plus grande en Occident que par exemple en Inde, où je vis actuellement. Peut-être qu'à travers l'art, notre culture a recherché une mystique libre qu'il était difficile d'épanouir dans le domaine religieux, monopolisé par les Églises. L'art, la poésie ont servi de « soupape de sécurité » pour exprimer des expériences ou des intuitions qui auraient sans doute été condamnées si elles étaient apparues clairement sous une forme théologique. En Inde, étant donné le foisonnement des voies spirituelles, des techniques de méditation et des possibilités rituelles, beaucoup d'aspirations variées peuvent s'exprimer directement sous forme mystique sans avoir besoin de l'intermédiaire d'une technique artistique longue à maîtriser. Un des aspects de la poésie occidentale est la référence discrète à des valeurs païennes dans un milieu officiellement chrétien et, dans ses aspects les plus profonds, l'évocation d'une mystique de l'Un malgré le dualisme de la religion dominante. À travers l'amour courtois, le culte de la Dame et de la Muse, la poésie a continué à honorer la Déesse mère, sans autre rituel que celui des règles de l'art. La plupart de ces valeurs « païennes » étant représentées de manière manifeste et vivante en Inde, cela donne une certaine base au parallèle que j'esquisserai ici.

« Mais où sont les neiges d'antan ? »
Éloge de la nostalgie

Le désir de l'homme est déclenché par un je-ne-sais-quoi qui l'oriente comme l'étoile guide le navire dans sa traversée. Corneille interprète cela en termes d'amour humain : « ... ce je-ne-sais-quoi qui vers vous m'attire ». Saint Jean de la Croix élève son aspiration jusqu'au divin :

> « Jamais les beautés de ce monde
> Ne me rendront épris d'amour,
> Mais il est un je-ne-sais-quoi
> Que mon cœur brûle d'obtenir [1]. »

Ce qui éveille la nostalgie du poète, ce qui provoque la prise de conscience du méditant, c'est l'impermanence. Quand on lit une anthologie de poésie de bout en bout, on est frappé par la fréquence de ce thème. Le premier amour est mis en parallèle avec la mort, un des exemples les plus connus en étant l'élégie dans le *Lucie* de Musset : « Mes chers amis, quand je mourrai/ Plantez un saule au cimetière [2]... » Le premier amour est une naissance à la vie intérieure, car il oblige la conscience jusque-là extrovertie du grand enfant à revenir au-dedans. C'est aussi une mort, car il brise l'unité de l'enfance pour emporter dans le monde du désir, donc de la dualité. La mort physique, de son côté, est une naissance, car elle réintroduit dans l'espace de l'unité. N'est-ce pas également à cause du sentiment d'impermanence qu'une belle ruine émeut plus qu'un bâtiment en état ? L'image archétypale du poète assis sur le vieux rempart d'un château dominant la vallée, les pieds dans le vide, n'est-elle pas un reflet de notre condition humaine, suspendue entre être et non-être ?

On peut voir dans l'incertitude, la gaucherie feinte et les nuances dans lesquelles Verlaine était passé maître des reflets de cette impermanence : « Ô, la nuance seule fiance/Le rêve au rêve et la flûte au cor... » *(Art poétique)*. L'intérêt d'exprimer la fragilité, l'incomplétude, c'est de montrer qu'on les reconnaît et qu'on commence donc à les transcender : « Quand on accepte ses limites, on devient sans limites », dit une parole Zen. L'amour et la poésie ont en commun qu'ils font accepter la faiblesse de l'autre, bien-aimée ou poète, et qu'ils font se pardonner à soi-même, par effet de miroir, sa propre faiblesse.

La poésie cherche à immortaliser l'instant et indique ainsi l'unité sous-jacente du monde, puisque l'éternel est présent dans le fugitif. Baudelaire lance « à une passante » : « Car j'ignore où tu fuis, tu ne sais où je vais/Ô toi que j'eusse aimée, ô toi qui le savais ! »

Cette méditation sur le rapport du temps et du non-temps dépasse en un sens le poète : « ... mais appréhender le point d'intersection du temps et du non-temps, c'est une activité pour le saint[3] ». Il n'y a pas de poésie, au moins au sens où nous l'entendons, dans l'éternel pur : car que dire ? Il n'y a pas de poésie non plus dans l'impermanence en tant que telle, sinon tous seraient poètes, puisque tous y sont soumis. La poésie et sa chaleur naissent de la rencontre, du frottement des deux réalités, l'éternelle et l'impermanente, du contact de l'immobile et du mouvant. En ce sens, le sage qui a atteint le *sahaja samadhi*, c'est-à-dire qui peut vivre dans le flux de la vie courante tout en ayant la conscience stabilisée dans l'Absolu, est potentiellement le plus grand des poètes.

Le « choc poétique » est souvent lié à une remontée, à une bouffée d'associations sensorielles justes et imprévues ; en ce sens, il est proche d'une expérience de rêve éveillé, et même de méditation : n'est-il pas un rayon d'Absolu qui vient toucher la fleur à demi fermée du cœur et l'encourager à s'ouvrir un peu ? La méditation est poème de silence. Le souffle lui tient lieu d'inspiration, les retours répétés à l'objet de concentration lui tiennent lieu de rime et l'expiration de cadence ; la conscience la plus subtile lit le mental comme une page de poésie, en l'éclairant de sa lumière propre.

Du point de vue psychologique et poétique, il n'y a pas de nostalgie qui ne soit liée à l'enfance, au « vert paradis des amours enfantines » qu'on voudrait si possible « animer encore d'une voix argentine » (Baudelaire, « Maesta et errabunda »). Du point de vue spirituel, l'esprit d'enfance est une qualité fondamentale, peut-être parce qu'elle évoque tout ensemble simplicité et unité :

« Quand nous étions tous ensemble
Sur nos collines d'autrefois
Où l'eau court, où le buisson tremble
Dans la maison qui touche aux bois... » (Hugo, *Les Contemplations)*

L'enfance que recherche le poète n'est pas l'enfance pleine de traumas et de cicatrices, l'enfance « balafrée » de la psychanalyse. Malgré son intérêt pour cette discipline, Bachelard s'en sépare quand il s'agit de déterminer quelle conception de l'enfance est utile en pratique à l'adulte : « Les poètes aideront à retrouver en nous cette enfance vivante, cette enfance permanente, durable, immobile[4]. » L'état évoqué par cette définition est en fait une enfance au-delà de l'enfance, une réalité que les hindous rapprocheraient volontiers du Soi. Le travail intérieur nécessaire pour parvenir à cette expérience purifiée de nos jeunes années, en prenant comme point de départ les souvenirs mélangés, aigres-doux que nous en avons a priori, est un travail thérapeutique en soi qui débouche sur une méditation plus large, plus cosmique. Qui pourra jamais enfermer le songe de l'enfant rêveur ?

Si la poésie, comme la spiritualité, insiste sur l'enfance, c'est peut-être à cause du souvenir de cet état de calme qui avait précédé l'apparition de la vie sexuelle et de ses tumultes. Évoquer en nous l'enfance immédiate signifie se mettre dans un état au-delà du désir, de la dualité, devenir le lac qui existait, existe et existera toujours en amont du torrent où notre mental habituel est emporté. En nous baignant dans ce lac, les concrétions traumatiques du passé se trouvent naturellement dissoutes ; les blessures sont cicatrisées par les vertus curatives des eaux calmes du principe féminin-maternel de l'*anima.* Bachelard, qui évoque ce type d'images, retrouve spontanément un symbolisme proche de celui de la poupée de sel qui fond dans l'océan, tel qu'on le rencontre dans le Védanta. Il propose un véritable travail de méditation basé sur des images poétiques purifiées, sur lesquelles il se concentre dans un état de repos heureux et auxquelles il donne progressivement une dimension cosmique.

La concentration sur l'enfance favorise certes un renforcement du complexe d'Œdipe, mais c'est un renforcement utile, qui permet de libérer l'énergie du désir physique et répétitif pour explorer des zones plus subtiles, moins connues de la conscience. Goethe affirme que « l'éternel féminin nous attire vers le haut », Patrice de La Tour du Pin dit que « le poète trouve sa base en s'élevant ». Baudelaire demande à son cœur ce qu'il pourra dire « À la très belle, à la très bonne, à la très chère/Dont le regard divin t'a soudain refleuri ». Quand celle-ci révèle son identité à la fin du sonnet, il s'agit d'une identité à facettes multiples, et plutôt féminine : « Je suis l'Ange gardien, la Muse et la Madone » (« Spleen et Idéal », *Les Fleurs du mal*). Quand le même Baudelaire se trouve confronté au « néant vaste et noir » (dans « Harmonie du soir »), il se raccroche à la mémoire d'une figure qu'on peut supposer féminine : « Ton souvenir luit en moi comme un ostensoir. » Quoi qu'il en soit, le besoin de retour à la mère au-dedans de soi est une base de la psychologie tant chez l'homme que chez la femme, et donne un fondement au travail intérieur de guérison et d'évolution, ainsi que l'évoque Milosz en une formule lapidaire : « Solitude, ma mère, redites-moi ma vie. »

D'ombres, de lumière et de vide : poésie noire et poésie blanche

À l'occasion de ce parallèle que nous faisons entre poésie et méditation, il me semble utile de présenter quelques idées-forces de Kenneth White, telles qu'on peut les trouver par exemple dans *La Figure du dehors*[5]. Bien qu'enseignant la poésie du XXe siècle à la Sorbonne, Kenneth White réussit à vivre le plus clair de son temps dans une chaumière bretonne du Trégorrois, où il se trouve que je lui ai rendu visite. Il a donné pour nom à ce lieu de retraite « Gwenved », « le monde blanc » : tout un programme !... Pour lui, il y a la poésie blanche qui mène au fondement de l'être, à un état au-delà de la personne, et la poésie noire qui essaie de conférer une certaine esthétique à des états clairement morbides de la psyché. Un écrivain comme Henri Michaux dans *Un barbare en Asie* établit cette différence entre la poésie européenne et le transcendantalisme américain inspiré par l'Orient, sans doute de manière excessive : « Toute la littérature européenne est de souffrance, jamais de sagesse. Il faut attendre les Américains Walt Whitman et l'auteur de *Walden* [Henry Thoreau] pour entendre un autre accent[6]. »

La poésie blanche s'échappe de la culture moderne qui nous enferme, de la culture-clôture, pour nous donner rendez-vous dans l'espace premier, dans le lieu originaire au-delà de la dialectique ancien/moderne.

Sont tout particulièrement liés à cet espace le celtisme, le chamanisme du nord et le Zen ; tous trois ayant un contact direct et inspiré avec l'environnement. Ce sont des cultures dont les représentants « peuvent avoir, parce qu'ils ont l'œil lavé par les exercices spirituels, une vision presque surnaturellement pure des choses naturelles » (Robin Flower, *The Irish Tradition*). La poésie, comme la mystique, suit le chemin des oiseaux. Elle aime les rivages qui respirent, les espaces qui s'étirent, les vagues aux mille reflets, la vacuité. Elle fait peur aux agoraphobes de l'esprit, qui préfèrent s'enfermer à double tour derrière les portes blindées de leur ego.

La méditation, le Zen, peut libérer le pratiquant non seulement des conditionnements sociaux, mais aussi de ceux dus à l'inconscient collectif. C'est une vérité que le maître Zen Hisamatsu de Kyoto a assenée, non sans quelque humour, à Carl Gustav Jung qui était venu le visiter... Il est bien nécessaire de réunir les efforts du poétique et du spirituel pour libérer ce qu'il reste de l'homme dans l'homme moderne, pour dégager le « cybernanthrope » qu'il est en train de devenir de ses programmations. Notre société semble parfois dirigée par l'Ordinateur central des Destinées décidant du profil standard et du bonheur standard de pauvres gens à la personnalité standard.

L'errant et l'ermite sont les seuls rôles seyant au poète, comme d'ailleurs au renonçant en Inde. De fait, le poète est une sorte de yogi, comme le dit René Daumal lui-même : « L'opération poétique est un véritable travail du poète, non seulement pour connaître les lois de sa matière et les règles de son métier, mais aussi, travail intérieur pour s'ordonner et se discipliner lui-même afin de devenir un meilleur instrument des fonctions "supranaturelles" – en somme une sorte de yoga[7]. »

La littérature d'avant-garde, aujourd'hui, est sans doute influencée par l'Orient, dans la mesure où elle se réfère spontanément à un « moi fissuré ». Puisse cette fissure s'élargir pour que « Gwenved », « le monde blanc », puisse s'y infiltrer, inonder la maison de l'ego et finalement l'emporter, libérant ainsi de nouvelles possibilités d'être au monde. À l'aube du troisième millénaire, l'Orient peut nous apporter une orientation beaucoup plus qu'un orientalisme. Il recèle « un élément vital pour l'être humain, quelque chose qui, s'il arrivait à s'en saisir et à l'intégrer, pourrait modifier la vie d'un homme et le mener à la liberté, quelque chose dont l'absence rend l'idée même d'une existence accomplie impossible à concevoir[8] ».

En Orient, le progrès spirituel repose sur un trépied : la lecture, la méditation et le maître spirituel. Kenneth White, bon intellectuel occidental en cela, semble surtout se contenter de la lecture et paraît peu préoccupé de méditation au sens habituel du terme ou de maître spirituel. Souhaitons qu'il découvre un jour que leur rôle n'est pas d'enfermer mais de libérer. Étudiant le Zen et poète à orientation spirituelle, il revient souvent à l'expérience de la vacuité qu'il baptise parfois à sa manière « surnihilisme ». Je regrette qu'il parle moins par contre de ce qui, dans la tradition du Mahayana, représente le facteur équilibrant de la vacuité, la seconde aile de l'oiseau spirituel, c'est-à-dire la compassion.

Le poète prend une dimension de sage, de yogi, quand il est défini à la suite de Whitman comme « le seul homme complet » ou, à la manière de Blake, comme celui qui a obtenu la « jouissance éternelle ». Cette jouissance, soit dit en passant, rappelle l'*ananda* de la tradition hindoue.

Sa volonté d'expérimenter le « monde blanc » équivaut à la pratique du yogi qui vise le pur sattva, la qualité de pureté, de légèreté dont la couleur symbolique est le blanc. S'il réussit à se stabiliser dans ce « grand blanc », un moment arrivera où il basculera spontanément dans la vacuité.

Kenneth White exprime cet idéal dans un haïku de sa composition qui conclut et ouvre à la fois vers l'éternel présent son essai *La Figure du dehors :*

« Villages enfumés
collines embrumées
blancheur de la montagne[9]. »

« La poésie, c'est la mémoire de l'Un »

Par cette définition, Yves Bonnefoy[10] nous installe d'emblée dans ce champ commun de la poésie et de la méditation qui est l'objet de ce chapitre. Il revient à l'unité comme à une base ultime dans ses définitions de la poésie, diamant aux mille facettes, dans sa foi en elle, dans sa critique de la critique poétique et de l'imaginaire. Il me paraît bon de résumer ici des éléments qui sont à mon sens spirituels et méditatifs, de ces *Entretiens sur la poésie* réunissant presque vingt ans de réflexion, conversations et textes divers sur le sujet. On y trouve notamment « La présence et l'image », leçon inaugurale de la chaire d'études comparées de la fonction poétique au Collège de France. J'essaierai de faire ce résumé autant que possible dans les propres termes d'Yves Bonnefoy, en commençant par une autre définition qu'il donne de la poésie, et qui pourrait caractériser aussi bien la méditation : « De quoi est faite la poésie, si ce n'est d'unité, d'unité vraie qu'on a pu rejoindre, c'est-à-dire d'assentiment [11]. »

L'unité est la clé de voûte de l'expression poétique, c'est vers elle que tout converge, et c'est dans la mesure où le poète se relie à cette unité qu'il parvient à être. Yves Bonnefoy a lu Plotin et a été frappé par la doctrine néoplatonicienne de l'unité, si proche sur bien des points du Védanta en Inde [12]. De cette unité jaillit une force, antérieure à toute langue, et qui mérite le nom de « parole ». Cette parole est du langage « lavé à grande eau ». Elle est faite de mots, mais rafraîchis, purifiés par l'art du poète. Les noms communs eux-mêmes deviennent plus brillants, plus vivaces, et l'on peut dire : « En poésie, il n'y a que des noms propres [13]. » Yves Bonnefoy a consacré un essai à « l'arrière-pays » (Flammarion, 1982) qui évoque, dans son langage, cette zone de conscience crépusculaire où la poésie naît. La méditation permet d'explorer cet « arrière-pays », de voir en face les souvenirs, les *vasanas*, pour reprendre le mot sanskrit dont un des sens est « arrière-goût » ; celui qui saura percevoir « l'arrière-goût de l'arrière-pays » est mûr pour la création poétique. L'intention fondamentale de celle-ci est de susciter une présence, cette présence que Rilke appelait « l'Ouvert ».

Depuis un siècle déjà, la communication poétique est en crise. L'Occidental d'aujourd'hui ne peut retrouver ses émotions ordinaires clarifiées et approfondies dans la beauté d'un poème. Le malheur de la poésie moderne, c'est qu'elle développe un langage individuel de l'écrivain dans lequel il s'enferme. Il existe en nous un « haut désir », distinct de l'éros, qui vise à la transcendance. « Ce qu'il veut, c'est être en mesure de percevoir comme un tout soudain “un et indivisible” ce monde qui n'est vécu pour l'instant que fragmenté et par le dehors [14]. » On ne peut définir plus clairement l'expérience mystique, en particulier celle de l'Inde depuis les Oupanishads. Malheureusement, en Occident actuellement, ce « haut désir » est refoulé. Les analyses réductionnistes voudraient ramener le poème à la structure, et les symboles au fantasme. Les surréalistes, en voulant libérer les sources créatrices de l'inconscient, se sont souvent perdus dans le « n'importe quoi » de la diffluence mentale ou bien leur spontanéité a été récupérée subtilement par des a priori théoriques. André Breton, par exemple, rêvait sa pensée au lieu de penser son rêve. Du point de vue spirituel, il s'intéressait fort à la magie et a perdu confiance dans la lumière de l'Un reposant paisiblement dans sa non-différenciation ; il s'est senti de plus en plus épié, guetté, par la surréalité du monde extérieur devenu inquiétant comme s'il était pénétré d'une mauvaise présence.

L'époque moderne – au moins ses intellectuels – a du mal à ressentir l'existence de l'être et du sens comme donnée fondamentale qui n'ait pas besoin d'être démontrée. C'est malheureux, car « la déconstruction de l'antique visée ontologiquc (...), son affaiblissement dans des situations concrètes s'accompagnent d'un risque de décomposition et de mort pour la société tout entière [15] ». Les critiques ont peur du poète comme de l'enfant : ils préfèrent le mettre à l'écart, presque l'anesthésier et ne pas écouter ce qu'il aurait éventuellement à dire sur son propre poème ; ils dissèquent son texte avec les bistouris aseptisés de leurs théories diverses et variées. Quant à l'écrivain lui-même, « en cette époque moderne où l'effacement du sacré oblige à un cheminement solitaire, il est condamné à être dans l'oubli constant du but même de sa recherche ».

Pour préciser cette crise de la crédibilité poétique et envisager les moyens de la dépasser, il n'est pas inutile de reprendre la distinction entre « imaginaire » et « imaginal » abordée dans le chapitre précédent. L'imaginaire est la rêverie associative diffluente habituelle. L'imaginal, par contre, survient dans un état de conscience modifié, mais avec une concentration, une convergence mentale maintenue. Il représente l'apparition de la vision, force créatrice purifiée agissant dans le monde intérieur. Pour ceux, nombreux, qui vivent en plein matérialisme, l'éveil de l'imaginaire est la première marche à monter. Une société sans imaginaire serait une sorte de monde concentrationnaire où seuls les ordinateurs se sentiraient à l'aise, ainsi que ces pauvres gens qui finissent par leur ressembler tellement ils fonctionnent de manière automatique. Par l'éveil de l'imaginaire, les représentations mentales surviendront en abondance, « serrées comme les grains sur la grappe ». Il s'agira non seulement des images visuelles, mais aussi des images sonores qui sont la base de la musicalité poétique. Cette musicalité a des liens profonds avec l'amour ; Shakespeare ne disait-il pas : « *Music is food for love* (La musique est une nourriture pour l'amour) ? »

Il est bien possible que Baudelaire ait eut une forte expérience de l'imaginal quand il évoque « le culte des images, ma grande, mon unique, ma primitive passion [16] ». Cela ne veut pas dire qu'il ait réussi à maîtriser complètement l'imaginaire qui revient de manière quasi cauchemardesque dans bien des poèmes des *Fleurs du mal.* Pourtant, cette maîtrise est nécessaire, car elle permet de passer au plan supérieur de l'imaginal. « La poésie est autant la critique du rêve que sa forme la plus extrême. » Le poète ressent ainsi le même type de paradoxe que le védantin ; il apprend à la fois à considérer le monde comme un rêve et à critiquer ce rêve pour atteindre l'éveil. Rimbaud évoque puissamment cet au-delà de l'imaginaire et du poétique, cette beauté de l'existence en soi, non verbale, quand il dit à la fin de son œuvre poétique : « Cependant, c'est la veille. Recevons tous les influx de tendresse et de vigueur réelle. Et à l'aurore, armés d'une ardente patience, nous entrerons aux splendides villes [17]. » Il abandonnera l'instabilité de l'imaginaire poétique pour aller vers d'autres expériences de vie. Certains poètes réussissent à le rester en développant leur imaginal, la forme vraie qui triomphe de l'imaginaire diffluent et de ses peurs rampantes. Ils ne sont ni idolâtres ni iconoclastes. Leur itinéraire monte, par le sentier de l'imaginaire et de l'imaginal, vers les hautes falaises de l'Éveil.

Un bon poème, comme un bon texte spirituel, est celui qui nous arrête, qui nous fait lever les yeux du livre et tourner le regard en dedans, saisis que nous sommes par un état de méditation spontanée. Dans la vraie poésie, la dimension religieuse est toujours présente. L'écrivain la sentira s'il a la maturité spirituelle suffisante et ne laisse pas le labyrinthe de l'écriture et de ses techniques piéger son mental. Avant l'acte d'écrire, un temps de silence est nécessaire ; au fond, ce silence est en continuité avec le silence des origines, et il devrait se prolonger durant l'acte même d'écrire. L'acte poétique est une ordalie incessante, où les paroles candidates à l'expression sont passées au feu de la connaissance et du sentiment juste. Beaucoup sont éliminées spontanément et quelques-unes restent. La parole poétique peut devenir parole prophétique dans la mesure où l'expérience intérieure de son auteur lui insuffle suffisamment d'énergie ; et au-delà, elle peut devenir parole de sagesse, si l'énergie réussit à s'épanouir en amour conscient.

La poésie est spirituelle par le fait qu'elle est vérité. Goethe a intitulé à juste titre une de ses œuvres « Poésie et vérité ». Nous avons vu qu'en Inde, on considère qu'il y a une énergie spéciale dans la parole de celui qui ne dit que la vérité : on pense qu'au bout de douze ans, tout ce qu'il dira se réalisera, c'est le *Vak-siddhi*, le pouvoir qui transforme un simple mot en parole sacrée. La poésie réaccorde l'instrument du langage et le fait sonner juste. Le poète, comme le mystique, doit garder les yeux fixés sur la naissance et la mort, même si cela est parfois aussi difficile que de contempler le soleil.

La relation de l'être parlant et de l'Unique est sous le signe du manque ; mais le poète qui persévère dans son insatisfaction consciente saura retrouver « la langue des choses simples, qui est bien celle au sein de laquelle l'Un, qui est infiniment proche, peut venir frapper à la vitre[18] ». Il obtiendra la faculté de revenir « à cette aube de la parole, où le mot émerge à peine de l'Un ».

« Vers d'autres cieux, à d'autres amours. »
Le poète peut-il s'évader vers lui-même ?

> « Que ton vers soit la chose envolée
> Qu'on sent qui fuit d'une âme en allée
> Vers d'autres cieux, à d'autres amours. » (Verlaine, *Art poétique*)

Par ces vers, Verlaine revendique en fait le droit de tout un chacun à l'échappée « mystico-sensuelle », à tout ce que les productivistes, matérialistes, clercs et autres moralistes condamnent au nom de leurs théories respectives. Mais n'est-ce pas la fonction du poète de pouvoir dire ce qui ne peut se dire dans la société habituelle ? Celle du thérapeute de pouvoir entendre ce qui ne peut s'écouter d'ordinaire ? Et celle du méditant de pouvoir ressentir ce qu'on tait d'habitude ? Beaucoup de gens se fuient eux-mêmes dans le travail ou dans des relations en tout genre. D'autres peuvent également continuer à se fuir en croyant se livrer à l'introspection, car ils se perdent dans les couches superficielles de leur mental ; cependant, dans les meilleurs des cas, l'« évasion » réussie correspond à une libération spirituelle, comme l'évoque saint Jean de la Croix en faisant parler l'âme au début d'un de ses poèmes les plus célèbres :

« Au milieu d'une nuit obscure
D'angoisses d'amour enflammée
Oh, la bienheureuse fortune !
Je sortis sans être aperçue,
Ma demeure étant pacifiée[19]. »

Dans le christianisme, l'archétype, le modèle de cette libération est représenté par l'évasion des Apôtres hors de la prison grâce à l'intervention de l'Ange (Ac, 5-19).

La poésie exprime une contradiction dont ne peuvent rendre compte séparément ni le moralisme ni la débauche. En ce sens, elle se situe déjà, par la prise de conscience, hors de la dualité, elle est déjà méditation. On peut toutefois se demander à certains moments si le fait d'évoquer des sentiments négatifs aide à les dépasser. On dit que « les bons sentiments ne font pas la bonne poésie » ; mais est-ce que les mauvais sentiments en font une meilleure ? Dans quel cas la poésie est-elle une rumination morbide, dans quel cas est-elle une sublimation réussie ? Je pense que cela dépend entièrement de la qualité du poète, ainsi que du lecteur. Parfois, les sentiments négatifs ont une action de thérapie homéopathique sur la psyché quand ils sont bien dosés, ou bien ils sont trop puissants ou mal maniés et ils l'empoisonnent. Les poètes déculpabilisent certes en montrant les faiblesses communes, ne déresponsabilisent-ils pas le lecteur en lui suggérant qu'il est médiocre mais dans la norme ? Peut-être y a-t-il une sorte de masochisme dans la fascination, par exemple, pour certaines tragédies classiques, où le héros (ou l'héroïne) oscille et se débat indéfiniment entre le désir et la peur, entre le crime et l'expiation.

Il est intéressant de se demander pourquoi et jusqu'à quel point la poésie est rédemptrice dans le cas des poètes maudits. Quand Verlaine est enfermé à la prison de Mons en proie au remords, la poésie qu'il écrit l'apaise comme une méditation : « Le ciel est par-dessus le toit/Si bleu, si calme... » La lumière douce d'un beau poème nous fait reconsidérer d'anciens chagrins avec un certain sourire : en cela elle est méditation, elle est conscience. Du point de vue du lecteur, peut-être que l'œuvre d'un poète maudit est saisissante au même titre que la fleur de lotus qui prend ses racines dans la fange. Au fond ce lecteur, par identification, ne met-il pas en valeur ses propres parcelles de lumière ? Celui qui a mal vécu est pardonné s'il a créé une œuvre poétique réussie, aux yeux des hommes – et peut-être même aux yeux de Dieu.

« C'est si biau que je n'y comprends rien !... »
Les poètes sont-ils crédibles ?

Quand Molière met ces mots dans la bouche de monsieur Jourdain, il résume une difficulté, une limite de la communication poétique : le formalisme qui cache un manque d'inspiration ou qui masque des sentiments médiocres. Les mots sont alors une masse de fleurs qui ne recouvrent en fait qu'un tombeau. Nietzsche, dans *Zarathoustra*, n'hésita pas à remettre en cause les poètes : « Ils sont tous, à mon avis, superficiels, ils sont des mers peu profondes (...). Un peu de volupté et un peu d'ennui : voilà ce qui a encore été le meilleur de leur méditation[20]. » René-Guy Cadou, malgré sa grande foi dans la « poésie, la vie entière », n'est pas très optimiste dans une pièce qu'il a intitulée lui-même « Testament » :

> « Dans le cirque des mots
> J'ai fait trop de voltige
> Trop d'oiseaux sont venus
> S'appuyer à ma tige
> Je ne puis rien pour vous[21]. »

Le poète, contrairement au méditant qui est seul en lui-même, a la tentation de forcer sur ses sentiments pour plaire au public, de, pourrait-on dire, tirer sur les fleurs du mal pour qu'elles poussent plus vite. Ce théâtralisme potentiel nuit à sa crédibilité. Une chose est de charmer, une autre d'éveiller chez les autres, comme le fait un maître spirituel, une énergie, un enthousiasme pour avancer dans la vie et dans la connaissance de soi-même. Faut-il voir dans le célèbre « Cueillez dès aujourd'hui les roses de la vie » de Ronsard un enseignement élevé de la mystique de l'instant, ou le charme souriant d'un paganisme désuet, ou une façade poétique tentant d'embellir une mentalité de jouisseur fatigué ? Il n'y a pas de hâte à trancher, une poésie reflète plusieurs niveaux de lecture. Il faudrait très bien connaître la vie d'un poète pour se rendre compte comment il a réalisé dans sa vie ce spirituel qu'il a entrevu dans son œuvre.

La poésie, fine fleur du langage, est une chance rare pour l'homme : par elle, il peut transmettre les nuances et parfums subtils d'une expérience intérieure, si volatile, par-delà la faille des siècles ; mais parfois, ne se donne-t-il pas beaucoup de mal pour ne faire passer finalement qu'un frisson, un « petit tournis » pour reprendre le titre d'un ensemble de pièces d'un poète anglais contemporain, T.S. Eliot ? Combien de millions de vers ont été complètement oubliés ? Face à cela, l'enseignement spirituel, qui permet aussi de transmettre l'expérience intérieure dans le temps, et la méditation, apparemment non créatrice, gardent leur valeur propre. René-Guy Cadou faisait remarquer dans ses notes : « [Sauf vocation très particulière,] l'auréole qui s'attache à la condition de poète ne vaut pas qu'on lui sacrifie la tranquillité, l'éternelle vacance du cœur [22]. » Il est possible qu'ici Cadou pressente la différence qu'il y a entre poésie (du grec *poiêin :* faire) et la mystique qui développe le « non-faire » (*hésuchê :* la paix) pour permettre à la joie de l'être de surgir.

« Par une échelle secrète... »
Entre poésie et méditation

Dans la seconde strophe de *La Nuit obscure*, saint Jean de la Croix évoque les voies mystérieuses, « l'échelle secrète » qu'emprunte l'âme dans son évolution. La poésie est souvent perçue dans un état proche de la méditation, et elle mérite d'être lue pareillement. Les deux semblent utiliser les mêmes escaliers dérobés. Cependant, il est clair que le savoir-sentir mystique et le savoir-dire poétique ne vont pas nécessairement de pair. Pourquoi cette dissociation ? Hugo, qui n'a pas peur des grandes analogies, fait des poètes des prêtres et des prophètes : il les décrit comme « Tous ceux en qui Dieu se concentre/Tous les yeux où la lumière entre/Tous les fronts dont le rayon sort ». De fait, certains poètes font de leur art une mystique qu'ils voudraient à part entière, sans qu'ils semblent pour autant y parvenir. Ils se lancent dans l'expérience intérieure sans avoir aucun point de repère, comme sur une mer dont il n'existerait aucune carte ; ils négligent toute base traditionnelle, comme s'ils étaient les premiers au monde à observer leur propre esprit. Je crois que c'est là une erreur. En essayant de s'orienter d'après les quelques petites expériences de bonheur qui surgissent en eux, ils risquent trop d'avancer « au petit bonheur la chance »...

Octavio Paz, se référant à André Breton, parle de « l'amour, la poésie, la rébellion » comme d'une planche de salut pour la recherche spirituelle de notre temps[23]. Cela flatte sans doute les oreilles occidentales, mais l'idée me semble un peu courte, avec le risque que ce genre de poésie tombe dans une mystique facile : mais peut-être qu'il vaut mieux une mystique facile que pas de mystique du tout... L'expérience de l'inspiration poétique, comme celle de la méditation, inclut le corps : « Je ne me sens jamais inspiré que mon corps ne le soit aussi », dit Henry Thoreau, à la fois poète et mystique de l'Amérique du XIXe siècle. Il se sert du souvenir de ses extases comme d'une source d'inspiration toujours disponible, et d'une force pour « avancer avec confiance dans la direction de ses rêves[24] ». Nous avons vu que Gaston Bachelard, sans rien connaître de l'Orient, avait établi une sorte de méditation à partir des images poétiques. Il a ainsi aidé les gens à s'engager sur une voie qui mène loin et dont la fin se soustrait sans cesse à nos efforts d'appréhension, dont l'objet est « élusif » aimerais-je pouvoir dire à la manière des Anglais. La poursuite de ce but insaisissable et pourtant non illusoire n'est-elle pas reflétée en des termes simples mais vrais dans la ritournelle populaire : « Ma petite est comme l'eau, elle est comme l'eau vive (...). Courez, courez, jamais vous ne la rattraperez » ?

« Ô, que ma quille éclate !... »
Le Védanta de la poésie

L'énergie de la transe poétique ou amoureuse est capable de bousculer les limites de l'ego et d'ouvrir brutalement vers l'infini, comme le suggèrent ces vers du « Bateau ivre » de Rimbaud : « L'âcre amour m'a gonflé de torpeurs enivrantes/Ô, que ma quille éclate ! Ô, que j'aille à la mer ! »

Certes, il ne suffit pas de dire « Je est un autre » dans un élan plutôt passionnel pour être libéré de l'ego ; si le terrain sous-jacent n'est pas solide et qu'on insiste dans ce sens, on risque la folie. Rimbaud a peut-être senti ce risque quand il a abandonné la poésie. Par contre, si l'on médite avec une solide persévérance sur ce « Je » qui peut dire « Je est un autre », si l'on cherche à le poursuivre dans ses derniers retranchements, on s'engage sur une voie intéressante de type védantique, qui peut mener à la Réalisation. Le non-ego n'est pas l'équivalent du zéro absolu, il a au contraire une chaleur, un charme et un pouvoir qui lui sont propres. N'est-ce pas cette absence complète d'ego, cet état de mort avant la mort, qui confère son caractère poignant à la « Ballade des pendus » écrite par Villon attendant d'être exécuté avec ses compagnons ? « Nous sommes morts, âme ne nous harie [harcèle]/Mais priez Dieu que tous nous veuille absoudre ! »

Quand la poésie gagne en profondeur, elle tend à se défaire de l'ego, à devenir anonyme. C'est ce qui lui donne sa faculté de pénétrer le cœur de tout un chacun.

Il y a une analogie entre l'association classique paysage-état d'âme chez les poètes et l'unité de l'homme et de l'univers évidente pour les hindous. Cependant, dans le premier cas, cette intuition reste plutôt à un niveau émotionnel alors que dans le second, elle prend une dimension métaphysique et peut correspondre également à une pratique de méditation intense. Ramakrishna, pendant une phase particulière de son itinéraire spirituel, était devenu tellement sensible qu'il souffrait pour l'herbe qu'il voyait piétiner et qu'il avait sur son corps les marques de coups qu'il avait vu donner à un animal. Les scientifiques étudient la nature comme une langue morte, mais la psyché peut utiliser les éléments de la nature comme des mots d'une langue vivante ; elle exprime ainsi des événements intérieurs comme en miroir, que ce soit dans le domaine poétique ou spirituel. L'unité universelle perçue par le méditant se manifeste aisément à travers les analogies, les correspondances dont le monde est rempli, et qui fournissent ample matière à poésie : quand, chez Victor Hugo, l'humble marguerite « sur un mur gris croulant parmi l'avoine folle » regarde le soleil, elle finit par lui dire : « Et moi, j'ai des rayons aussi ! »

L'élargissement d'un mouvement à une dimension cosmique, qui fournit tant de beaux finals aux poèmes, est une pratique naturelle de méditation. Puisque nous venons de parler de Hugo, pourquoi ne pas continuer en évoquant la fin de « Booz endormi » : le croissant de lune y apparaît négligemment jeté, par « le moissonneur de l'éternel été » comme une « faucille d'or dans le champ des étoiles »... Le développement du sens de l'unité n'est pas seulement matière à effets poétiques ou à extases solitaires. C'est le fondement de la compassion. Hugo disait dans « Ce siècle avait deux ans » :

> « Tout souffle, tout rayon, ou propice ou fatal,
> Fait reluire et vibrer mon âme de cristal,
> Mon âme aux mille voix, que le Dieu que j'adore
> Mit au centre de tout comme un écho sonore ! »

Cette hypersensibilité au monde extérieur et à ses vibrations n'est-elle pas à la base de la sympathie profonde de Hugo pour les défavorisés qu'il a évoqués abondamment dans son œuvre et qu'il a essayé de défendre politiquement ? Cette indépendance de celui qui est « relié » par rapport aux pouvoirs de la société est naturelle ; de fait, celui qui a une âme n'obéit qu'à l'univers. Quand Lamartine, revenu à Saint-Point en 1849, a retrouvé un lieu imprégné de souvenirs, il s'est exclamé : « Mon âme est un cantique d'illusions ! » Une réminiscence subite nous fait vivement toucher du doigt que la réalité est avant tout intérieure, qu'elle n'est autre que l'ombre de nos projections mentales. C'est une idée qui a été amplement développée dans la tradition indienne ; contrairement à ce qu'on pourrait penser, cette notion ne dévalorise pas l'action mais la purifie de ses parasites émotionnels qui la rendaient égocentrée et intéressée.

Ceux de mes lecteurs qui sont chrétiens pourront s'étonner que je puisse parler directement des rapports entre mystique et poésie sans évoquer le Christ ; mais j'ai pour me soutenir un précédent de taille qui est saint Jean de la Croix lui-même : dans ses poèmes il ne mentionne guère Jésus, ni le Père, ni l'Esprit. Il se contente de parler du Bien-Aimé à la manière du Cantique des cantiques ; il ressent sa présence intense dans l'univers :

« L'Aimé, c'est pour moi les montagnes,
Les vallons boisés, solitaires,
Toutes les îles étrangères
Et les fleuves retentissants,
C'est le doux murmure des brises caressantes.

Il est pour moi la nuit tranquille,
Semblable au lever de l'aurore,
La mélodie silencieuse
Et la solitude sonore[25]... »

N'est-ce pas une preuve de respect intense que de refuser de nommer l'Absolu, à la manière des juifs qui se refusent à prononcer le Tétragramme, ou des hindous qui se contentent de parler de « Cela » ?

« Le maître, sous tout ce qui se dit, de tout ce qui se tait. » La poésie de la transmission

Homère, aveugle errant et premier maître de la poésie occidentale, était doublement renonçant : errant sans feu ni lieu, il avait de plus abandonné les lumières crues du monde pour la douce clarté de la vision intérieure ; Péguy l'évoque en deux sonnets qui se terminent ainsi :

> « Dans le double parvis des deux faces de l'être (...)
> Que d'autres soient savants de tout ce qui se sait.
> L'aveugle vagabond sera toujours le maître,
> Sous tout ce qui se dit, de tout ce qui se tait[26]. »

Des maîtres de tout ce qui se dit, il y en a à profusion. Qui saura trouver un « maître de tout ce qui se tait » ? Qui pourra découvrir un être sans attachement et dont le regard est tourné au-dedans ?

La poésie permet de transmettre ce qui s'évanouirait sinon sans laisser de trace. Les poètes aiment à écrire sur la solitude dont l'expérience est, presque par définition, difficile à communiquer. Pour sa part, le maître spirituel donne son enseignement de bien des façons : par le geste, le regard, la parole dite au bon moment, mais aussi par le silence signifiant. Certains, comme

Ibn 'Arabi ou Roumi, Jean de la Croix ou Thérèse d'Avila, ont utilisé aussi le poème comme moyen de transmission, mais ils n'ont pas été les plus nombreux.

Peut-être les maîtres spirituels estiment-ils qu'il n'est pas si utile d'inonder le lecteur de descriptions d'expériences ou d'états intermédiaires, comme le font les poètes. Sans doute veulent-ils, par leur silence relatif, mettre en valeur l'essentiel, l'indicible, que nul ne peut s'approprier. Victor Hugo n'indique-t-il pas les limites de la poésie comme de la psychologie quand il dit : « J'ai dans mon âme une fleur que nul ne peut cueillir » ? Cette fleur intérieure, essence de notre unicité, qui arrivera même à la décrire ? Qui pourra jamais chanter les fleurs du silence ?

TROISIÈME PARTIE

L'EFFLORESCENCE SPIRITUELLE

10.

Attention

« On devient ce qu'on pense. »
Shatapatha Brahmana, 10, 5-2-20

L'attention, c'est la conscience en action. Sans elle, il n'est pas de progrès psychologique ou spirituel possible. Pour le bouddhisme ancien (Théravada), l'attention est une voie complète en soi, qui mène au but suprême. La vigilance chez les Pères chrétiens est une qualité essentielle. L'attention à ce qu'on fait est le moteur de la transformation. « Comme on agit, comme on se comporte, c'est ainsi qu'on devient » (Brihad Aranyaka Oupanishad, 4-5).

Tout d'abord, nous évoquerons l'enseignement du bouddhisme ancien sur l'attention, puis nous détaillerons les deux grandes formes de celle-ci : la concentration et l'observation ; ensuite, nous nous intéresserons aux mécanismes psychologiques qui peuvent nous aider à comprendre pourquoi l'attention guérit. Témoin de cela, le double sens du verbe anglais *to care :* être attentif à quelqu'un et le soigner.

L'attention dans le bouddhisme ancien

L'attention représente pour le bouddhisme théravada un chemin direct vers le nirvana. Même dans le bouddhisme du Grand Véhicule, l'attention garde sa place centrale. Shantideva disait : « Y a-t-il besoin d'autres vœux que celui de garder ses pensées ? » Le bouddhisme zen, lui aussi, pourrait être appelé une voie de l'attention pure. Le Théravada est basé sur la voie de la purification (*vishuddhi marga*) ; en fait, c'est l'ensemble de la voie traditionnelle indienne qui repose sur la purification. Dans le christianisme également, la « voie purgative » est le fondement de l'évolution mystique. Centrons-nous donc maintenant sur cette attention qui paraît être le fondement du fondement.

Les religions de la Bible reposent principalement sur la foi, le bouddhisme sur l'attention à l'esprit. Le début du Dhammapada dit : « L'esprit précède les choses, les domine et les crée. » Finalement, cet intérêt direct pour l'esprit en tant que tel éveille un écho profond chez l'homme moderne qui a confiance dans les découvertes de la psychologie. L'avantage du bouddhisme ancien, comme du bouddhisme zen, c'est qu'ils n'empruntent pas la voie longue des symboles, de la concentration sur une forme ou une autre de la divinité, mais qu'ils vont directement du corps à l'Absolu. Le premier des sept facteurs de l'Illumination, c'est l'attention, et une de ses qualités premières est de ne pas être superficielle.

L'attention est éducation de l'objectivité intérieure :

« Dans ce qui est vu, que soit seulement ce qui est vu, dans ce qui est entendu, que soit seulement ce qui est entendu, dans ce qui est goûté, senti, touché, pensé, que soit seulement ce qui est goûté, senti, touché, pensé[1]. » Celui qui se concentre voit les choses telles qu'elles sont : c'est aussi le but déclaré de la psychologie, mais est-ce si facile pour des thérapeutes qui doivent étudier et accumuler des connaissances théoriques d'écoles diverses pour obtenir leurs diplômes ? La méditation amène à voir les phénomènes à la fois intérieurs et extérieurs sans implication personnelle-émotionnelle. Il y a un cercle dans lequel le mental est sans cesse pris et repris : la sensation mène au désir, et le désir à la dépendance (*vadana, tanha, upadanam*). Seule l'attention peut briser ce cercle.

L'attention au souffle (*anapanasati*) représente le fil directeur de la concentration. Il a en cela un rôle analogue au mantra dans les voies dévotionnelles. Il s'agit d'observer le souffle avec une attention focalisée, comme le gardien à la porte de la ville voit passer les gens qui rentrent et qui sortent, mais sans les suivre des yeux au loin. De même que le va-et-vient de la scie n'est actif qu'au point de contact avec la bûche, de même le méditant est concentré sur le va-et-vient de la respiration dans ou à la base des narines. La barque de l'attention flotte et se laisse porter sur la vague du souffle.

Si on entend par souffle le *prana*, le courant d'énergie, on peut diriger le « souffle » dans certaines parties du corps et obtenir un effet thérapeutique ; parfois, cet effet « magique » peut venir de quelqu'un d'autre : quand la mère souffle sur le bobo que l'enfant vient de se faire en disant « C'est parti », l'enfant s'arrête de pleurer. Un vieux moine japonais, Mu Hen, a un don de guérison qui lui est venu quand il faisait ses premières pratiques spirituelles en tant que novice. Il soigne tout simplement en soufflant sur les douleurs des gens. Il ne prétend pas expliquer comment ça marche, mais il a de bons résultats[2].

Il est intéressant de noter que les textes théravada acceptent le fait qu'on puisse être fatigué de cette pure observation du souffle. Ils conseillent alors la concentration sur un objet positif : le Bouddha, le sentiment de joie directement, ou un spectacle de la nature par exemple. La joie ainsi créée réveillera le goût de l'observation du souffle. Les objets d'observation habituels sont le corps, les sensations, les états et les objets mentaux. Des expériences approfondies d'arrêt du mental représentent de grands encouragements sur cette voie : « Le zèle [pour la pratique] s'éveille si l'on en vient à expérimenter la grandeur contenue dans le calme intérieur complet[3]. » Cette attention est la voie la plus directe vers le but, dans les mots mêmes du Bouddha : « Y a-t-il une voie par laquelle un moine, sans avoir recours à la foi, à des opinions toutes faites, à la tradition, à des raisonnements spéciaux, à l'approbation de ses points de vue par les autres, peut déclarer avoir atteint la connaissance finale et dire : "Les renaissances ont cessé, la Vie sacrée a été vécue, la tâche est achevée et après ceci, rien ne demeure[4]" ? »

L'attention est le fil qui relie le maître au disciple de génération en génération. C'est dans ce sens que témoigne Ananda juste après la mort du Bouddha, dont il avait été l'un des disciples les plus proches :

« L'ami est décédé, le Maître aussi s'en est allé,
Il n'y a plus maintenant d'autre amitié supérieure à cela :
L'attention dirigée vers le corps[5]. »

La concentration, ou la répétition qui libère de la répétition

Le mental fonctionne par association de proche en proche : ce processus d'enchaînement se répète indéfiniment, à moins que, par le choix d'un retour au même point, on cherche à le briser : c'est la concentration. J'ai trouvé ce mécanisme tellement fascinant que j'ai décidé de me « concentrer » dessus à la fin de mes études et que j'ai écrit ma thèse de médecine sur le sujet[6]. Et douze ans plus tard, j'y suis revenu, avec plus d'expérience pratique, pour rédiger ce chapitre. La concentration a le même but que l'observation : arrêter le mental. Nous allons maintenant envisager successivement le pouvoir de la concentration et ses bases scientifiques. Le rôle de la concentration dans l'autoguérison psychosomatique a été discuté dans le chapitre sur le corps (*cf.* « L'influence de l'esprit sur le corps »).

Le pouvoir de la concentration

S'il y a bien un sujet de psychologie qui soit populaire, c'est celui-ci. Et je pense que ce n'est pas injustifié, la concentration étant un instrument fondamental pour agir sur le mental. Dans la Bible, un symbole clair de la concentration est représenté par l'épisode de Jéricho : en tournant sept fois autour de la ville et en jouant des trompettes, on finit par faire s'effondrer les murailles. Les Esquimaux ont une méthode de concentration simple : ils prennent une grande pierre tendre, et avec une petite pierre dure ils y creusent un cercle ; ils peuvent consacrer des journées entières à cet exercice. La concentration sur un geste répétitif calme. En cas de souffrance, l'enfant retrouve spontanément des gestes répétitifs pour calmer son anxiété.

Comment se fait-il qu'une action répétitive, entraînant a priori la monotonie et la somnolence (*tamas*), puisse en fin de compte éveiller la conscience ? Nisargadatta Maharaj répond à cette question en parlant du mantra : « Toute tendance à répéter est tamas, mais le mantra est du tamas sattvique (c'est-à-dire la forme la plus légère, lumineuse de tamas) à cause de son but élevé. Du fait de la présence de sattva, le tamas va s'épuiser et prendre la forme d'un renoncement complet, de détachement, d'abandon, de mise à distance, d'immobilité. Tamas devient la fondation ferme sur laquelle on peut baser sa vie[7]. »

La concentration n'est pas crispation, sauf peut-être chez les débutants qui ne savent pas méditer. Elle est possible dans la détente, ce que les chercheurs en biofeedback ont appelé la « volition passive » : si on cherche à faire trop varier une fonction physiologique, on échoue, mais si on se détend, on y arrive. Cette concentration, qui est une sorte de relaxation orientée, polarisée vers un but, favorise l'apparition des capacités parapsychiques. Le mental a besoin de bouger, c'est dans sa nature : on l'occupe à une activité neutre, cela l'empêche au moins de faire des dégâts sous forme de rumination négative, etc. La concentration devient méditation quand on ne désire plus rien d'autre, même pas le fruit de la concentration.

En sanskrit, *dharana* vient de la racine *dhar*, « porter ». *Dharani* désigne la terre qui nous supporte, et *dharma* la loi juste sur laquelle l'univers et la société reposent. Il y a donc dans *dharana* une connotation de repos fondamental et d'harmonisation avec la loi de la nature. Il y a aussi une notion de puissance dans l'emploi moderne du terme en hindi, où dharana (prononcer *dharna*) désigne le sitting des manifestants devant les bâtiments des responsables. En tamoul, on joue sur les mots *gouri* (« attention ») et *gourou* (« maître spirituel »). La poutre maîtresse de l'édifice de notre fonctionnement intérieur, c'est l'attention. Il suffit, dit-on, de douze minutes de concentration (dharana) complète pour déboucher dans la méditation (*dhyana*). Et si l'on peut répéter ce processus douze fois, on atteint l'enstase (*samadhi*).

Le pouvoir de la concentration est analogue à la lentille qui fait converger les rayons du soleil et peut allumer un feu, ou au télescope qui, quand il est bien stable, permet de voir des étoiles lointaines. Vivekananda disait : « Quel que soit votre travail, plus votre pouvoir de vous concentrer sera fort, mieux vous pourrez le faire. Les portes de la Nature, si elles sont frappées ne serait-ce qu'une fois avec cette concentration complète, s'ouvriront et laisseront jaillir des flots de lumière[8]. » Cette concentration peut pénétrer les mystères de l'univers, depuis l'atome jusqu'à l'infini. Quand les fibres du mental sont tressées ensemble, la pensée acquiert la solidité d'une corde et ne peut être brisée facilement. Le scientifique qui est complètement centré sur sa recherche est un méditant à sa manière.

Le support de concentration le plus classique, le mantra, est souvent défini comme ce qui protège le mental *(man)* et l'aide à traverser *(tra)* – sous-entendu : l'océan de l'existence. C'est un pont qui nous permet de passer sur l'autre rive de la rivière tumultueuse qui coule à l'intérieur de nous-mêmes, et d'atteindre le Soi. Les mantras traditionnels ont été récités par de grands sages et des foules de fidèles : en ce sens, ils concentrent une énergie analogue à celle qu'on peut sentir dans un lieu de pèlerinage séculaire.

Le rituel, éminemment répétitif, est avec le mantra le moyen de concentration le plus traditionnel. Il fournit une occasion pour faire le vide du mental. Il a un pouvoir propre pour ceux qui le pratiquent. Il oblige Dieu ou les dieux à descendre, dit-on dans le Purva-Mimansa (l'école ritualiste de l'Inde qui a précédé le Védanta) ou dans la Cabale, comme l'a montré Charles Mopsik dans un ouvrage monumental, *Les Grands Textes de la Cabale. Les rites qui font Dieu*[9]. Le rituel, comme la concentration en général, peut avoir un effet négatif s'il est pratiqué à des fins qui ne sont pas pures, ou pour nuire aux autres. Un autre risque de la concentration, surtout quand elle est superficielle, c'est qu'elle repousse dans l'ombre un certain nombre de problèmes non résolus, comme un coup de balai trop rapide repousse la poussière sous les lits. Il faut savoir parfois focaliser son attention sur une distraction récurrente pour en comprendre les racines, ou savoir alterner l'observation et la concentration.

Une vraie pratique de la concentration est inséparable de l'amour : on doit éprouver un intérêt profond pour ce sur quoi on se concentre, même s'il s'agit a priori d'une notion abstraite comme le Soi. Ceux qui suivent la voie dévotionnelle souhaitent garder Dieu constamment à l'esprit : pour eux, la concentration, c'est se souvenir du Souvenir.

Les bases scientifiques de la concentration

On peut distinguer du point de vue physiologique trois sortes d'attention : l'attention focalisée, qui équivaut à la concentration ; l'attention *de novo*, qui permet à la conscience de se fixer immédiatement sur ce qui apparaît dans son champ ; et l'attention d'expectative, quand on attend l'apparition d'un événement quelconque. Ces deux dernières formes d'attention correspondent à l'observation, dont nous parlerons plus loin. La concentration peut être considérée comme un système de rétroaction du mental : quand celui-ci se trouve inondé d'images, la concentration intervient pour réduire leur production et assurer ainsi l'homéostasie du milieu intérieur, à la manière des régulations hormonales. Le mental, comme la matière, a une tendance spontanée au désordre, à la diffluence. La concentration est au contraire une force d'ordre, d'organisation, à la base de la vie et de l'évolution du psychisme. On retrouve au niveau du mental le couple entropie/néguentropie qui est au point de départ de la matière vivante. C'est la faculté qu'ont eue les chaînes d'acides aminés, puis l'ADN tout entier, de se répliquer qui a permis l'évolution du vivant. De façon analogue, le point de départ de l'évolution intérieure, c'est la capacité pour une intuition juste, un supplément de lumière ou de conscience à croître et multiplier au sein du milieu psychique. Il y a un seul moyen pour favoriser ce processus : la concentration.

Par contre, si le mental se met à proliférer de manière désordonnée à la façon des cellules cancéreuses, il risque de faire mourir l'organisme psychique. La faculté de concentration contrôle en permanence cette prolifération précancéreuse : elle représente le système immunitaire de la psyché. Du point de vue psychopathologique, la prolifération du mental induit un état de diffluence préschizophrénique, dont la capacité de concentration nous sauve jour après jour.

Notre inconscient a une grande plasticité, en cela il est un peu hystérique. La concentration nous apprend à nous débrouiller avec l'hystérique qui est en nous en lui donnant des suggestions claires et simples qu'il suivra, plutôt que de lui faire de longs discours auxquels il ne comprendra rien.

Tandis que l'autosuggestion a un grand rôle de guérison physique, nous en avons parlé, le mental habituel, quant à lui, est basé sur de fréquentes suggestions négatives : « Tu ne vaux rien, je t'avais bien dit que tu n'y arriverais pas », etc. Pour le Védanta, nous sommes victimes d'une autosuggestion fondamentale, qui fait que nous nous identifions à notre ego. Il n'y a pas de mal, pour rétablir l'équilibre, à nous autosuggérer que nous sommes le Soi. Ceci dit, le Soi est en réalité toujours présent, simplement nous l'avons oublié.

Quand on plonge réellement en soi-même, on passe par toutes sortes d'expériences et de crises. La concentration sur notre but ultime *(lakshya bodha)* nous aide à les traverser sans nous y perdre. Si quelqu'un qui roule vite se met à trop penser aux bruits du moteur et à se demander quel piston monte et quel piston descend, il risque de se retrouver dans le fossé. De même, ceux qui ont développé une capacité de concentration peuvent traverser une crise en regardant au-delà : la mécanique intime du mental fonctionnera plus ou moins bien, mais ils n'auront pas d'accident.

L'observation, ou l'éveil de la lucidité

L'observation est libération : c'est la base de la voie de la Connaissance en Inde, et de bon nombre de thérapies en psychologie moderne. C'était la voie de Krishnamurti également, *« choiceless awareness »*, l'attention (j'aimerais pouvoir dire l'« attentivité »), la lucidité qui ne choisit pas [10]. La pratique de l'observation n'est pas l'apanage de l'Inde : j'ai rencontré au pied de l'Himalaya un Français qui avait été trente-six ans prêtre chez les Esquimaux. Il m'a raconté qu'après avoir creusé un trou dans la glace, ils pouvaient observer la surface de l'eau en attendant le poisson pendant toute la journée, immobiles. Leur manière de recevoir leurs hôtes dans un igloo, c'est de les laisser s'asseoir et de les observer environ une heure en silence. Grâce à ces habitudes de tranquillité mentale, ils peuvent sentir le jour où d'autres Esquimaux viendront à l'endroit du marché, même si ceux-ci sont à des dizaines de kilomètres de là et si la date n'avait pas été fixée à l'avance.

Observation ne signifie pas passivité pure : il y a une part de lutte pour se maintenir au niveau de l'observateur ; comme dans toutes les formes de méditation, c'est bien de garder le dos droit, la colonne vertébrale allongée suffisamment pour renforcer l'éveil psychophysiologique. À mon sens, il y a un tronc commun important entre les deux branches de la méditation, c'est-à-dire la concentration et l'observation : celle-ci peut être considérée comme une concentration sur un processus particulier, celui de la désidentification. Quand j'ai essayé de méditer en prenant un inhibiteur des endorphines (*cf.* le chapitre « Substances »), la capacité de concentration autant que celle d'observation étaient atteintes. Un certain degré de pureté du mental et d'autocontrôle est nécessaire pour une bonne observation. Nisargadatta dit : « On peut fonctionner correctement dans la vie, en répondant de façon complètement adaptée à ce qui survient, sans avoir à le placer au centre de notre attention. Quand le contrôle de soi devient une seconde nature, l'attention se déplace vers un centre plus profond de l'existence et de l'action [11]. »

Quand survient un événement, même de peu d'importance, le mental d'un débutant reste agité comme de l'eau assez longtemps. Celui du méditant avancé, par contre, est comme le miel : la perturbation ne dure que peu de temps. En réalité, le mental est toujours concentré, mais il s'agit d'une concentration spontanée et éphémère, par exemple sur une partie du corps qui se rappelle à notre attention. C'est ce qu'on pourrait appeler un « fonctionnement conique », la conscience convergeant vers la partie du corps ou l'objet mental qu'elle se met à observer. Un fort désir, la dépendance à une drogue induisent un fonctionnement conique plus durable. L'observation méditative revient sans cesse à un type de conscience qu'on pourrait dire « sphérique », la conscience d'un Soi qui est répartie également dans toutes les directions. Il est très difficile de se maintenir dans cette conscience sphérique, car on a tendance à retomber immédiatement dans un fonctionnement conique.

Observer, c'est changer de niveau pour pouvoir obtenir une vue d'ensemble de la réalité. Il s'agit de sortir du « filet », pour reprendre l'image de Nisargadatta : « Le monde réel est au-delà de la portée du mental ; nous le voyons à travers le filet de nos désirs, divisé entre le plaisir et la douleur, le juste et l'injuste, l'intérieur et l'extérieur. Pour voir l'univers comme il est, vous devez sortir du filet. Ce n'est pas difficile à faire, car il est plein de trous [12]... »

Le mental est un kleptomane confirmé, sans cesse il nous vole la conscience du Soi : même s'il ne nous apporte rien d'essentiel, on doit néanmoins le garder à l'œil, l'observer afin qu'il ne nous dérobe pas ce qui nous revient de plein droit.

On pourrait appeler, à la suite de Welwood[13], l'attention diffuse, la « conscience de l'inconscient », alors que l'attention focale correspond bien sûr à la conscience ordinaire. Il y a en fait quatre types de conscience, chacune correspondant à un inconscient : situationnel, personnel, transpersonnel (archétypes), fondamental (le Soi au sens indien du terme).

Quand l'observation est parfaite, on peut expérimenter la grande Immobilité, c'est-à-dire le samadhi : la conscience devient aussi stable qu'une flamme de bougie immobile dans une chambre sans courant d'air. Pour prendre une comparaison de la physique moderne, cet état d'immobilité complète change autant les propriétés du mental que le fait un refroidissement proche du zéro absolu pour la matière ; il apparaît alors des phénomènes de superconductivité et de superfluidité. En samadhi, le corps est contrôlé par l'esprit, et l'esprit par le Soi. Je ne développerai pas plus ce sujet de l'arrêt du mental, que j'ai étudié avec quelque détail dans les trois derniers chapitres de *Marcher, méditer*[14]. L'arrêt du mental ne crée pas le Soi, il ne fait que nous rappeler qu'il est là. Et c'est une réalisation importante, car même si quelqu'un a de l'or caché dans les talons de ses chaussures, tant qu'il ne le saura pas, il restera pauvre.

Mécanismes libérateurs

Ce titre est quelque peu paradoxal, car du point de vue absolu il n'y a pas de mécanisme pour la Libération. Celle-ci est gratuite et sans cause. Cependant, en pratique, on peut distinguer certains mécanismes de libération psychologique. Nous en passerons en revue douze, le dernier étant le mécanisme sans mécanisme, c'est-à-dire l'impossibilité de réduire la méditation à des mécanismes, que ce soit la réponse de relaxation ou d'autres processus plus psychologiques. Cette partie est en quelque sorte une charnière du livre : s'il est vrai qu'on peut « soigner son âme » par la méditation, comment cela se passe-t-il ?

La vision psychologique classique de mécanisme de défense, inspirée par la pathologie, est à mon sens insatisfaisante, parce que pessimiste. Si tout ce que peut faire le sujet est de se défendre répétitivement contre les attaques d'un inconscient ou d'un « ça » inépuisable, cela veut dire qu'il finira presque obligatoirement par être vaincu. La psychologie spirituelle est plutôt fondée sur l'étude des mécanismes libérateurs, car au fond ce sont eux qui sont réellement importants à comprendre pour l'évolution intérieure. Voici les douze principaux mécanismes d'action de la méditation en des termes compatibles avec la psychologie moderne.

1) La méthode des dissociations libres : Dans la psychanalyse, on suit les associations de proche en pro-

che ; dans la méditation, on suit un fil directeur, et on se dissocie au fur et à mesure de ce qui remonte librement. Nous avons vu dans la dernière partie du chapitre sur le sommeil comment le processus d'association-dissociation (association durant la thérapie à un souvenir traumatique donné, puis dissociation par la relaxation et la mise à distance) était à la base de la plupart des thérapies. Le comportementalisme parlera de « désensibilisation », l'hypnose ericksonienne d'« évaluation du symptôme », la psychanalyse d'« aller dans le sens de la résistance », etc. Ce type de méthode est aussi clairement suggéré dans la *Bhagavad-Gita* où l'on joue sur le mot Yoga : « Le Yoga [mot qui signifie aussi "union"] est la désunion *[viyoga]* de l'union [*yoga*, de nouveau] à la souffrance » (VI, 23).

La méditation représente une dissociation cognitive, où l'on développe la capacité du « Soi qui observe » (*cf.* le livre du même nom du thérapeute transpersonnel Arthur Deikman). Selon l'expression de Jean-Pierre Schnetzler [15], la méditation permet la libération de micro-décharges émotionnelles, qui correspondent schématiquement à ce qu'on appelle en Inde les *samskaras.* Dans la psychanalyse jungienne, le processus thérapeutique est résumé en trois mots : laisser advenir, considérer, se confronter.

On peut légitimement se poser la question de savoir si une méthode basée sur la désidentification ne peut pas mener à une dépersonnalisation. Dans une étude de cas intéressante, Castillo [16] a montré que beaucoup plus importante que la dépersonnalisation elle-même était le contexte dans lequel elle survenait et l'interprétation qu'on en faisait. Pour la méditation, une certaine dépersonnalisation est reconnue comme positive : c'est l'éveil du Soi qui observe ; elle est non seulement compatible avec la vie courante, mais l'améliore en évitant d'être identifié au cinéma émotionnel habituel. Par contre, un psychiatre non informé ajoutera sa propre anxiété à celle du patient et prescrira des anxiolytiques : on entrera alors dans un cercle vicieux, car les anxiolytiques ont eux-mêmes un effet plutôt dépersonnalisant...

2) Une dépendance qui libère : La méditation, quand elle s'éveille, fait toucher du doigt la joie pure. Cette expérience crée un attachement qui libère naturellement des autres attachements, drogues ou autres dépendances. Il s'agit bien plus que d'une « restauration narcissique » ou d'une régression, c'est une expérience neuve que le sujet n'a jamais eue auparavant, du moins pas aussi intensément. Les tentatives d'explication par la régression ont ceci de critiquable qu'elles sont elles-mêmes régressives. Après tout, pourquoi ne pourrait-on pas faire du nouveau, du complètement nouveau ? L'extase guérit. La gratification de ces expériences intérieures très positives est plus fréquente dans les thérapies à méditation corporelle que dans les thérapies verbales. Dans le chapitre « Substances », nous avons montré le lien étroit entre méditation, pratiques corporelles et sécrétion d'endorphines. En des termes comportementalistes, il y a un conditionnement opérant, avec récompense quand le mental se calme, et souffrance, donc punition, quand il s'agite. Frankl, le créateur de la logothérapie[17], explique qu'une vraie

thérapie se doit de prendre en compte la frustration existentielle ; ceci correspond à une action centrale de la méditation.

3) Pensée positive : Il s'agit du pain quotidien de l'évolution intérieure : « Chaque jour est un bon jour », dit-on dans le Zen. Cette pensée positive permet de sortir du cerle de la répétition des expériences malheureuses : tout le monde peut en avoir, mais la méditation aide à ne pas les répéter.

Delmonte [18] a montré que les méditants avaient une hypersuggestibilité – je préférerais dire une hypersensibilité. Cet état favorise les capacités d'évolution plus rapide par une meilleure réponse à l'autosuggestion, ou par un environnement positif, ce que les hindous appellent le *satsang*. Par contre, il peut rendre plus sensible à un environnement négatif, d'où nécessité pour le méditant de savoir se protéger. De plus, l'étude de Delmonte a l'avantage de rapprocher plus facilement les recherches sur la méditation de celles sur l'autohypnose, puisque les deux correspondent à un état d'hypersensibilité où l'on peut avoir une action intéressante sur des zones profondes de la psyché. L'état de relaxation musculaire permet probablement une plus grande facilité d'apprentissage, en diminuant le parasitage de la base du mental produit par une sorte de fébrilité musculaire. Cela a été démontré de manière claire au moins chez l'animal [19].

4) La privation sensorielle : Depuis toujours, les méditants ont aimé se retirer dans le silence et réduire

leurs contacts avec l'extérieur. De nombreuses expériences ont montré que l'isolation sensorielle favorisait l'imagerie mentale. John Lilly a même fait de l'isolation en piscine une base de méthode thérapeutique. Il y a un lien physiologique entre l'interruption des contacts sensoriels avec l'extérieur et l'abondance des images mentales, c'est le cas du rêve : pendant la phase de sommeil paradoxal, le rêveur est tellement absorbé par ce qu'il voit qu'il devient beaucoup plus difficile à réveiller par quelque stimulus que ce soit. Il est intéressant de noter cependant que l'imagerie mentale est plus favorisée par un stimulus répétitif que par une absence totale de stimulus qui, elle, mène à un état de torpeur.

Si les sujets n'ont pas de préparation pour contrôler leur mental, l'isolement sensoriel peut mener à des hallucinations, comme chez cette femme qui avait été volontaire pour des expériences sur le sommeil dans une grotte : en sortant, elle délirait, et elle a fini par se suicider un an plus tard. Dans les prisons, la peine la plus dure est la cellule d'isolement. Cependant, toutes les expériences de solitude ne sont pas négatives. Des sujets qui ont fait de longues traversées en solitaire, des explorateurs polaires parlent d'expériences spirituelles qui ont changé leur vie[20].

On rapporte des cas de dépressifs hospitalisés de façon chronique, qui ont été grandement soulagés par deux à six jours d'isolement complet. Peut-être avaient-ils besoin au fond de l'expérience de solitude pour se trouver eux-mêmes. De même, certains schizophrènes hallucinaient moins quand ils étaient isolés, peut-être parce qu'ils étaient moins soumis au « double lien », à ce qu'ils vivaient comme le mensonge de l'entourage. J'ai rencontré un jeune homme qui avait été diagnostiqué schizoïde. Il pensait avoir été sauvé de la schizophrénie par une thérapie de six ans où l'analyste ne lui avait strictement rien dit. Il m'a expliqué : « C'était le seul endroit où je pouvais dire ce que je ressentais sans qu'on cherche à me manipuler. » Peut-être la méditation et le fait de parler à un mur nu auraient-ils eu le même effet pour beaucoup moins cher... Il est possible que l'isolement entraîne un choc désorganisant les mécanismes de défense et permettant une meilleure réorganisation ultérieure. Ceci dit, les hystériques qui ont soif de relations (anaclitisme) ne bénéficient pas de l'isolement. Les sujets qui ont trop tendance à rechercher les sensations (hypocondriaques, etc.) semblent moins bénéficier de la méditation que ceux qui auraient tendance à les éviter (volontaristes).

La privation sensorielle de la méditation rétablit l'équilibre avec la vie courante, souvent marquée par la surcharge de *stimuli*, liée à l'augmentation de l'adrénaline, et menant, si elle est forte et prolongée, à la mort des animaux dans des conditions expérimentales. De même, la surcharge relationnelle (mettre les animaux de laboratoire dans un espace confiné) mène à un décès précoce.

La surcharge sensorielle agit comme une drogue : on s'habitue à des taux élevés d'adrénaline et autres neurotransmetteurs stimulants, et s'ils baissent, on se retrouve en manque. L'enfant qui ne veut pas aller se coucher parce qu'il y a du monde à dîner en est un bon exemple : il s'énerve de plus en plus jusqu'au moment où il s'effondre, épuisé.

5) La désidentification et le dépassement des mécanismes de défense de l'ego : La méditation, que nous avons définie dès les premières pages de ce livre comme le retour à soi, paraît être un traitement de choix du mécanisme de projection et de transfert. Le retour régulier au vécu corporel, à la sensation, luttera contre la tendance à l'annulation des affects, à la rationalisation. En faisant clairement distinguer ce qui vient de soi de ce qui vient de l'extérieur, la méditation permettra de ne pas être influencé à son insu par les images parentales par exemple, selon le mécanisme d'introjection.

Quelqu'un qui est habitué à méditer sur l'organisation du mental en *dvandvas* (paires d'opposés) sera moins piégé par le refoulement. Quand il ressentira une émotion anormalement forte, il examinera l'émotion contraire pour voir si ce n'est pas celle-là, en fait, qui était d'abord intensifiée. Grâce à cet examen, il développera une profondeur dans sa vision – on pourrait dire, pour reprendre le langage du Yoga, qu'il ouvrira son troisième œil, celui qui voit le ciel de l'unité au-dessus de ces flancs de montagnes que sont les paires d'opposés.

L'immobilité est une méthode particulièrement efficace pour faire face à ses résistances, qui se manifestent d'ordinaire par un désir de fuite donc, du point de vue corporel, par un début de mouvement. Le mensonge sur soi-même n'est pas recensé parmi les mécanismes de défense ; c'est peut-être parce qu'il est présent en tous de façon protéiforme. Quand il est majeur, on lui donne le nom de « paralogisme », phénomène fréquent chez les personnalités paranoïaques. L'histoire de l'enfant qui voit double est un bon exemple de paralogisme ; il dit un jour à son père : « Il y a deux lunes dans le ciel. » Quand son père essaie de lui faire comprendre qu'il voit double, l'enfant, furieux, répond : « Si je voyais double, il n'y aurait pas deux lunes dans le ciel, mais quatre... » Une source de paralogisme peut aussi être un attachement ou un désir forts. Si l'objet de ce désir est une substance intoxicante, la déviation du fonctionnement rationnel devient tellement flagrante qu'on parle de « narcologisme ». J'avais un patient alcoolique chronique qui m'avait dit un jour : « Docteur, je veux bien faire toutes les thérapies que vous voulez... mais surtout, ne me demandez pas d'arrêter de boire ! » La nature du désir est d'aveugler. Comme je l'ai expliqué dans le chapitre sur les émotions, je ne crois pas à la possibilité de « désir conscient », qui n'est qu'un aveuglement au second degré. Cela reviendrait à dire, comme Bernard Shaw : « Je peux résister à tout, sauf à la tentation... »

Ce phénomène de paralogisme, et plus généralement des mécanismes de défense de l'ego, doit amener le méditant à l'humilité et à la prudence. S'il ne peut bénéficier de l'aide d'un maître spirituel ou d'un thérapeute réellement compétent, il devrait savoir écouter des amis spirituels ou même, tout simplement, ce que lui dit son entourage. La vie quotidienne est la pierre de touche de l'authenticité de la méditation, plus que des expériences intérieures fantastiques, voire fantasmagoriques.

6) Rétroaction positive : Il s'agit d'une rétroaction qui amplifie la différence, au lieu de la minimiser comme dans la rétroaction courante. Ce processus de réactions en chaîne est dangereux car il met en péril l'ensemble, comme dans le cas des explosions ou des épidémies. Les mystiques témoignent fréquemment de ce caractère de croissance continue, ou même exponentielle, de l'expérience intérieure mettant en péril le petit ego. Le Christ dit : « À ceux qui ont beaucoup, on donnera encore plus, à ceux qui ont peu, on retirera le peu qu'ils ont. » En Inde, on raconte l'histoire suivante : un chien entre dans une chambre dont les murs sont couverts de miroirs. Voyant une multitude de chiens autour de lui, il sort les crocs ; tous les chiens sortent les crocs. Apeuré, il se met à aboyer ; tous les chiens se mettent à aboyer. Finalement, il aboie tant et si bien qu'il en tombe raide mort. Quelques jours plus tard, un sage entre dans la chambre des glaces. Il voit une multitude de sages lui sourire. Il en conçoit une joie extrême ; en voyant tous les sages autour de lui manifester la même joie extrême, il atteint la Réalisation.

7) La force du symbole : J'entends cette expression en deux sens bien distincts. Il y a d'abord le symbole de l'assise elle-même, au double sens du mot hindi *dharana* que nous avons vu plus haut : concentration et assise, sitting pour protester de façon non violente et manifester son désaccord avec la société. Celle-ci a tendance à nous dévorer tout notre temps, on s'assoit donc pour dire que l'on n'est pas d'humeur à se laisser faire.

Un autre sens bien différent de la « force du symbole », c'est la concentration sur une image issue soit d'une tradition spirituelle, soit de nous-mêmes à l'occasion d'un rêve. Discuter en détail la force de ces symboles reviendrait à passer en revue à la fois la science des religions et celle des rêves, et nous ne nous y aventurerons pas. Nous renvoyons néanmoins le lecteur à notre chapitre sur l'imaginaire, où nous avons abordé certains points importants du symbole.

8) La prise d'appui sur le fond : Il s'agit d'un mécanisme connu chez ceux qui sont dépendants d'une substance ; il est appelé par les Anglais : *rock-bottom experience*. Quand un alcoolique, par exemple, est dans un état d'ivresse vraiment grave, qu'il s'en réveille et qu'il voit qu'il n'a plus que deux solutions : soit mourir de son alcoolisme, soit arrêter complètement de boire, il se peut, dans le meilleur des cas, qu'il choisisse la seconde solution. D'une façon analogue, quand un méditant déjà avancé a le sentiment qu'après avoir tout fait pour maîtriser son mental il a complètement échoué, cela peut provoquer chez lui une énorme colère contre son propre mental, ce qui lui donne une énergie neuve et lui permet d'atteindre un haut niveau de réalisation... dans le meilleur des cas.

9) Intensification des conflits intérieurs : Ceci a quelque chose à voir avec le mécanisme précédent. La psychologie populaire a tendance à donner une interprétation simpliste de tous les conflits intérieurs en les étiquetant de « névrotiques ». Certes, ces derniers existent, mais il y en a d'autres qui sont évolutifs, parce

que signe d'une émergence ou tension spirituelle, pour reprendre l'expression des Grof[21]. C'est à ce type de conflits intérieurs que se rattachent l'histoire de Job, le combat d'Arjouna dans la *Bhagavad-Gita*, la guerre sainte intérieure des soufis ou la recherche du sens de la souffrance chez Frankl[22]. Sans même envisager l'aspect spirituel, la lutte est souvent considérée comme un jeu, c'est la base de la plupart des sports.

La recherche d'immobilité du corps et de pureté ou d'arrêt du mental met le méditant automatiquement en conflit avec lui-même. Sa part automatique veut sortir à l'extérieur, sa part consciente veut revenir à l'intérieur : entre ces deux mouvements, il y a frottement si l'on peut dire, et une chaleur se dégage (c'est le sens premier du mot *tapas*, utilisé ensuite pour signifier « pratique intensive »). Cette « chaleur » est en réalité de la conscience, qui apparaît pour chercher une solution au conflit intérieur. Quelle que soit la voie qu'on suive, même si on ne parle pas de Kundalini, il y a un moment où l'intensité intérieure s'éveille, et cela ne se fait pas sans conflit ; mais s'il n'y a pas de « chaleur », de conscience, qui soit produite, comment la flamme mystique pourrait-elle naître ?

Certes la relaxation est importante pour méditer intelligemment ; mais cela ne signifie pas que la pratique doive devenir une somnolence pieuse, comme on l'imagine parfois. La qualité ultime de l'aspirant spirituel dans le Védanta, c'est *moumouksoutva*, le désir intense de libération. Ma Anandamayi disait : « Sans aucun doute, la vie en ce monde est un champ de bataille. En prenant conscience de sa propre richesse spirituelle, on doit lutter pour sortir triomphant du combat », et encore : « Le repos se trouve si on sait ne prendre aucun repos[23]. »

10) Homéopathie méditative : Dans la méditation, les difficultés passées ou futures apparaissent sur l'écran de la conscience de façon atténuée, homéopathique pourrait-on dire. À cette dose réduite, elles peuvent induire une guérison alors qu'elles auraient été destructrices à forte dose. Heureux celui qui sait manier les subtilités de l'alchimie méditative...

11) Mécanismes non spécifiques : J'en vois deux principaux : l'effet de groupe et le transfert. L'effet de groupe ne se réduit pas au petit rassemblement de gens qui se trouvent à méditer au même endroit et au même moment. Beaucoup de méditants croient à une forme ou une autre de télépathie, de communion des saints ou de champ unifié, peu importe le nom qu'on lui donne. Ils ont un fort sentiment d'appartenir à la communauté des « méditants de bonne volonté » dispersés sur la planète Terre. Par ailleurs, une tradition représente un groupe étagé dans le temps, en ce sens, il y a un lien entre un effet de groupe positif et le fait d'appartenir à une tradition. J'ai pu vérifier plusieurs fois avec mes patients qu'en leur parlant, plutôt que de systèmes thérapeutiques, de méthodes traditionnelles de méditation, une sorte d'effet magique se produisait. Ils n'étaient plus considérés comme de pauvres marginaux qu'on essayait de réintégrer à grand-peine dans le troupeau, mais comme des êtres humains à part entière dignes de reprendre l'ancien combat de la conscience contre l'ignorance, et de la lumière contre les ténèbres.

Le transfert sur le maître spirituel est un mode d'action fondamental de la méditation. Je l'ai abordé dans le premier chapitre de ce livre, et surtout dans mon premier ouvrage, *Le Maître et le Thérapeute*.

12) Le mécanisme sans mécanisme : Comme je l'ai dit au début de cette partie, on ne peut réduire la méditation à des mécanismes. Elle amène en effet à voir le monde non pas comme une grande machine, mais comme une grande pensée. Se connaître, s'accepter soi-même sans pour autant tomber dans la complaisance envers l'ego, accepter la réalité telle qu'elle est, tout cela forme une voie spirituelle. Vivekananda disait : « Une vigilance éternelle, voilà quel est le prix de la liberté. » Cette vigilance n'est pas un mécanisme, c'est la conscience même de celui qui a conçu la machine...

La psychologie est principalement préoccupée d'identifier les traumas passés et de les résoudre, mais dans mon expérience de méditant, le passé se résout bien souvent de lui-même si l'on réussit réellement à être dans l'instant présent, à baigner dans une ambiance méditative (pas pour quelques secondes bien sûr, mais à long terme). De même qu'une plante qui n'est pas arrosée commence par dépérir, mais ne meurt pour de bon que bien plus tard, de même il y a une latence, un délai entre le dépérissement du passé et sa « mort » complète. Cela ne signifie pas qu'on devienne amnésique, mais que le passé ne nous conditionne plus de façon cachée. Nous pouvons toujours nous servir de lui, mais il ne peut plus se servir de nous. Cette capacité de détruire les *vasanas*, les résidus, des impressions passées, est comparée classiquement en Inde au fait de griller les graines pour qu'elles ne puissent plus germer, ou de faire bouillir de l'eau pour la stériliser.

Quand on regarde l'ensemble de l'évolution de la vie et du psychisme, on peut distinguer deux lois très générales[24]. L'apparition de la vie est liée au développement de la forme d'une part, et d'autre part le mental est fortement attiré par ce qui est nouveau, qu'il identifie à la vie même. Au contraire, l'attention concentrée, de par sa monotonie, amène à une expérience de non-forme : le but est en fait d'apprivoiser la mort, en l'expérimentant à volonté et consciemment. On peut ainsi dépasser la dualité vie/mort et atteindre une paix inébranlable parce que au-delà des contraires, ancrée dans la Vacuité.

Avant d'envisager les possibilités d'application de la méditation à des sujets psychopathologiques, j'aimerais rappeler une histoire Zen connue : un moine, lassé du silence de son maître, vient lui demander de lui donner un conseil. Le maître, qui observait le silence, écrit quelque chose sur un bout de papier et le tend au disciple. Celui-ci lit : « Attention. » Un peu frustré, il rend le papier au maître en demandant des précisions. Le maître marque : « Attention, attention. » Plutôt irrité, le disciple tend une troisième fois le papier. Quand il le reprend, il peut lire dessus : « Attention, attention et attention signifie attention. »

La méditation peut-elle aider des sujets pathologiques ?

Pour être clair, il vaut mieux distinguer méditation au sens ordinaire du terme et *sadhana*, représentant une méditation soutenue, intense, avec une vie quotidienne en harmonie avec l'idéal de la méditation. Pour être accepté par un maître spirituel et s'engager sur cette voie-là, il faut au départ un grand équilibre, ainsi qu'une bonne capacité de maîtrise de soi (les *yama-niyama* du Yoga). À ce moment-là, le pratiquant se soigne en équilibrant les courants d'énergie *(pranas)*. D'après la médecine ayur-védique, les maladies tant physiques que psychiques viennent de déséquilibres entre les pranas. Le pratiquant pourra faire également son autoanalyse au cours de sa méditation. Le rôle du maître spirituel n'est pas, comme celui du psychothérapeute, d'entrer dans le détail de l'inconscient du disciple ; par contre, il peut le mettre en situation de révéler des tendances négatives latentes.

Ce sera alors au disciple de les analyser au fur et à mesure. Malgré tous ces facteurs favorables, le pratiquant peut passer par des phases difficiles, surtout si l'éveil de la Kundalini est accéléré par l'absence d'activité sexuelle. Les méditations de concentration pratiquées intensivement peuvent faire apparaître des faiblesses latentes chez le pratiquant ; par contre, les méditations d'observation du mental permettent un rééquilibrage régulier du psychisme.

Après avoir abordé cette référence traditionnelle,

qu'en est-il maintenant des indications de la méditation en psychothérapie ? De quelle pratique s'agira-t-il ? D'une pratique non intensive, avec de multiples possibilités de verbalisation avec le thérapeute. La prière, la répétition du mantra peuvent aider à stabiliser le mental et à retrouver une capacité minimale de concentration. Par contre, les méditations d'observation ne sont pas a priori conseillées, les patients n'ayant pas la maîtrise de l'esprit nécessaire pour que ces techniques soient profitables. Dans l'ensemble, des méditations très proches du corps semblent utiles pour ramener la conscience à la base du mental et éviter de trop grandes divagations. Cependant, ces méditations risquent d'accroître des tendances hypocondriaques.

J'ai parlé de ces questions avec le Dr Schnetzler, ex-chef de service de psychiatrie et pratiquant de la voie tibétaine. Il a organisé pendant longtemps des groupes de méditation avec des patients. L'indication de la méditation se faisait au cas par cas, il n'y avait pas de correspondance systématique entre tel ou tel type de méditation et de pathologie. En réalité, le vrai problème ne se pose pas tellement en termes d'indication ou de contre-indication, mais réside plutôt dans la motivation du patient et la difficulté de trouver un psychothérapeute qui ait une bonne expérience personnelle de la méditation.

Le distrait est dans la lune, l'être attentif dans le soleil.

Au début, la méditation, c'est s'arrêter pour prendre le temps de souffler ; ensuite, c'est laisser au souffle le temps de s'arrêter.

Quand jaillit un éclair d'immobilité, ce qui a été révélé le restera pour toujours.
Un point de concentration, c'est une lucarne qui donne sur l'infini.

Le but, c'est la non-dualité : la méthode, c'est une dualité à laquelle on revient sans cesse, entre l'observateur et l'observé.

N'est-il pas extraordinaire que quelque chose d'extraordinairement simple – observer le souffle – soit extraordinairement difficile ?

Méditer, ce n'est pas seulement remplacer les divagations extérieures du mental par les mêmes à l'intérieur : passer de l'extravagance à l'« intravagance ». Méditer, c'est se poser au-dedans, c'est laisser l'oiseau de l'âme se nicher sous le toit du cœur.

L'araignée et le mental ont ceci en commun : où qu'ils se trouvent, ils se mettent à tisser leur toile.
Mais l'araignée est supérieure au mental : elle ne se laisse ni emmêler, ni piéger dans sa propre création.

Par la simple force de gravité, une étoile peut s'effondrer en elle-même et se transformer en trou noir : elle deviendra invisible, mais sa force d'attraction sera considérable. Par la force de la simple concentration, l'ego du pratiquant peut s'effondrer en lui-même et donner un samadhi : il deviendra invisible, mais la force d'attraction du pouvoir du sage caché qui a expérimenté l'enstase sera considérable.

Pour bien des esprits modernes, la compulsion de complication a remplacé la capacité de concentration. Ne pouvant focaliser leur mental sur une notion claire et simple, ils le laissent errer de lecture en lecture, d'idée en idée, en allant de complication en complication par des complications qui n'ont pas de fin.

Les comportementalistes décrivent toutes sortes de conditionnements, opérants, aversifs, etc., qui viennent tous de l'extérieur : mais le conditionnement de la concentration lui, vient de l'intérieur. Si je devais lui donner un nom, je le baptiserais « conditionnement intelligent ».

On croit que les bruits extérieurs troublent notre concentration mais quand on s'observe bien, on s'aperçoit qu'ils troublent plutôt nos distractions : peut-être d'ailleurs est-ce pour cela qu'ils nous gênent tant.
Si l'on entend par souffle prana, c'est-à-dire le souffle vital, la circulation de l'énergie, on peut faire coexister un « arrêt du souffle » avec une respiration libre.

Mon véritable « chez moi », c'est l'attention ;
attention qui, paradoxalement, dissout le moi, donc aussi le « chez moi »...

Quand on a fait le dernier pas pour franchir la porte du vide, soudain, il n'y a plus de porte. Quand on se concen-

tre complètement sur un point, tout à coup, il n'y a plus de point.

Le discernement méditatif entre ce qui est réel et ce qui ne l'est pas est un processus aussi continu que la séparation des eaux de mer par un navire au long cours.

Il est certainement plus facile d'apprendre à marcher quelques mètres sur une corde que de savoir suivre continûment le fil du souffle. Bien souvent, en méditation, nous sommes plus somnambules que funambules.

On dit familièrement que le mental est comme un vélo dans la tête, et c'est vrai : la meilleure preuve en est que si on l'arrête vraiment, ne serait-ce que quelques instants, il s'effondre sur lui-même.

De même que les règles de politesse sont une aide pour ceux qui n'arrivent pas à sentir l'attitude juste, de même les méthodes de méditation sont un support pour ceux qui ne réussissent pas à percevoir l'attention juste.

La désidentification de l'observateur par rapport au mental observé ne signifie pas qu'il y ait inimitié entre les deux ou rejet. Il s'agit plutôt d'une relation d'amour, une relation de séparation-unité entre une mère et l'enfant qu'elle tente d'éduquer.

Le méditant en arrive à un état où il perçoit un je-ne-sais-quoi qui pourrait être vacuité du souffle, ou même souffle de la vacuité.

Il est des moments de grâce où chaque inspiration est une aspiration, et chaque expir comme un dernier soupir.

L'attention est un fil bien fragile : toi qui l'as déjà brisé mille et mille fois, es-tu sur le point de recommencer ?

Sous un vrai soupir, souvent, je sens le souvenir de l'Être.

La religion intérieure est une religion ancienne s'il en est : elle repose sur un culte du feu, le feu de la vigilance.

11.

Détachement

« Ce à quoi on pense sans pensée *(manas)*,
Ce par quoi, dit-on, les pensées sont pensées,
C'est cela, en vérité, qui est Brahman,
Et non pas ce que les gens révèrent. »

Kena Oupanishad, 1-4

Un jour, un singe vit une banane dans une cage fixée en terre : il eut juste la place de passer la main au travers des barreaux pour l'attraper, mais ne put faire ressortir son poignet fermé sur le fruit. À ce moment-là, le chasseur de singe qui avait monté ce piège arriva sans se presser, et prit le singe par la peau du cou. Le singe pensa : « Si j'ai perdu ma liberté, je garderai au moins la banane », mais le chasseur donna un coup sur le bras du singe qui perdit donc la banane aussi.

Cette histoire illustre bien le problème à la fois banal et fondamental de l'homme, la difficulté à se détacher, qui est à la base de la plupart de ses souffrances. C'est quand on a l'expérience de la joie intérieure que le vrai détachement devient possible. En même temps, on a besoin du détachement pour que la joie intérieure puisse s'épanouir ; il y a une relation circulaire entre les deux, d'où le fait que j'aie fait suivre ce chapitre par un chapitre sur la joie.

Un exemple archétypal, bien que réel, de la façon dont l'attachement cause la souffrance est le cas de cet alcoolique qui, habitant dans un pays où l'on pouvait vendre son sang, allait se faire saigner régulièrement pour pouvoir acheter son vin. L'attachement crée la dépendance, mieux vaut bien réfléchir à la question avant que la dépendance ne devienne majeure comme dans ce cas-là.

L'esprit de détachement

Au terme de dix ans de réflexion, il m'apparaît que ce qui fait la différence entre psychologie et spiritualité, c'est l'esprit de détachement. Tant qu'on ne consentira pas à lâcher prise, on pourra parler tant qu'on voudra de spiritualité, on restera au niveau des complications psychologiques. Mais si on acquiert l'esprit de détachement, même si ces tensions psychologiques ne s'évanouissent pas du jour au lendemain, elles prendront automatiquement une dimension spirituelle.

Les traditions mystiques donnent une importance centrale à l'esprit de détachement. Maître Eckhart disait qu'il représentait l'essence des Écritures (*cf.* son livre intitulé *Du détachement*[1]). Le Bouddha allait dans le même sens quand, à quelqu'un qui lui demandait : « Qu'est-ce que le péché ? », il répondait : « Le péché, c'est tout ce qui n'est pas nécessaire[2]. »

La *Bhagavad-Gita* dit : « Du détachement vient la paix, immédiatement » (XII, 2). Ce mot « immédiatement » est important : l'esprit de détachement est comme une baguette magique qui transforme le piège d'un conditionnement psychologique répétitif en marches d'escalier de l'évolution spirituelle. De même que le pied ne reste pas collé à une marche donnée, de même l'esprit ne reste pas identifié à une expérience donnée. Le détachement concret viendra en son temps, comme la chute d'un fruit mûr, mais l'esprit de détachement a une apparition immédiate et la paix qu'il procure est non moins immédiate. C'est comme s'il y avait au fond du cœur un bouton de commande secret dont on puisse inverser la position.

Ce que nous enseigne la théologie apophatique ou la voie du *néti, néti* (ni ceci ni cela), c'est qu'on progresse réellement par réjection, comme une fusée qui éjecte les gaz ou un avion à réaction. Il n'y a pas de quoi avoir peur de cette « réaction » : l'important est évidemment que celle-ci soit dirigée dans le bon sens. Sans elle, on est bon pour faire du planeur et devoir atterrir où on peut, jamais bien loin, si tant est qu'on ait réussi à décoller...

Ceux qui opposent détachement et amour n'ont compris ni l'un ni l'autre : en effet, celui qui est attaché à lui-même ne peut aimer que ses propres projections. L'amour tire sa profondeur, son relief, du détachement, comme la montagne du ciel sur lequel elle se découpe. Il est néanmoins possible que le détachement amène à se libérer d'un certain sentimentalisme pour trouver la joie véritable ; les soufis disent : « Quand le cœur pleure pour ce qu'il a perdu, l'esprit rit pour ce qu'il a trouvé. »

Le mouvement des âges de la vie va de pair avec une maturation de l'esprit de détachement. La vie de famille offre des occasions quotidiennes de pratiquer celui-ci. Il faut mettre en veilleuse son ego pour pouvoir vivre en couple, supporter les enfants, apprendre à respecter le reste de la famille, puis les relations de travail, la nation et finalement la terre entière. C'est la voie normale de la spiritualisation de l'existence, et finalement de la Libération.

Un bon côté de l'instabilité du couple en Occident – car toute chose a ses bons côtés – c'est que les gens peuvent se retrouver assez tôt, parfois de manière inattendue, seuls en face d'eux-mêmes. Il y a là une possibilité de tournant spirituel à ne pas manquer. Ma Amritanandamayi dit : « Quand les enfants sont grands, mariés et capables d'être indépendants, les parents doivent consacrer leur temps au souvenir de Dieu et aux activités spirituelles (...). Si nous continuons à être anxieux à propos des enfants, ni eux ni nous n'en bénéficierons (...). Notre vie sera gaspillée si nous laissons l'attachement persister[3]. »

C'est parce que le renoncement a été exploité par les institutions religieuses à la recherche de travailleurs bénévoles ou de militants engagés jour et nuit, qu'il est devenu pour la plupart des gens péjoratif, synonyme de piège. Si on lui redonne son sens premier de liberté, il retrouvera son pouvoir évolutif. Ainsi on évitera de suivre la voie de ceux dont les attachements se sclérosent, voire se calcifient au fur et à mesure des années. Les épreuves de la vie, les souffrances sont comme des corps étrangers dans les huîtres : certaines ne réagiront que par une calcification, d'autres en formant une perle.

Psychologie de l'attachement

Il y a un lien évident entre l'attachement tel que le considèrent les traditions spirituelles et le conditionnement en psychologie : c'est ce qui fait tourner en rond, empêche d'agir avec pleine conscience et rend en fait esclave. L'adaptation au changement est un des critères fondamentaux de santé psychique. Cette adaptation est basée directement sur le détachement, et évite toutes sortes de troubles psychiques et psychosomatiques. John Bowlby, auteur d'un livre sur « Attachement et perte », dit : « Parmi les bébés primates et le bébé humain, il y a des objets transitionnels fréquents, qui représentent une maturation quand l'objet principal d'attachement s'éloigne[4]. » Ce que dit la spiritualité, c'est que tous les objets sont transitionnels, y compris ces objets intérieurs que sont les expériences de méditation. Seul le sujet, celui qui perçoit, n'est pas transitionnel.

On incrimine souvent les carences affectives de l'enfance comme étant un obstacle au développement intérieur ; certes, mais l'autre extrême est aussi nuisible : un enfant trop protégé risque d'être endormi au point de vue spirituel, car il sera à peu près satisfait dans sa cage dorée. Celui qui souhaite vraiment se détacher pourrait prendre pour devise la réflexion des Alcooliques anonymes à propos de l'alcool : « Pour nous un verre, c'est trop, mille jamais assez. »

Du point de vue relationnel, une possibilité de se retirer à l'écart est nécessaire ; nous avons vu que des animaux de laboratoire entassés dans une cage présentent rapidement des signes de stress et meurent plus jeunes. Au niveau humain, Bernard Shaw exprimait une idée qui n'est pas sans analogie quand il disait de façon humoristique : « Le grand avantage de l'hôtel, c'est qu'il vous met à l'abri pour quelque temps de la vie de famille... »

L'attachement est le fruit à long terme de nos actes ; on dit en Inde : « Sème un acte, tu récolteras une habitude ; sème une habitude, tu récolteras un tempérament ; sème un tempérament, tu récolteras une destinée. » Il y a un moment où l'on ressent le besoin de briser ce cercle et où l'on prend la tangente qui mène vers l'infini. Pourtant, certains sont tellement attachés à leur souffrance qu'ils s'y enfoncent : ils font penser à ces singes qui ont des démangeaisons et qui se grattent jusqu'à l'ulcère.

En pratique, on peut se détacher d'une personne en cherchant à voir son visage animal : nous avons évoqué cette méthode dans le chapitre sur l'imaginaire ; on peut aussi faire un jeu de mots sur le nom de cette personne, plus il sera mauvais mieux ce sera. Il y a la visualisation recommandée par Phyllis Krystal : tracer un huit couché de couleur bleue, mettre la personne dont on veut se séparer d'un côté du huit et soi-même de l'autre, puis demander à une force supérieure de couper le huit en deux ; on répète cette visualisation matin et soir pendant sept jours, puis on fait un petit rituel où l'on remercie la personne pour tout ce qu'elle nous a apporté et qui consacre la séparation. J'ai rencontré un ancien homme d'affaires qui avait pratiqué cette méthode à deux reprises, pour se séparer de femmes avec lesquelles il avait vécu et auxquelles il se sentait toujours attaché. Dans le premier cas, une demi-journée après le rituel final, son ex-compagne l'a appelé pour lui dire qu'elle avait réfléchi, qu'elle préférait suspendre les procédures judiciaires et régler leurs affaires à l'amiable. Dans le second cas, deux heures après la fin du rituel, sa seconde ex-compagne l'a informé qu'elle sortait d'une agence de voyages, où elle venait d'acheter un billet pour rentrer dans son pays après plusieurs années, car elle sentait qu'il n'y avait plus de chances de revivre avec lui. Depuis, l'homme d'affaires est devenu thérapeute. Phyllis Krystal a 80 ans environ, et elle continue à parcourir le monde pour enseigner aux gens comment détacher leur mental de liens périmés. Malgré la présentation quelque peu « Nouvel Âge » de sa méthode [5], le fond correspond à l'enseignement traditionnel de l'Inde auquel elle a eu accès grâce à sa relation au célèbre Sathya Saï Baba. En substance, la grande majorité de nos souffrances viennent d'attachements qui n'ont plus de raison d'être, et le travail de celui qui aide est de donner des moyens pratiques pour développer ce détachement à l'intérieur.

Quelles que soient les méthodes employées, l'idée de base du détachement est celle-ci : si on a une épine dans le pied, il ne sert à rien de pleurer ou d'en parler pendant des heures, il faut la retirer. La psychothérapie repose sur un travail de détachement : faire son deuil des investissements passés, sortir des compulsions de répétition et, plus profondément, faire la séparation entre le sujet lui-même et l'image de sa mère. Cela n'est pas sans analogie avec la séparation entre *Purusha* (la Personne) et *Prakriti* (la Nature matrice) dans le Samkhya-Yoga, ou le Soi et le corps dans le Védanta.

L'esprit de détachement vient quand on s'aperçoit qu'on a dépensé beaucoup de temps et d'énergie dans l'éducation, le mariage, l'installation professionnelle, à s'adapter à un milieu social donné, et que ce milieu a ses limites. On se met à s'intéresser à cet art sur lequel la plupart des gens ne savent rien, comme le dit Jung : « L'art de laisser les choses arriver, l'action par la non-action, l'abandon de soi-même comme l'enseigne Maître Eckhart devint pour moi la clé qui ouvre la porte sur la voie (...). C'est un art à propos duquel la plupart des gens ne connaissent rien. La conscience interfère constamment (...). Ce serait simple, si la simplicité n'était pas la plus difficile des choses[6]. » Cet état de témoin qui permet de laisser les choses arriver n'est pas de la léthargie. Nisargadatta dit : « Développez l'attitude de témoin et vous trouverez dans votre expérience que le détachement assure un contrôle. L'état de témoin est plein de pouvoir, il n'a rien de passif[7]. »

Rien à faire, beaucoup à défaire

S'il est dur de travailler dans le monde, il est encore plus dur de ne pas s'engager dans des travaux inutiles. Il faut savoir développer une résistance persévérante contre ce qui n'est pas nécessaire – que ce soit dans la vie extérieure ou dans la vie intérieure. Cela représente un fil directeur sûr pour la voie spirituelle. Le monde est un anneau, notre mental un crochet ; il suffit de redresser le crochet pour ne plus être pris dans l'anneau du monde. En pratique, on peut progresser dans ce sens en combinant des méthodes de négation et d'affirmation : négation de l'accessoire, affirmation de l'essentiel.

En Inde, un des symboles les plus courants de ce retour à l'essentiel est Shiva en méditation dans les montagnes. Certains, en Occident, sont plutôt intéressés par le Shivaïsme dionysiaque, où Shiva avec son *lingam* devient une sorte de dieu de l'érotisme ; mais les histoires érotiques à propos de Shiva ont été insérées dans les textes anciens *(pouranas)* à mon sens simplement pour montrer que la religion avait un message pour tout un chacun, quel que soit son niveau – cela fait dix ans que je vis en Inde sur des lieux de pèlerinage shivaïstes, Bénarès et Kankhal plus en amont sur le Gange, et j'attends toujours de rencontrer un Shiva dionysien au coin de la rue...

Si l'on va au fond des choses, on s'aperçoit qu'il n'y a rien dont il faille se détacher, car rien n'est notre bien propre. L'expérience spirituelle a quelque chose à voir avec le sommeil profond : quand on s'endort, on ne se détache pas de son lit, on l'oublie. Quand on sait sourire de ses conflits internes, l'expérience montre qu'ils finissent par s'envoler comme de la paille au vent ; certes, il reviendront, mais affaiblis par leur première défaite. Il y aura un moment où seul demeurera un détachement qui sourit en lui-même, qui sourit en soi.

On demandait un jour à Nisargadatta ce qu'était la pratique intensive *(tapas)* ; il répondit : « Aimez-vous avec sagesse. Le laisser-aller et la pratique intensive ont tous les deux le même but, qui est de vous rendre heureux. Le laisser-aller est la manière stupide, la pratique intensive la manière sage (...). Une fois que vous êtes passés par une expérience, ne pas la retraverser une seconde fois, voilà la pratique intensive. Éviter l'inutile, ne pas anticiper le plaisir et la douleur, avoir constamment un contrôle sur les choses, voilà la pratique intensive[8]. »

Le jeûne de la communication, ou comment remédier aux médias

Si j'aborde la question des médias, c'est que je pense que le détachement doit se traduire concrètement dans la vie. La véritable ascèse n'est pas de torturer le corps, mais de discipliner le mental et, pour cela, savoir réduire la consommation médiatique au minimum est une grande aide. J'ai fait une rencontre il y a quelques mois qui illustre bien mon propos : j'étais monté à pied en promenade dans une vallée perdue de l'Himalaya et j'ai rencontré, tout au fond de cette vallée, à une douzaine de kilomètres de la route la plus proche, un ermite qui avait fait le vœu depuis vingt ans de garder le bras en l'air. Sa main était noircie, et ses ongles avaient tellement poussé qu'ils s'étaient enroulés sur eux-mêmes. Une des premières choses qu'il m'ait dite, plutôt excité, a été : « Je suis passé dans *India Today* [un des hebdomadaires les plus connus en

Inde], ils ont fait un article sur moi. » Cela m'a bien fait réaliser ce que je sentais déjà : la première ascèse pour l'homme moderne, c'est de se détacher de la médiocratie des médias.

Deux statistiques feront plus que de longs discours sur ce sujet souvent débattu : à Detroit aux États-Unis, en 1968, il y a eu deux cents jours environ de grève complète de la presse ; le nombre des suicides sur l'année a diminué de 50 %[9]. En Inde, dans les années 80-90, le nombre des jeunes entre quinze et vingt-cinq ans incarcérés pour crimes a été multiplié par cinq ; depuis une dizaine d'années, la télévision et les vidéos s'étaient répandues dans les villages et les familles. Quand on a fait une enquête chez ces jeunes dans les prisons de Delhi pour leur demander ce qui avait pu les pousser à commettre ces actes, 60 % d'entre eux ont répondu : « Vu à la télé, ou au cinéma[10]... »

Ce qui influence l'inconscient n'est pas l'information en soi, les faits de base, mais plutôt les images et la manière émotionnelle ou sensationnelle dont elles sont exploitées. Soit on présente des personnes qui sont au cœur de l'actualité, et par là même en état de stress intense, leur visage traduisant les conflits auxquels ils sont mêlés et nous les transmettant directement, soit on voit des variétés et des spectacles créés par des « artistes » qui sont pour un bon nombre dépendants de la cocaïne, et je suis convaincu que cette vibration de « cocaïnomania » passe automatiquement dans leurs créations. J'ai déjà dit que la cocaïne renforce les traits paranoïaques, favorise les perversions sexuelles et durcit considérablement l'ego.

Le terme même « information » peut avoir un double sens : en principe, il doit signifier « la formation qui vient sur nous, ce qui nous forme » mais *in-* peut être entendu comme un préfixe négatif, l'information devenant alors la non-formation, la bouillie informe de faits que certains utilisent avec délice comme sauce pendant leur repas. Si on part du principe, certes simpliste, que télévision = télé-poison, on réussira à faire une réelle sélection de ce qu'on regarde. Et si cette sélection nous rend moins adaptés au milieu qui nous entoure, j'aurais tendance à dire tant pis pour le milieu, tant mieux pour nous. Certes, l'Esprit est partout, mais en pratique, notre esprit ne peut être à la fois à l'extérieur et à l'intérieur pendant le peu de temps libre qui lui reste en général : quelle est l'utilité de multiplier les moyens de communication, si ceux-ci nous empêchent de communiquer avec nous-mêmes ?

Solitude

J'ai gardé en mémoire une statistique d'il y a quelques années disant qu'à Paris 40 % des gens vivaient seuls. Ce que je vais donc dire ici n'est pas une réflexion à vide, mais est destiné à montrer qu'on peut trouver dans la solitude autre chose qu'une simple frustration (bien que celle-ci existe quand on n'y a pas été préparé).

Dans les sociétés primitives, l'initiation des adolescents passait par un premier séjour en solitaire dans la forêt. Quand on sait la prendre, la solitude est en soi initiatique. Le solitaire est doublement sacré, sacré signifiant séparé, et il est doublement séparé : de la société en général, et du groupe religieux où il a reçu sa formation de départ. Les Églises ou sectes se considèrent sacrées parce que séparées du monde, mais elles ne sont qu'à moitié sacrées à mon sens, car elles dépendent lourdement de la communauté et du sentiment de non-séparation qu'elles procurent pour éduquer leurs fidèles.

La séparation, le sacré le plus haut est en dedans, quand on réussit à se détacher du mental ordinaire pour s'unir à la grande Intuition.

Cela ne veut pas dire que le solitaire quitte par orgueil le monde pour des périodes de retraite ; c'est au contraire par humilité, après avoir essayé sincèrement d'être dans le monde et pas *du* monde, et s'être aperçu qu'il n'y arrivait pas. Après avoir atteint un certain niveau, il peut faire une seconde tentative dans ce sens et réussir. À quelqu'un qui voulait aller vivre dans une communauté, Nisargadatta a répondu carrément : « Se déplacer par deux ou en groupe, c'est pour l'amusement : la quête réelle est solitaire [11]. »

Bien sûr, l'Inde a toujours connu la tradition des solitaires dans les forêts et les montagnes. Dans le Védanta, discernement et détachement sont les deux premiers piliers de la pratique. Le Mahasattipattana Sutra, que les bouddhistes théravada révèrent comme les chrétiens l'Évangile, répète : « C'est indépendant que le méditant demeure, n'étant attaché à rien en ce monde [12]. » Shantideva nous fait sentir la nécessité de garder la qualité de conscience de la solitude même dans le monde par une image originale : « Quand on est dans la foule, il faut protéger son esprit comme une blessure[13]. »

Tout à la fin de la *Bhagavad-Gita*, Krishna dit à Arjuna (XVIII, 66) : « Abandonne tous les dharmas, et prends refuge en moi. » On peut entendre par *dharma*, dans ce contexte, les rituels et les formes socioreligieuse. Le solitaire *(sannyas)* hindou est au-delà de tout cela, contrairement au moine chrétien qui a tendance à pratiquer plus de rites que l'homme du monde. Cependant, au début du monachisme du désert, il se pouvait que les frères isolés n'aillent pas à la messe du dimanche, mais ensuite, le piétisme, la discipline ecclésiastique et la peur du qu'en-dira-t-on ont pris le pas sur la liberté du solitaire.

Les soufis et les cabalistes sont en principe des mystiques qui vivent dans le monde ; mais il s'agissait souvent du monde quelque peu séparé des écoles religieuses, et chez ceux qui ont atteint un haut niveau on retrouve fréquemment des périodes de solitude. Témoin al-Ghazali qui vécut au XIe siècle : « J'ai été en Syrie où je suis resté pendant plus de deux ans sans autre but que celui de vivre retiré en solitude, en conquérant mes désirs, en luttant avec mes passions, en m'efforçant de purifier mon âme, de parfaire mon caractère et de préparer mon cœur à méditer sur Dieu[14]. »

Il peut y avoir une phase dans la pratique où l'intérêt pour l'extérieur diminue beaucoup, mais cela ne signifie pas que l'on ne se soucie pas des souffrances du monde : simplement, on a décidé de perfectionner le seul instrument qu'on avait à sa disposition pour agir sur elles, c'est-à-dire nous-mêmes.

L'intensité des mystiques n'a jamais été réellement comprise par les masses, mais n'est-ce pas mieux ainsi ? Si tout le monde était passionné par les mystiques et voulait aller les rencontrer, comment ceux-ci pourraient-ils avoir la tranquillité nécessaire à la poursuite de leur itinéraire intérieur ?...

Le monde n'est pas exempt de danger pour celui qui a été loin sur le chemin spirituel. Certains ne peuvent s'empêcher de critiquer de réels sages, n'étant pas capables de supporter que ceux-ci n'aient pas l'esprit retors comme ils l'ont eux-mêmes. C'est le moment de raconter une histoire qu'on retrouve dans des versions légèrement différentes en Orient : « Un groupe de femmes de pêcheurs avait été rejeté sur une côte inconnue par la tempête. Un homme riche les accueillit pour la nuit et les fit dormir dans sa roseraie. Mais elles ne purent trouver le sommeil, jusqu'à ce que l'une d'entre elles, n'y tenant plus, aille chercher quelques poissons un peu vieillis : grâce à leur bonne odeur, tout le groupe put trouver facilement le sommeil[15]. »

On raconte qu'un sage grec vit passer un jour à la porte de la cité un homme ligoté. Il demanda aux gens qui l'emmenaient où ils se rendaient. « Nous allons l'exécuter, dirent-ils, très résolus.

– Pourquoi cela ?

– Parce qu'il nous gêne considérablement : il est trop bon. »

Gymnosophie, ou la sagesse nue

Alexandre, quand il vint en Inde, s'entretint avec les sages nus, les « gymnosophistes ». C'était à peu près l'époque où Patanjali écrivait les aphorisme du yoga. Il y relie la souffrance à l'absence de détachement : « L'union de celui qui voit et de ce qui est vu est la cause de la souffrance (...). L'ignorance en est la racine » (II, 17-24).

On peut parler de l'amour toutes les deux minutes, saupoudrer l'intellectuel d'émotionnel ou l'émotionnel d'intellectuel, mais cela ne donnera pas du spirituel : seul l'esprit de détachement pourra ouvrir cette troisième dimension, cette dimension du réellement nouveau. Le détachement ne signifie pas se défaire en un tour de passe-passe des responsabilités qu'on a assumées auparavant. C'est un état d'esprit et, plus que cela, c'est la dynamique même de l'esprit.

Le détachement fait peur, car c'est en quelque sorte verser une goutte de mort dans la coupe de la vie ; mais il est surtout une preuve de non-peur, car il domestique la bête la plus terrifiante qui soit : la Mort elle-même.

L'esprit de détachement, c'est l'esprit même du mouvement. Si chaque chose restait collée là où elle est, comment pourrait-il y avoir mouvement et vie ? L'esprit de détachement ne signifie pas ne plus être en relation, mais au plus profond de soi-même, ne plus être en relation avec ses relations. Les relations sont un jeu, la solitude est sérieuse ; « Cela » est au-delà du jeu et du sérieux.

Le détachement est une alchimie capable de transformer le poison en nectar. Ce n'est pas un processus facile, il ne doit pas correspondre à un rejet par colère dont nous serions les premières victimes. Tel est le sens de l'histoire du méditant qui vint voir un maître Zen en lui disant : « C'est affreux, chaque fois que je médite avant de m'endormir, un monstre horrible m'attaque. Cette fois-ci, c'est décidé, je vais garder un sabre à portée de main, et dès qu'il arrivera, ce soir, je lui réglerai son compte. » Le maître dit : « Tu fais bien de vouloir trancher la tête de ce monstre qui dérange ta méditation ; mais attends jusqu'à demain matin. Pour ce soir, je vais te donner une craie et tu feras juste une croix blanche sur son ventre. » Le méditant suivit ces instructions et, le lendemain matin, il se réveilla avec une croix blanche sur son propre ventre [16]...

Ce qu'il faut rechercher en méditation, ce n'est pas l'accumulation des expériences, mais la libération des expériences. Sur le chemin intérieur, la devise des Américains « *Keep on moving* » a une certaine validité... Nisargadatta dit : « Le détachement, c'est quand le vieux est parti et que le neuf n'est pas encore arrivé. Il n'y a pas lieu d'être apeuré si vous vous souvenez de l'instruction suivante : quoi que vous traversiez, allez au-delà [17]. »

S'attacher aux expériences de méditation passées, c'est vouloir vivre sur un héritage au lieu d'avoir un travail régulier : le capital finira par s'épuiser. Maître Dogen donnait en substance ce conseil radical : « À chaque stage, veillez à vous débarrasser de votre attachement principal. » La méditation assure un renouvellement par l'intérieur.

Détachement ne signifie pas dessèchement. L'esprit de détachement permet d'aider les autres de façon gratuite et sans devenir dépendant d'eux d'une manière ou d'une autre : « Il n'y a que la pensée de l'Esprit suprême demeurant dans tous les êtres qui puisse nous libérer de la dépendance envers les gens [18]. »

Le détachement ultime, c'est la mort. On dit que la mort de l'ego est plus difficile que la mort du corps. En principe, quelqu'un qui a eu une vie heureuse au sens spirituel du terme devrait avoir une mort également heureuse. Toute la voie spirituelle prépare à une bonne mort. Il n'y a pas lieu d'entourer celle-ci de *pathos*, bien que la peur de la disparition finale et des souffrances qui l'accompagnent soit en général utile pour favoriser un intérêt spirituel. De deux choses l'une : soit on ne croit en rien, et la mort est un endormissement, soit on croit en une Conscience, au Divin au-delà, et on s'y unit. Ceux qui ont un maître spirituel croient que ce dernier leur apparaîtra au moment du passage pour les aider. Nisargadatta Maharaj disait, alors qu'il avait déjà 75 ans : « J'ai pleuré quand je suis né, je mourrai en riant [19]. »

La nature du mental est l'attachement. La nature du non-mental est le détachement. Ceux qui opposent joie et détachement n'ont compris ni le détachement ni la joie.

La première liberté : pouvoir sourire de soi-même.

Si vous ne sentez pas l'utilité de l'esprit de détachement, de grâce utilisez vos loisirs à d'autres amusements qu'à la spiritualité.

Si le poisson était attaché à l'eau dans laquelle il flotte, il ne pourrait nager.
Si l'oiseau était attaché à l'air dans lequel il vole, il tomberait.
Si l'être humain était attaché à la terre sur laquelle il marche, il serait paralysé.

C'est par l'esprit de détachement que le poisson nage, l'oiseau vole et l'être humain marche. C'est de l'esprit de détachement que vient le libre mouvement, la danse de l'extase.

On ne peut pas dire « Je suis trop attaché pour pratiquer l'esprit de détachement », car celui-ci est précisément destiné à ceux qui sont trop attachés.

Les possessions possèdent leur possesseur ; le pouvoir pèse lourd sur la tête du puissant.

Le mental a la puissance d'un éléphant : l'étonnant, c'est de voir tant de gens qui croient le diriger.

La source du détachement est souvent l'échec, mais elle peut être aussi le succès : quand quelqu'un a compris les règles du jeu et qu'il gagne à tous les coups, l'intérêt qu'il y porte s'évanouit ; reste l'ennui, ou bien une expérience de vacuité qui mène à voir clairement, à la manière du roi Salomon, la vanité de la vanité.

Détachement, pauvreté, pureté : un seul et même mouvement intérieur.

L'attachement est aussi nécessaire au petit enfant que le détachement l'est à l'adulte mûr.

Si on ne peut changer une situation, par exemple en cas de mort d'un proche ou de maladie incurable, on peut toujours se changer soi-même.

Il se peut que la psychologie soit une sorte de spiritualité moins l'esprit de détachement : cela expliquerait son expansion horizontale dans les masses et son manque de croissance verticale dans l'individu.

Le mouvement de l'animal est centré sur le moindre mouvement extérieur, qui signale l'arrivée d'un prédateur ou d'une proie.
Le mental de l'être humain est centré sur le moindre mouvement intérieur, qui signale l'arrivée d'une émotion.
Jusqu'à quand chasserons-nous les émotions, ou serons-nous chassés par elles ?

Pour employer un terme familier, se détacher c'est « des-soûler », se dégriser pour revenir à la lumière blanche de la joie sans objet.

Le mental se fixe constamment comme un mûrier qui reprend racine dès qu'il touche terre. Le non-mental se purifie constamment comme la paroi d'un four autonettoyant qui brûle les goutelettes de graisse au fur et à mesure.

La plupart des gens passent leur vie à être notés, d'abord à l'école, ensuite au travail, par la société, et toujours par la famille. Méditer, c'est cesser d'être noté pour être, seulement être.

Le changement est une fissure dans sa coquille de protection, mais c'est par cette fissure qu'on peut voir le ciel.

Les gens font souvent de mauvaises affaires parce qu'ils ne savent pas se retirer au bon moment. Le détachement est nécessaire aussi pour les bonnes affaires.

La psychologie a beau devenir transpersonnelle, si elle n'a pas l'esprit de détachement, elle restera au niveau de la « transe personnelle »...

Recette de pâtisserie New Age : faire un gâteau avec le chocolat de la consommation, saupoudrer du sucre glacé du mysticisme, ajouter un coulis de fruits exotiques selon le goût, et poser sur le tout la cerise aussi confite qu'appétissante de l'Éveil : peut-être facile à vendre, mais certainement lourd à digérer...

Le détachement amène à goûter le monde avec un grain de sel : cela lui donne bien meilleur goût, et le rend plus facile à assimiler.

Certes, le Yoga est un joug qui rend libre, mais cela n'a jamais signifié libre comme la chute du même nom...

On peut avoir des histoires sans famille, mais on ne peut pas avoir de famille sans histoire.

À regarder l'attachement avec le détachement comme toile de fond, il cesse d'être aplati pour prendre toute sa dimension de profondeur.

L'être humain est tellement dépendant de la drogue de la relation qu'il préfère croire qu'être sûr ; car la croyance repose sur un autre alors que la certitude repose sur sa propre expérience. Qui dit certitude dit solitude.

Certains trouvent la joie dans les contacts, d'autres dans la solitude. Le sage trouve la joie à la fois dans les contacts et la solitude.

Le solitaire s'en va à l'extérieur du monde extérieur pour plonger dans l'intérieur du monde intérieur, que ce soit le sien ou le nôtre.

Pour pénétrer la mer intérieure, la nef de la conscience est bien obligée de passer par le détroit du détachement.

La solitude est un séjour linguistique au pays du dedans, durant lequel on apprend et perfectionne le langage du cœur.

Les hindous ont dans la vie le stade du vanaprastha où les parents, après avoir élevé les enfants, se retirent pour mener une vie consacrée à la spiritualité ensemble et pouvant déboucher sur l'itinéraire solitaire du renonçant par la suite. Ils introduisent ainsi le célibat dans le mariage. Le yogi, lui, médite sur l'union de Shiva et Shakti, du masculin et du féminin à l'intérieur, et introduit donc le mariage dans le célibat. C'est une des fondations sur lesquelles repose l'équilibre millénaire de l'Inde.

Ne pas être attaché au mythe de l'ermite, car cet « ermythe » dans sa grotte pourra attirer des foules de curieux, alors qu'un pratiquant sincère pourra avoir plus de solitude et de tranquillité en habitant une chambre dans la banlieue d'une grande ville. L'important pour trouver la Paix, c'est déjà d'avoir la paix...

Le spirituel qui vit en solitude a une liberté de choix : soit retourner vers le monde pour donner des réponses ; soit en rester éloigné pour continuer à poser question.

L'expérience du Soi est comme la résurgence d'une rivière souterraine : elle sort de la montagne du passé, se précipite vers les plaines du futur, mais c'est ici, sous nos yeux, qu'elle jaillit et bouillonne.

L'esprit de détachement a la légèreté du vent, mais aussi sa puissance, que ce soit pour déchaîner les mers, déraciner les chênes ou sculpter les sommets.

Le torrent qui se précipite vers la plaine, le fleuve qui s'avance vers la mer ne laissent pas une seule goutte d'eau s'attacher aux rives, aux rochers ou aux îles : c'est par leur esprit de détachement qu'ils atteignent leur but.

Bilan en fin de méditation : qu'as-tu fait pour vraiment immobiliser ton mental ? Qu'as-tu fait pour réellement ne rien faire ?

La satisfaction procurée par l'attachement est de peu de durée ; mais la libération provenant du détachement est, quelque part en nous, immédiate et sans retour.

Si on a la chance de ne pas avoir à vivre pauvrement par nécessité, on peut néanmoins choisir de vivre simplement... par simplicité.

Curieusement, une des raisons de la peur de la vie, c'est la peur de la mort. Quand on n'aura plus peur de la mort, on n'aura plus peur de cette vie qui y aboutit.

De même qu'une ligne de crête se détache dans le ciel, de même le chemin de l'homme se détache dans le Soi.

Séparation : l'homme ordinaire dit « adieu » et pleure ; le sage dit « en Dieu » et sourit.

Se détacher, c'est vivre sans images.

12.

Joie

> « Qui donc respirerait, qui donc vivrait s'il n'y avait pas cette félicité dans l'espace ? »
>
> Taittiriya Oupanishad, 2-7

Il peut paraître étrange de consacrer un chapitre à la joie dans un livre qui se réfère à la psychologie, car celle-ci n'en parle pas, comme s'il s'agissait d'une notion refoulée. Pourquoi cela ? À mon sens, d'abord parce que la joie ne se prête guère à l'analyse, étant un état en soi ; ensuite, parce que la joie est liée à un élan pour aller au-delà des complications mentales, alors que la psychologie correspond plutôt à une tentative pour les explorer. Par contre, dans les traditions spirituelles, la joie occupe une place centrale. Dans le christianisme, on parle de *gaudium*, la joie spirituelle, la joie d'être, par opposition à *laetitia*, qui correspond plutôt à la fécondité, la richesse et le plaisir d'avoir. La parole de saint Paul : « *Gaudete in Domino semper*

(Réjouissez-vous dans le Seigneur constamment) » est chantée régulièrement par les moines. Elle servait quasiment de mantra aux ermites du désert de Gaza, comme on peut le voir dans les lettres de Barsanuphe et Jean [1]. Pour le bouddhisme théravada, la joie est un stade *(jhana)* du développement intérieur.

En dehors du domaine traditionnel, les scientifiques expérimentent également une joie profonde dans la connaissance. Einstein disait : « La joie de regarder et de comprendre est le plus beau cadeau de la nature. » Dans la voie mystique dite de la Connaissance, on élève la connaissance du domaine des lois de la nature à celui de l'Être.

Nous avons dit que la psychologie ne se préoccupait guère d'introduire la joie dans la thérapie ; cependant, Boorstein, auteur d'un article intéressant dans le *Journal de psychologie transpersonnel* intitulé « La psychothérapie au cœur léger [2] », introduit dans ses séances des histoires d'humour soufi, des brèves réflexions suggérant que la vie est un rêve, ou que les problèmes qui ne sont pas résolus dans cette vie le seront sans doute dans une vie suivante. J'ai utilisé quant à moi les histoires de sagesse, souvent humoristiques, dans les séances de psychothérapie, et j'ai pu constater bien des fois que c'était le moment où l'intérêt des patients tout à coup se réveillait.

Outre le livre de Moody sur la guérison par le rire, Norman Cousins a raconté qu'il avait guéri d'une maladie rhumatologique grave par la pensée positive et en s'enfermant dans une chambre pour regarder régulièrement des films comiques (*cf. La Volonté de guérir*, Points-actuel, Seuil et *La Biologie de l'espoir*, Seuil).

J'ai mentionné dans le chapitre sur l'attention que l'extase guérissait ; la joie aussi. Me revient en mémoire cet alcoolique rencontré lors d'une visite dans un centre de désintoxication en Pologne, où l'on m'avait demandé de venir faire un atelier sur « Méditation, yoga et psychotérapie ». Il représentait la meilleure réussite du centre : non seulement il avait été guéri, mais il revenait sur place et aidait beaucoup d'autres patients à s'en sortir. Il croyait en Dieu, mais sans sectarisme, et quand je lui ai demandé ce qui l'avait le plus aidé, il m'a simplement répondu : « La joie. » Quand on y réfléchit, la joie, si on sait l'éveiller, est un remède fondamental pour des pathologies aussi nombreuses que variées, allant de la psychasthénie et l'obsession à la dépendance et à l'accoutumance, en passant bien sûr par l'hypocondrie et, jusqu'à un certain point, les maladies liées à une baisse de l'immunité.

S'il est si difficile d'analyser la joie, c'est qu'elle représente la toile de fond elle-même ; en ce sens, il ne peut y avoir de psychologie de la joie. Et quand on se souvient que la psychologie est l'exploration des complications mentales, on réalisera qu'il ne peut y avoir non plus vraiment de joie de la psychologie. La joie existe en elle-même, sinon c'est de l'amusement.

La félicité (ananda) dans les textes de l'hindouisme

La mention de la félicité revient souvent dans les Oupanishads. Elle est associée à la non-dualité : « Un océan, un Voyant unifié, dépourvu de dualité, devient celui dont le monde est Brahman... C'est la voie la plus élevée pour l'être humain. C'est la réussite la plus élevée. C'est le monde le plus élevé. C'est la félicité la plus élevée. Les autres créatures ne vivent que d'une partie de cette félicité » (Brihad Aranyaka Oupanishad, 4-3-32). La Taittiriya Oupanishad consacre un chapitre entier à la félicité de Brahman. L'être humain est constitué de cinq enveloppes *(kosha)*, la plus extérieure étant celle du corps, la plus intérieure celle de la félicité ; au-delà se trouve le Soi. Un texte de référence du Védanta, le *Panchadasi*[3], consacre les cinq derniers de ses quinze chapitres à l'étude des différents types de félicité, discutant successivement celle qui vient du Yoga, du Soi, de la Non-Dualité, de la Connaissance et enfin des objets.

La *Bhagavad-Gita* définit ainsi le Yoga (VI, 20-23) : « Ce en quoi, voyant le Soi par le soi, on se réjouit dans son propre Soi ; ce en quoi on expérimente la joie sans limites au-delà des sens, saisie seulement par la connaissance, sache que cela est "Yoga", la désunion *[viyoga]* de l'union *[yoga]* à la souffrance. »

Il est intéressant de noter que la joie est ce que la *Gita* recommande comme la première des « pratiques intensives » *(tapas)*. Il s'agit de *prasadah*, c'est-à-dire d'une joie sereine qui est le fruit à la fois d'une bonne nature et d'un état de grâce. Ensuite seulement viennent le contrôle de soi et les autres vertus. Ceci peut se comprendre, car si on n'avait pas un avant-goût de la joie du Soi, pourquoi ferait-on toutes ces pratiques pour le réaliser ?

Enfance et transparence

Pour essayer de pressentir ce que peut être la félicité de l'expérience spirituelle, la meilleure méthode, après évidemment la pratique de la méditation, est d'interroger les sages. Nisargadatta dit : « Un petit enfant connaît son corps, mais non pas les distinctions fondées sur le corps, il est simplement conscient et heureux. Après tout, c'est pour cela qu'il est né. Le plaisir d'être est la forme la plus simple d'amour de soi, qui mûrit ensuite en amour du Soi. Soyez comme un enfant sans rien qui s'interpose entre le corps et le Soi. Le parasitage constant de la vie psychique est absent. Dans un silence profond le Soi contemple le corps. C'est comme un papier blanc sur lequel rien n'est encore écrit. Soyez comme un enfant, au lieu d'essayer d'être ceci ou cela, contentez-vous d'être[4]. » « L'état de libération des pensées surviendra soudainement et vous le reconnaîtrez par le bonheur intense *[ananda]* qui l'accompagne[5]. » Ceci s'accompagne d'un amour pour tout ce qu'on rencontre : « Le signe sûr de l'Éveil, c'est que vous aimez ce que vous voyez, quelle que soit sa nature[6]. »

Un des premiers et plus grands disciples de Ma Anandamayi, Bhaiji, a vu un jour un tel bonheur rayonner de son visage qu'il lui a donné ce nom de *anandamayi*, « pénétrée de bonheur ». C'est ce qu'il raconte dans son livre *Auprès de Ma Anandamayi*[7]. Quand Ma a atteint un certain âge, elle avait souvent un visage plus sévère en apparence. Cela pouvait être dû aux foules grandissantes qui venaient la voir. Elle était presque obligée de faire une sorte de sélection en ne poussant pas le contact avec de simples curieux ; de plus, ses fidèles n'étaient pas forcément à la hauteur de ce qu'elle leur demandait, et elle avait aussi le droit de leur manifester son désaccord en prenant un air plus sévère.

La joie, c'est la perception du fil qui unit toute chose : « Dans une guirlande de fleurs, il y a un fil, des fleurs, des "manques" entre les fleurs. Ces manques sont cause de souffrance. Comprendre ce qui unit délivre de tout manque[8]. » Ma disait d'elle-même : « Dans ce corps, rien n'existe qui soit du désir ou du manque[9]. »

On dit qu'un saint triste est un triste saint ; c'est vrai, mais avant de devenir un saint, c'est normal qu'on ne soit pas dans un état de joie continue. Malgré cela, il n'y a pas de mal à chercher à exprimer et à transmettre de la joie même si on ne la ressent pas complètement, comme un acteur qui répète son rôle et finit à force par vraiment entrer dedans. Un moment viendra – qui sait ? – où cette joie se transformera en explosion et où on pourra dire avec un texte bouddhiste : « Le rire de l'être libéré retentit à jamais. »

Il ne suffit pas de rechercher la joie sans objet, il faut aller jusqu'à la joie sans sujet, quand le nœud de l'ego est rompu. C'est un état qu'évoque Nisargadatta : « L'amour n'est pas sélectif, c'est le désir qui est sélectif (...). Quand le centre de l'égoïsme disparaît (...) on n'est plus intéressé par le fait d'être heureux : au-delà du bonheur il y a une pure intensité, une énergie inépuisable, l'extase du don provenant d'une source éternelle[10]. »

Quand vous avez bien compris les lois du monde spirituel, vous n'avez plus besoin d'aller chercher la joie : la joie vient vous chercher.

On peut analyser le plaisir, mais essayer d'analyser la joie a aussi peu de sens que de vouloir disséquer le feu, découper l'eau ou trancher l'espace.

Ceux qui ne recherchent que leur petit bonheur n'ont guère de chances d'avoir de véritables expériences spirituelles : ils risquent plutôt d'avancer « au petit bonheur la chance ».

Le bonheur du sage est dépourvu de l'oscillation perpétuelle entre excitation et satisfaction, il est tranquille comme le bonheur de l'être, ou tout simplement comme le bonheur d'être.

Parfois, dans une assemblée, il y a un silence, « un ange passe ». Méditer, c'est écouter le silence dans l'assemblée des pensées et inviter l'ange à rester.

Le méditant, comme l'homme ordinaire, accepte le fait que le désir c'est la vie ; mais l'homme ordinaire en conclut que l'absence de désir c'est la mort, alors que le méditant pressent dans son expérience que c'est plutôt l'immortalité.

Le bonheur de la compréhension est mille fois supérieur au plaisir de la satisfaction répétitive.
La joie de l'essence est mille fois supérieure au bonheur de la compréhension.

La joie du Soi n'est pas loin quand on demeure dans la joie pour la joie, la joie en soi.

Le contentement a ceci de remarquable qu'il peut se démultiplier à l'infini, le contentement entraînant le contentement du contentement, et ainsi de suite.

Certes, la joie, c'est la Voie, mais cela n'a jamais voulu dire que sur la Voie, on ne rencontrerait que de la joie.

Ananda, la félicité du Yoga : la joie pleine de plein droit.

Ce qu'il y a de particulier dans les larmes de compassion, c'est qu'on ne peut pas dire si elles sont de chagrin ou de joie : elles sont au-delà, car elles prennent leur source dans les replis de la montagne vide.

De la passion pour autre que le Soi naît l'impatience ; de la passion pour le Soi, la compassion.

Une vie spirituelle parvenue à maturité est pénétrée de joie comme le corps de sang et le sang d'oxygène. C'est le mouvement de cette joie qui fait circuler l'énergie.

Celui qui est dans la joie au-delà de toute joie, dans l'expérience au-delà de toute expérience, celui-là, en vérité, a atteint la stabilité dans le Yoga.

Tout est consommé pour celui qui est un maître consommé dans l'art de la joie.

Des cendres de la joie s'exhale encore un parfum de joie.

13.

Pure conscience

> « Les mots ainsi que le mental reviennent de là [l'Absolu] sans rien avoir obtenu. Celui qui connaît la félicité de Brahman n'a peur de rien. »
>
> Taittiriya Oupanishad, 2-9

Réfléchir, méditer sur la pure conscience, c'est s'en approcher. Cette conscience est perceptible grâce à l'arrêt du mental. « Quand les tourbillons du mental cessent, alors l'observateur est établi dans son essence », dit Patanjali au tout début du Yoga-Sutra (I, 2-3).

L'existence d'une pure conscience est acceptée par la grande majorité des philosophes d'Orient et d'Occident, comme l'a montré un ouvrage collectif consacré à ce sujet[1]. Dans ce chapitre je me référerai à des paroles de sages qui, selon toute vraisemblance, ont vécu dans cette pure conscience. Ils ne peuvent faire autrement que fonder leur enseignement sur elle : si la pure conscience n'existait pas, il faudrait l'inventer.

Pourquoi parler d'une *pure* conscience ? Cette notion

est basée sur le fait qu'un mental pur (sattvique) peut voir clairement le Soi dont il n'est séparé que par un voile transparent. Selon Shankaracharya : « Quand le mental est complètement pur *[vishuddha]*, la libération est [aussi proche qu'] un fruit dans la paume de la main[2]. » Kabir parle de lui-même en disant : « Quand le mental de Kabir devient pur comme les eaux du Gange, Dieu se met à lui courir après en disant : "Hé, Kabir ! Hé, Kabir[3] !"... » Plus proche de nous, Amma dit : « Dieu devient le serviteur du maître [l'être réalisé] qui a chassé les demi-maîtres [les émotions perturbatrices[4]]. » La connaissance de Brahman fait fuir les imperfections : « De même que les oiseaux et les daims ne prennent pas refuge sur une montagne en flammes, de même les fautes *[dosha]* ne prennent jamais refuge dans ceux qui connaissent Brahman » (Maitri Oupanishad, 6-18).

La psychologie ne peut imaginer de conscience pure, car pour elle, on est toujours conscient de quelque chose, comme dans l'expérience ordinaire du mental. La Dévotion non plus, car elle se centre sur une forme du divin avec ses multiples attributs. C'est la voie de la Connaissance qui met en avant cette pure conscience au-delà même du Dieu personnel. Il est intéressant de noter que la connaissance scientifique de haut niveau s'oriente naturellement dans cette même direction ; laissons une dernière fois la parole à Einstein : « À mon sens, la fonction principale de l'art et de la science est d'éveiller un sentiment religieux cosmique et de le garder vivant chez ceux qui y sont réceptifs » et : « La source principale du conflit actuel entre science et religion réside dans le concept de Dieu personnel. Dans leur combat pour le bien et l'éthique, les enseignants religieux doivent avoir la stature nécessaire pour abandonner la doctrine du Dieu personnel[5]. »

Bien que la pleine lune soit le symbole de la Réalisation en Orient, je ne pense pas que le fait de parler de la pure conscience signifie qu'on doit être dans la lune... Il y a de nombreuses déviations possibles sur ce qu'on appelle la Voie immédiate (Védanta, Zen, Dzogchen ou Mahamudra tibétain) et je pense utile d'en parler avant d'aborder différents aspects positifs de la pure conscience. Suivant moi-même une voie védantique, je crois qu'il est bon de préciser certains points que j'ai déjà évoqués dans deux publications[6].

Le marché de l'immédiat

Certains en viennent à la Voie immédiate pour des raisons erronées : par exemple parce qu'ils ont essayé une voie progressive, « normale » je dirais, et qu'ils ont trouvé que c'était trop difficile pour eux. Ils pensent qu'en notre ère de soupe chinoise instantanée, on se doit d'avoir une Réalisation indienne ou japonaise non moins instantanée ! Parfois, on a l'impression qu'après les « drogues douces » des voies progressives sont arrivées les « drogues dures » des voies immédiates, avec leurs « accros » à l'allure quelque peu étrange... Certains qui se croient des héros ne seraient-ils pas plutôt des héroïnomanes courant après des flashs de conscience à bon marché ? Quand, en plus, un disciple a eu la malchance de s'entendre dire par un pseudogourou qu'il était réalisé, il se trouve atteint d'une mégalomanie fort difficile à soigner, car incapable de se remettre elle-même en question.

Pousser la méditation sur la voie immédiate chez des gens qui ne sont pas préparés, surtout dans le cadre d'un stage intensif et en s'appuyant sur des techniques psychologiques, ne me semble pas dépourvu de risques : d'abord, les débutants risquent de devenir paresseux en s'entendant dire qu'il n'y a rien à faire ; ensuite, en détruisant trop vite leurs défenses, ils risquent de se trouver perdus même pour fonctionner dans la vie courante. Ou bien on glisse de la voie de la Connaissance à la voie de la Dévotion si les élèves ont une foi intense dans l'enseignant. Ce ne sera plus « Jésus sauve », mais « l'immédiat, ou celui qui enseigne l'immédiat, sauve » ; cela peut certainement marcher en Inde, mais en Occident, la grande majorité des gens ne sont plus capables d'une foi simple, ayant une forte tendance au scepticisme et à l'intellectuallisme. Cette demi-foi en l'immédiat risque alors d'avoir l'effet d'un comprimé de Valium qui tranquillise momentanément, mais ne résout pas les vrais problèmes. De plus, les débutants peuvent prendre à tort des signes de dépersonnalisation pour l'Éveil.

Par ailleurs, cela fait de la peine de voir certains enseignants spirituels se comporter comme de mauvais journalistes, se contentant de sentir le vent et de le suivre. On a l'impression que comme la voie du « il n'y a rien à faire » n'a pas vraiment marché pour eux, ils cherchent le maximum de disciples, par compensation, pour essayer de se masquer ce fait. Il est vrai que Vivekananda a répandu la notion de « Védanta pour tous », mais ce Védanta doit se traduire en acte sous forme de service désintéressé pour l'humanité qui n'est autre que nous-mêmes ; le service désintéressé est un des meilleurs tests de la sincérité de notre non-dualisme, c'en est l'épreuve de réalité si je puis dire. « Accepter ce qui est » signifie d'abord accepter l'Être, puis accepter de voir nos difficultés ou nos points faibles, puis accepter le conflit qu'il y a nécessairement entre ces points faibles et l'Être, enfin accepter de travailler pour le résoudre ; le mot « acceptation » a tant d'acceptions... La véritable acceptation est bien différente d'une démission qui cherche à résoudre les problèmes par des jeux de mots et ne mène finalement qu'à leur aggravation.

Le grand public trouve plus facile et excitant de suivre quelqu'un qui clame ou sous-entend clairement : « Je suis éveillé. » Ils pensent que c'est un critère d'authenticité ; mais n'est-il pas possible de suggérer que l'inverse pourrait être vrai, puisque quand quelqu'un a eu un éveil véritable, où est ce « je » qui peut dire « je suis éveillé » ?

Un effet secondaire fréquent de la méditation conçue uniquement comme relaxation, ou de la voie de l'immédiat, c'est l'abandon de certaines responsabilités pour tomber dans une forme d'hédonisme. Absence d'ego ne signifie pas absence de responsabilités. Interpréter par exemple le « Tout est Un » du non-dualisme comme une invite à multiplier les unions sexuelles sans lendemain est aussi peu responsable que de comprendre la parole du Christ « Aimez-vous les uns les autres » au sens purement physique. Il faut reconnaître que bien des enseignants spirituels du

Nouvel Âge laissent planer sur ce sujet un flou qui rend encore plus confus les disciples.

Certes, la notion de panacée a une efficacité plus grande dans le champ de l'esprit que dans celui du corps et de la médecine ; mais il faut, pour que cette notion de panacée soit effective, qu'elle soit accompagnée d'une capacité de foi intense et de concentration complète, deux qualités qui manquent singulièrement à l'homme moderne. Ceci dit, le rôle de l'enseignant est bien sûr de pouvoir éveiller une confiance forte chez le disciple : je doute de ces enseignants de la voie immédiate qui, quand leurs disciples commencent à douter à cause des incohérences de leur enseignement, les envoient tout d'un coup chez le psychanalyste en disant : « Les problèmes, ce n'est pas mon problème... » Il est beaucoup plus facile d'apprendre le langage de la voie immédiate que de la réaliser ; on dit que les perroquets gris du Gabon peuvent mémoriser jusqu'à cinq mille mots : c'est plus qu'il n'en faut pour se poser en enseignant spirituel...

Roger Housden est un spécialiste de l'Inde et de la spiritualité, connu dans les pays anglophones. Dans son livre sur « l'Inde sacrée », il parle d'un enseignant de Védanta d'une grande ville du nord de l'Inde, que de nombreux Occidentaux vont visiter, ce qui semble d'ailleurs, curieusement, avoir fait fuir les Indiens qui, eux, brillent par leur absence auprès dudit maître. Il a noté la réflexion qu'il a entendue comme un refrain dans le témoignage des disciples là-bas : « Je l'ai [la Réalisation] trouvée, mais depuis je l'ai perdue ! » Pas immédiate, la voie immédiate...

Voie subite et voie progressive

Il n'y a pas lieu d'opposer de façon irréductible voie subite et voie progressive. Dans le bouddhisme mahayana comme dans le Védanta, on distingue très clairement vérité relative *(vyavaharika)* et vérité absolue *(paramartha)*. Celle-ci se suffit à elle-même, elle n'a besoin ni d'être défendue ni d'être vendue... La relation entre le progressif et l'immédiat n'est pas difficile à comprendre ; elle est similaire au fruit qui mûrit petit à petit et finit par tomber, ou au fœtus qui grandit neuf mois avant de naître.

La méditation repose sur des paradoxes, l'immédiat et le progressif, l'action extérieure et la conscience à l'intérieur, l'effort sans effort, etc. On ne doit pas être trop pressé de les résoudre, mais plutôt respecter le caractère dynamisant et transcendant qu'ils ont pour notre vie spirituelle. Par exemple, les existentialistes se sont laissé enfermer dans l'opposition irréductible entre l'Être et le Néant, alors que l'Inde médite depuis plus de deux millénaires sur « Cela » qui est « au-delà de l'Être et du Non-Être » (*Bhagavad-Gita*, XIII, 12).

Nisargadatta Maharaj, qui exposait la voie de l'immédiat, n'hésitait pas cependant à dire : « Si vous désirez cette expérience, vous devez insister sur votre Soi, sur votre amour pour le Soi en vous-même *(atma-prema)*. Ne l'abandonnez pas même un seul instant. Insistez. Ne priez pas les dieux ou les déesses, seulement voyez "Un". Continuez à savoir que "Je Suis" et grâce à cette insistance vous atteindrez l'état que vous voulez atteindre[7]. » Ma Amritanandamayi va dans le même sens : « Atteindre cet état de croissance spontanée demande beaucoup d'efforts sur soi. C'est comme lancer une fusée dans l'espace (...). Un effort considérable est nécessaire pour l'arracher à la gravité terrestre ; une fois que c'est fait, le mouvement vers le haut devient automatique, la fusée peut aller dans l'orbite d'une autre planète[8]. » Souvent, des visiteurs de Ma Anandamayi lui disaient : « Ma, sans votre grâce, je ne peux rien réussir. » Elle leur répondait de temps en temps, en jouant sur les mots hindis : « Grâce *[kripa]* signifie *karo, pao* [fais, obtiens]. »

À Dharamsala, un Guéshé professeur à la Bibliothèque tibétaine (qui se trouve dans les mêmes bâtiments que ceux du gouvernement tibétain en exil) m'a expliqué que, dans sa tradition, on considérait que le comble de la violence était le meurtre, et que le comble du mensonge était de faire croire aux autres qu'on était réalisé alors qu'on ne l'était pas.

Quand on observe le milieu spirituel actuel avec un peu de perspicacité, on s'aperçoit que nous ne sommes pas si éloignés du commerce des indulgences de la fin du Moyen Âge, il ne manque pas de nouveaux clercs pour dire moyennant paiement : « Faites ce que vous voulez comme vous voulez, je vous promets ce que vous voulez, le Paradis, l'Éveil, la Réalisation ou je ne sais quoi... »

Il est utile de se souvenir que chacune des deux grandes voies spirituelles a des déviations qui lui sont propres : la Connaissance peut en rester à l'intellectualisme fumeux, et la Dévotion au sentimentalisme commercial. C'est à nous de faire preuve de bon sens, de ne pas nous laisser impressionner par les belles paroles du premier venu et de prendre avec une pointe d'ironie socratique la voltige verbale des nouveaux sophistes.

Espace

L'image, le sentiment de l'espace, revient souvent quand un mystique cherche à évoquer l'expérience de pure conscience. On dit que le mot même Brahman, qui désigne l'Absolu en sanskrit, est de la même racine que l'anglais *broad* ou l'allemand *breit*, signifiant tous deux « large ». L'expérience mystique commence par un élargissement pour arriver à découvrir la source non dimensionnelle de toutes les dimensions et à réaliser que nous ne sommes pas dans l'espace et le temps, mais que ce sont l'espace et le temps qui sont en nous. Le passé n'a plus de réalité, le futur n'en a pas encore et le présent n'a qu'une réalité relative : où donc sont les griffes du Temps ?

Nisargadatta recommande de s'endormir en visualisant son corps comme espace, puisque notre corps après la mort finira tôt ou tard par se dissoudre dans la terre et l'espace[9] On dit dans le psaume : « *In memoria aeterna erit justus* (Le juste sera dans la mémoire éternelle). » C'est une expression qui ne manque pas de charme et de mystère, puisque la mémoire est dans le temps, et l'éternité en dehors : cela voudrait-il dire que le juste est suspendu entre le temps et le non-temps ?

Un sage, par sa compassion, touche le plus intime du cœur de *ses* visiteurs, et pourtant il sait voir les choses *sub specie aeternitatis*, du point de vue de l'éternité, ou comme on dit « du point de vue de Sirius » ;

Sirius étant l'étoile la plus proche de la Terre après le Soleil est comme un veilleur à la porte de l'univers ; et savoir se mettre à la place du veilleur, n'est-ce pas déjà l'Éveil ?

Dynamisme

Nous avons déjà développé dans le chapitre sur l'énergie diverses questions en relation avec l'éveil de l'énergie. Le but est de transmuter cette énergie éveillée directement en dynamisme de Connaissance. Nisargadatta dit : « Tous les états d'esprit, tous les noms et les formes [c'est-à-dire les individus] existants sont enracinés dans le non-questionnement, la non-investigation, l'imagination et la crédulité. C'est juste de dire "Je Suis", mais dire "Je suis ceci, je suis cela" est un signe de non-recherche, non-examen, de faiblesse mentale et de léthargie [10]. »

Notre conscience habituelle est attachée au corps comme le bébé à son « doudou » : si on cherche à le lui prendre, il a peur ou se met en colère. Celui qui a eu l'expérience de « la conscience au-delà du corps », c'est-à-dire au-delà du mental sensori-moteur directement basé sur le corps, n'a plus besoin d'arguments, d'opinions ou de livres pour savoir qu'il doit diriger sa pratique dans ce sens.

Plénitude

On pense souvent que le but du Yoga est le *nirvikalpa samadhi*, l'état d'union complète sans trace de dualité. Mais Brahmananda, le principal disciple de Ramakrishna avec Vivekananda, disait que c'en est le début : tout dépend du niveau où l'on commence à parler de plénitude. Il faut pouvoir transférer cette expérience de *nirvikalpa* dans la vie courante : c'est ce qu'on appelle le *sahaja samadhi.*

Si on réussit à se maintenir dans la lumière *(sattva)*, la Réalisation est proche, nous dit la Tradition ; témoins ces versets de la *Ribhou-Gita*, ce texte non dualiste dont la lecture, disait Ramana Maharshi, « vaut le samadhi » :

> « Je suis dénué du concret et du non-concret, je suis dépourvu des couples d'opposés, je suis Cela, quant à moi.
> Je suis dénué de tout et de chaque chose, je suis sattvique, continuellement je suis, quant à moi.
> Je suis sans support ni supporté, je suis dépourvu de substratum, quant à moi.
> Je suis entièrement de la forme de la Conscience pure ; je suis Être, Conscience, Béatitude, quant à moi.
> Je suis semblable à l'espace non morcelé, je suis "Cela" qui est uniforme, quant à moi.
> Je suis entièrement de la forme de la Lumière, je suis dépourvu de la langue de mon pays, quant à moi[11] *. »

* Il y a sans doute un jeu de mots entre *bhasa :* lumière, et *bhasha :* langage.

La recherche n'exclut pas la plénitude, le voyage n'exclut pas le but : le courant dans la mer est à la fois un et différent du reste de la mer. Ma Anandamayı disait souvent : « L'Atman éternel, le pèlerin éternel sont Lui, Lui seul. »

Vacuité

Il n'y a pas lieu d'avoir peur de la vacuité : on se sent si bien quand on est sur le point de s'endormir... J'aimerais souligner que dans l'alphabet sanskrit ou grec, le « a » est à la fois la première lettre et le préfixe privatif, c'est-à-dire le signe de la vacuité de départ qui est à l'origine de tout. De même le mot zéro, le premier chiffre, se dit – dans le langage de l'Inde qui a découvert cette notion – *shounya*, qui désigne la vacuité originelle. En alchimie, le zéro intervient dans le symbole de pratiquement tous les éléments. Cette notion de vacuité n'est pas étrangère aux mystiques de l'Occident[12]. Maître Eckhart disait : « Si vous avez perdu Dieu, cherchez-le là où vous l'avez perdu. » C'est-à-dire que l'expérience d'absence, elle aussi, est un signe de la Présence.

Connaissance complète

Cette notion de connaissance complète *(vijñana)*, d'omniscience, est souvent mal comprise par les Occidentaux qui y voient une sorte de mégalomanie douce ; mais cela signifie en réalité que le sage connaît ce qu'il a besoin de connaître, c'est-à-dire l'essentiel, et qu'il ne ressent plus le besoin de courir après des connaissances secondaires. On pourrait appeler aussi bien cette connaissance ignorance, nuage d'inconnaissance ou bien expérience où, comme le dit Jean de la Croix, *« entréme donde no supel y quedéme no sabiendo/toda ciencia trascendiendo* (J'entrais sans savoir où j'entrais, et j'y demeurais sans savoir, mais en transcendant toute science[13]) ».

Nisargadatta conseille la méditation comme voie royale vers la connaissance complète : « Ne soyez pas impliqués dans trop de questions ou réponses. Méditez, afin que la connaissance devienne une avec la Connaissance. Toutes les réponses jailliront alors spontanément. Je vous ai donné la clé[14]. » Il se peut que le sage ne soit pas un bon thérapeute, ni même un bon pédagogue : il s'occupe de l'essentiel, il est un marchand de farine, et non de petits pains ou de gâteaux. Il s'intéresse au substratum et non pas, comme le font les théoriciens de la psychologie, au découpage de l'espace de l'esprit et à la manière de réorganiser ces morceaux qu'ils ont eux-mêmes créés.

L'expérience réelle de plénitude ou de vacuité va de pair avec la compassion ; chez un pratiquant avancé, les voies de connaissance et d'amour se réunissent. Amma dit : « La réalisation de Dieu n'est autre que la capacité et l'ouverture du cœur à aimer chacun de façon égale[15]. »

On demandait un jour à Nisargadatta : « Donnez-nous des recettes par lesquelles on peut abandonner cette identification au corps. » Il répondit : « La seule réponse, c'est de méditer et réfléchir constamment sur ce que je vous ai dit. Progressivement, cette autolimitation va disparaître et le sens de séparation [d'avec l'Unité absolue] va s'en aller. Pour résoudre l'énigme, on doit méditer profondément sur une longue période[16] », et dans sa réponse qui conclut le même ouvrage : « N'agissez pas. Comprenez. Vous essayez de nouveau d'agir comme un individu. Pour comprendre ce que je vous dis, il est impératif que vous ayez recours à la méditation. Ne soyez pas emporté par les concepts, demeurez seulement dans la quiétude[17]. »

Si, par ce livre, certains ont pu trouver, ou retrouver, ou accroître, leur désir de regarder au-dedans d'eux-mêmes, j'en serai content. Quant à moi, il me reste à mieux mettre en pratique ce que j'ai écrit, et pour cela je retourne au silence.

Quoi de meilleur, pour complètement s'absorber, pour complètement s'abandonner, qu'une étendue à perte de vue, qu'un silence « à perte d'écoute » ?

Quand le vase repose dans la fontaine, quelle différence y a-t-il, dites-moi, entre l'eau du dedans et l'eau du dehors ?

Méditer les paroles d'un sage ou des écrits spirituels, ce n'est qu'un début : la vraie méditation, c'est de méditer sur le méditant.

Les pensées ordinaires donnent à penser ; mais il existe des pensées – extraordinaires ? – qui donnent à « non-penser ».

L'arrêt du mental : un repos sans faiblesse, une immobilité sans paralysie, une chute libre sans pesanteur.

Les trompettes peuvent faire s'effondrer les murailles, la foi déplacer les montagnes ; mais le silence, lui, dissout les univers.

À partir d'où peut-on avoir conscience de l'impermanence, si ce n'est du sein de la grande Immobilité ?

Celui qui est assis dans une barque et touche du doigt l'eau de mer a un contact réel avec la mer entière.
De même, celui qui est assis en méditation et qui expérimente une touche d'immobilité a un contact réel avec la grande Immobilité.

Le renonçant hindou est celui qui préfère au rituel continué la méditation continue.

L'ego est fondé sur un mouvement perpétuel ; le Tout-Autre ne peut donc être autre que la grande Immobilité.

En rayonnant une vague d'immobilité, le sage offre à qui veut un morceau d'immortalité.

Quand à midi le fond du lac est tranquille et sa surface lisse, l'eau devient feu et la transparence soleil.

Quand le papillon cesse de papillonner, le ciel devient soudain plus immobile.

Les gens sont prêts à payer très cher pour avoir un enseignant qui leur dit d'une façon plus ou moins exotique : « Faites ce que vous voulez comme vous le voulez. » N'est-ce pas comique ?

Quand l'écoute rencontre le silence, alors se manifestent spontanément la conscience de l'espace et l'espace de conscience.

Si l'évocation du Soi comme espace de conscience ne vous dit rien, méditez sur lui comme conscience de l'espace.

Basculer son centre de gravité du bas vers le haut de corps, puis basculer soi-même dans un espace où il n'y a plus ni centre ni gravité.

En décomposant la matière, on passe par la molécule, l'atome puis les particules élémentaires pour arriver à la notion de champ unifié. De même, en analysant l'ego ou même en cherchant la base de la Personne divine, on arrivera également à la notion de champ unifié.

Une méditation sur la « pénétrance » : l'air pénètre la fumée et le vide pénètre la matière ; le silence pénètre le bruit et la lumière des étoiles pénètre la nuit ; de même, le Soi pénètre le monde, pénètre le soi.

La véritable expérience de l'universel n'est ni floue ni diluée. Elle est effilée comme la lame du rasoir, c'est la sente étroite du bout du monde.

Il y a beaucoup de postures de méditation, mais il en est une qui est absolument confortable : celle où l'on est adossé au Vide.

L'explosion du plein dans le vide : tout le monde comprend ; l'explosion du vide dans le plein : seul le mystique peut saisir.

Ceux qui se sont assoupis sur l'idée que le service social est le tout de la spiritualité feraient bien de se laver la tête avec l'eau froide de la pure conscience.

Les paroles volent, les symboles restent ; les symboles volent, la Vacuité demeure.

L'épistémologie est la science des sciences, mais elle n'est possible que grâce à la conscience de l'épistémologue. Cette conscience ne pourrait-elle pas représenter la « science des sciences des sciences » ?

Une philosophie basée sur la pure conscience est aussi vaste que le vent, l'eau ou la nature elle-même. Celle-ci enveloppe l'humanité et ses constructions, mais n'est enveloppée par rien.

Sous les broussailles emmêlées du mental, l'humus simple de la pure conscience.

Curieusement, la voie de la Connaissance est un pont jeté entre deux falaises d'ignorance : l'ignorance crasse du débutant, l'ignorance lumineuse du sage.

Le fait même que nous puissions prendre conscience d'un objet suggère que l'objet et nous-mêmes sommes inclus dans la Conscience.

Le sens ultime du « Tu » est de dissoudre le « Je » en « Lui » ; le sens ultime du « Lui » est de se dissoudre en « Cela ».

Le paradoxe de la conscience : quand elle n'est pas pleinement consciente d'elle-même, elle n'est que demi-conscience, ou demi-inconscience si l'on veut. Et si elle est pleinement consciente d'elle-même, quelle place reste-t-il pour la dualité sujet-objet ?

Saint Thomas d'Aquin a harmonisé à son époque christianisme et aristotélisme. Il est possible que le XXIe *siècle voie émerger un esprit capable d'harmoniser christianisme et non-dualisme.*

« Contemplatif » est un mot trop actif pour le non-dualiste : car quand celui qui contemple, ce qui est contemplé et la contemplation ne font plus qu'un, comment peut-on parler encore d'action ?

Le but de la vie spirituelle n'est pas la clairvoyance, mais la « claire voyance » : voir en chaque chose et autour de chaque chose la claire lumière.

Le moine qui pratique sans cesse a compris que la conscience était le chemin le plus court vers la Conscience.

Si la parole est nourriture, le silence est assimilation ; si la méditation est manducation, l'arrêt du mental est communion.

On peut dire beaucoup de choses sur la métaphysique ; mais sur cette science secrète qu'il y a au-delà des expériences intérieures, la « métapsychique », que peut-on dire ?

Le mental prend conscience ; le Soi ne prend rien, il est Conscience. La non-violence suprême : le silence.

Notes

Introduction

1. Michel Fromaget, « Corps Âme Esprit. Introduction à l'anthropologie ternaire », *Question de* n° 87, Albin Michel.
2. Thomas Moore, *Care of the Soul*, Piatkus, Londres, 1992. A été traduit en français (*Le Sain de l'âme*, Rocher, 1994).
3. James Hillman, *In Search – Psychology and Religion*, Spring Publications, Dallas, Texas, 1967. Certains textes de Hillman ont été traduits en français.
4. Ma Anandamayi, *Vie en jeu*, textes réunis et traduits par J.-C. Marol, Accarias/L'Originel, 1995, p. 52.
5. D. Lukoff, « Transpersonal psychology research review : psycho-religious dimension of healing », *The Journal of Transpersonal Psychology*, 1992, 24-1, p. 50.
6. Bulletin du SEN France, n° 4, 01-95, p. 6, voir n. 23.
7. Majjhima Nikaya I, cité par M. Quentric-Séguy dans *Initiations*, n° 12, Bruxelles, 1994, p. 40.
8. Samyutta Nikaya, 47-19.
9. Marc de Smedt, *Techniques de méditation et pratiques d'éveil*, Albin Michel, coll. « Spiritualités vivantes poche », 1990.
10. Ken Wilber, *Transformations of Consciousness*, Shambala, 1986, chap. III et VI à IX.
11. Roger Walsh, « Phenomenological mapping : A method for describing and comparing states of consciousness », *The Journal of Transpersonal Psychology*, 1995, 27-1, pp. 25-56.

12. Pierre Weil, « Anthologie de l'extase », *Question de* n° 77, Albin Michel.

13. Marc-Alain Descamps, *Corps et extase. Les techniques corporelles de l'extase*, Trédanicl-Éditions de la Maisnie, 1992.

14. J. Vigne, *Le Maître et le Thérapeute*, Albin Michel, coll. « Spiritualités vivantes », 1991.

15. J. Vigne, *Éléments de psychologie spirituelle*, Albin Michel, coll. « Spiritualités vivantes », 1992 (de nombreuses traductions ont été faites de ce livre).

16. Raimundo Panikkar, *Contemplation and Action in World Religions*, textes réunis par Yusuf Ibish, Rothko Chapel Book, University of Washington Press State, Londres, p. 261.

17. Ben nombre de livres sont disponibles sur Ma Anandamayi en français : *L'Enseignement de Ma Anandamayi*, Albin Michel, coll. « Spiritualités vivantes poche » ; *Présence de Ma Anandamayi*, Les Deux Océans ; *Visages de Ma Anandamayi*, Cerf, et des titres sortis l'année du centenaire de la naissance de Ma, dont quatre ouvrages préparés par J.-C. Marol : *En tout et pour tout* (photos et texte), Le Fennec ; *Vie en jeu*, Accarias/L'Originel ; *Une fois Ma Anandamayi*, Trédaniel ; un recueil de paroles dans la collection des petits livres de pensées de la Table ronde, « Perles de lumières » ; *Auprès de Ma Anandamayi ;* par Bhaïji, traduction de Jacques Vigne, éditions Terre du Ciel, 1996 ; et une réédition de *Aux sources de la joie*, le premier petit livre de Ma à avoir été traduit en français par Jean Herbert, aux éditions Albin Michel, 1996.

18. J. Vigne, « Méditer, une philosophie du dedans », *Question de* n° 99 : « Marcher, méditer » pp. 98-143 (*cf.* aussi dans ce numéro la première partie de Michel Jourdan sur la marche méditative, pp. 4 à 97) ; « Nécessité du non-dualisme pour l'Occident », *Question de* n° 100 : « Le XXIe siècle a commencé », pp. 166-197.

19. Aryeh Kaplan, *La Méditation et la Bible*, Albin Michel, coll. « Spiritualité vivantes », 1993.

20. Nisargadatta Maharaj, *Seeds of Consciousness*, textes réunis par Jean Dunn, Grove Press, États-Unis, 1982, p. 195. Les œuvres de Nisargadatta sont traduites en français aux éditions des Deux Océans.

21. Swami Ajaya, *Psychotherapy East and West. An Unifying Paradigm*, 1984, et en collaboration avec Swami Rama, *Yoga and Psychotherapy*, 1976, Himalayan Institute, Honesdale, Pennsylvanie.

22. Marguerite Frémont, *La Vie du Dr René Allendy 1889-1942*, manuscrit de l'auteur, p. 82.

23. Association française du transpersonnel : 18, rue Berthollet. Paris ; Association internationale de psychiatrie spirituelle : 31, rue des Meuniers, 92150 Suresnes ; Association Yoga et Psychologie : 17, rue Delambre 75014 Paris ; la branche française du Spiritual Emergence Network, SEN France : Le Bourg, 17120 Épargnes ; ITREC : 153, rue du faubourg Saint-Denis, 75010 Paris ; FSTDH, 16, passage Boiton, 75013 Paris.

24. Sigmund Freud, *Complete Works*, Londres, Hogarth Press, 1964.

25. Albert Einstein, *Ideas and Opinions*, Grown Publishers Inc., 1954, p. 11.

26. Nisargadatta Maharaj, *I am That*, Chetana, Bombay, p. 311.

27. *Id.*, p. 339.

28. R.M. Bucke, *Cosmic Consciousness*, réédité en 1973 par The Citadel Press, Secaulus, New Jersey, p. 65. Traduction française publiée au Canada.

29. D. Gifford-May, « Deep States of Meditation : Phenomenological Aspects of Experience », *The Journal of Transpersonal Psychology*, 1994, 26-2, pp. 117-138.

30. J. Vigne, « Guru and Psychotherapist : a Comparison from the Hindu Tradition », *JTP*, 23-2, 1991, pp. 121-138.

31. Ma Anandamayi, *Vie en jeu, op. cit.*, pp. 78 et 94.

1. Corps

1. Shapiro et Walsh, *Meditation, Classic and Contemporary Perspectives*, Aldine, New York, 1984.

2. Dr Ikemi et Taisen Deshimaru, *Zen et self-control*, Albin Michel, coll. « Espaces libres », 1985, 1991. *Science studies Yoga*, Himalayan Institute, Honesdale, Pennsylvanie. *Collected Papers*,

articles réunis par Ormes-Johnson, Maharishi International University Press, New York, 1975.

3. E.L. Rossi, *Psychobiologie de la guérison. Influence de l'esprit sur le corps*, Épi-DDB, 1994, p. 23.

4. *Id.*, p. 34.

5. *Id.*, p. 35.

6. *Id.*, p. 302.

7. *Id.*, p. 314.

8. *Id.*, p. 227.

9. A. Meares « A form of intensive meditation associated with the treatment of cancer », *The American Journal of Clinical Hypnosis*, 1982, 25 (2-3), pp. 114-121 ; et aussi « Deep meditative trance : The approach of Ainslie Meares » in D.C. Hammond, *Handbook of Hypnotic Suggestions and Metaphors*, New York, W.W. Norton, pp. 160-162.

10. Ma Amritanandamayi, *Awaken Children !*, vol. V, Mata Amritanandamayee Mission Trust, Amritapuri, 690525, Quilon, Kerala, Inde.

11. Rossi, *op. cit.*, p. 336.

12. H. Hall, « Hypnosis and the immune system : A review with implications for the cancer and the psychology of healing », *The American Journal of Clinical Hypnosis*, 1982, 25 (2-3), pp. 92-103.

13. Rossi, *op. cit.*, p. 404.

14. Swami Muktibodhananda, *Swara Yoga*, Bihar School of Yoga, Munger, Bihar, Inde, 1984, p. 101.

15. J.-B. Earle, « Cerebral Laterality and Meditation : A review of literature », *The Journal of Transpersonal Psychology*, 1981, 13-2, pp. 155-173.

16. Pierre Etévenon, *L'Homme éveillé. Paradoxes du sommeil et du rêve*, Tchou, 1990 ; *Du rêve à l'éveil*, Albin Michel, 1987 ; *Les Aveugles éblouis*, Albin Michel, 1984.

17. Lionel Coudron, *Stress. Comment l'apprivoiser*, J'ai lu-Belfond, 1992, pp. 126-143.

18. Dennis Boyes, *Évolution intérieure et problèmes psychologiques*, Dervy, 1984.

19. W.T. Winquist, cité par Swami Rama in *Yoga and Psychotherapy*, Himalayan Institute, 1976, p. 314.

20. George Ellis, *Réapprendre la liberté*, Éditions Club, 1983, 1985, p. 319.
21. Karen Horney, *L'Autoanalyse*, Stock Plus, 1978 (1942 pour l'original anglais).
22 Marguerite Frémont, *La Vie du Dr Allendy, 1889-1942*, manuscrit communiqué par l'auteur, p. 103.
23. Éditions Nauwelaerts, Belgique, 1995.
24. Collectif Spiramed, *Meditation et psychothérapie*, Le Fennec, 1995.
25. Nisargadatta Maharaj, *Seeds of Consciousness, op. cit.*, p. 105.
26. Nisargadatta Maharaj, *I am That, op. cit.*, p. 2.

2. Sommeil

1. Withall N. Perry, *A Treasury of Traditional Wisdom*, George Allen and Unwin, 1971, p. 97.
2. Cité par Swami Ajaya, *Psychotherapy East and West : An Unifying Paradigm*, Himalayan Institute, Honesdale, Pennsylvanie, 1983, p. 168.
3. Swami Rama, *Living with Himalayan Masters*, Himalayan Institute, 1978, onzième édition 1993.
4. Green *et al.*, *Biofeedback for Mind-Body Regulation*, The Menninger Foundation, Topeka, Kansas, 1971, p. 23.
5. Michel Jouvet, *Le Sommeil et le Rêve*, Odile Jacob, 1992, p. 128.
6. Chandradhar Sharma, *A Critical Survey of Indian Philosophy*, Motilal Banarsidas, Delhi, 1987, chap. VII.
7. W.Y. Evans-Wentz, *Tibetan Yoga*, Oxford University Press, 1958, vol. III.
8. Ramana Maharshi, *Talks*, Ramanashram, Tiruvanamalai, Tamil-Nadu, 1955, 1984, p. 1.
9. Nisargadatta Maharaj, *Prior to Consciousness*, présenté par J. Dunn, The Acorn Press (États-Unis), p. 50 (traduit aux éditions des Deux Océans).
10. Jouvet, *op. cit.*, p. 45.

11. *Id.*, p. 183.
12. *Id.*, p. 124.
13. B.B. Wolman, Montagu et Ullman, *Handbook of States of Consciousness*, Van Nostran Reinhold Company, New York, 1986, p. 357.
14. *Id.*, p. 63.
15. A. Kasamatsu et T. Hirai, « An EEG study on the Zen Meditation » in *Altered States of Consciousness*, éditions Ch. Tart, Garden City, New York, Doubleday, 1972, pp. 501-514.
16. Swami Rama et Ajaya, *Yoga and Psychotherapy. The Evolution of Consciousness*, Himalayan Institute, Honesdale, Pennsylvanie, 1976, p. 160.
17. Christian Bouchet, « Lucidité onirique », *Bulletin du Transpersonnel*, Paris, janvier-avril-juin 1995.
18. Cité par LaBerge *in* Wolman, *op. cit.*, p. 197.
19. Nisargadatta, *op. cit.*, p. 131.
20. LaBerge, *op. cit.*, p. 159.
21. *Id.*, p. 192.
22. Ch. Tart, « The structure and dynamics of waking sleep », *The Journal of Transpersonal Psychology*, 1993, 25-2, pp. 141-168.
23. Langer, *Mindfulness*, Addison Wesley, 1989.
24. Cité par Wolman, *op. cit.*, p. 188.
25. Nisargadatta Maharaj, *I am That, op. cit.*, p. 117.
26. D. Charrière, « L'Ombre », *Question de*, n° 96, Albin Michel, 1994, pp. 80 *sqq.*
27. C.G. Jung, *Man and his Myths*, Garden City, New York, Doubleday, 1964, pp. 51-52.
28. Harold Coward, *Jung and Eastern Thought*, Suny Press, New York, 1985.
29. Radmila Moacanin, *Jung's Psychology and Tibetan Buddhism*, Wisdom Publications, Londres, 1986.
30. C.G. Jung, *Psychology and the East*, Princeton University Press, 1978, p. 103, cité par S. Walker, « Jung on Yoga and Realization », *Bulletin of the Ramakrishna Mission Institute of Culture*, Gol Park, Calcutta, août 95, p. 320.
31. Cité par J. Ossof, in *Journal of Transpersonal Psychology* (*JTP*), 1993, 25-1, p. 33.
32. Walker, *op. cit.*, p. 322.

33. C.G. Jung, *Correspondance (1941-1949)*, Albin Michel, 1993, p. 92.
34. Walker, *op. cit.*, p. 326.
35. C.G. Jung, *Correspondance, op. cit.*, p. 115.
36. Walker, *op. cit.*, p. 327.
37. Ernest Lawrence Rossi, *Psychobiologie de la guérison, op. cit.*
38. Felipe, « Attitude change during interrupted sleep », thèse, Yale University, 1965.
39. Rossi, *op. cit.*, p. 166.
40. E.R. Hilgard, *Divided Consciousness : Multiple Controls in Human Thought and Action*, New York, Willey, 1977.
41. Rossi, *op. cit.*, p. 80.
42. *Id.*, p. 160.

3. Substances

1. L.E. Patrik, « Phenomenological method and meditation », *The Journal of Transpersonal Psychology*, 1994, 26-2, pp. 37-54, et R. Walsh, « A model for viewing meditation research », *JTP*, 1982, 14-1, pp. 69-84.
2. E.M. Thorton, *The Freudian Fallacy*, The Dial Press, Doubleday, Garden City, New York, 1983 ; première publication en Grande-Bretagne par Blond and Briggs sous le titre *Freud and Cocaine.*
3. Charles Tart, *Transpersonal Psychologies*, Harper, 1975, et *Altered States of Consciousness*, Harper, 1990.
4. H. Barte Nhi, *Les Chemins de la libération*, Épi, 1978.
5. Beck Deva et James, *Les Endorphines. L'autogestion du bien-être*, Le Souffle d'Or (trad. de l'américain) : aborde des notions de base sur les endorphines et donne des exercices psychosomatiques simples ayant pour visée de stimuler nos propres endorphines.
6. Pr André Orsetti, *Sport et endorphines*, Éd. Chiron, 1991 : développe en détail les effets des endorphines sur l'organisme et les conditions de leur apparition pendant un effort sportif soutenu.
7. « Beati pauperes Spiritu » (Sermon 52), Maître Eckhart, *Les Sermons*, tome II, p. 148, Le Seuil, 1978.

8. Irénée Haussherr, S.J., *Hésychasme et prière*, Orientalia Christiania Analecta, Rome, 1966.

9. Charles Tart, « Influence of previous psychedelic drug experiences on students of Tibetan Buddhism : a preliminary exploration », *JTP*, 1991, 23-2, pp. 139-174.

10. R. Metzner, « Addiction and transcendance as altered states of consciousness », *JTP*, 1994, 26-1, pp. 1-18.

11. S. Krippner, « The Plateau Experience : Maslow and others », *JTP*, 1972, 4-2, pp. 107-120.

12. C. Naranjo, *in* Wolman, *Handbook of States of Consciousness, op. cit.*, p. 382.

4. Énergie

1. Vivekananda, cité par Swami Satyananda in *Kundalini Tantra*, Bihar School of Yoga, Munger, Bihar, Inde, 1984, p. 433.

2. Gopi Krishna, *Kundalinî, the Secret of Yoga* et *The Evolution of Higher Consciousness*, UBSPD, New Delhi, 1993. Le premier titre a été traduit en français.

3. Arthur Avalon, *Le Pouvoir du Serpent*, Dervy.

4. Yésudian et Haich, *Force sexuelle et Yoga*, Éd. du Signal, Lausanne.

5. Lilian Silburn, *La Kundalinî*, Les Deux Océans, 1983.

6. *Id.*, p. 239.

7. *Id.*, pp. 102 et 248.

8. Cité par Swami Satyananda, *op. cit.*, pp. 399 et 377.

9. Actes du 2e congrès international, « Le corps énergétique de l'homme », Éd. de l'Opéra, 1993.

10. Constantin Amariu, *L'Œuf*, éditions du Félin, coll. « Les Symboles », 1988, p. 69.

11. Geshe Kelsang Gyatso, *Clear Light of Bliss*, Wisdom Publications, Londres, p. 20. (Édition française chez Dharma sous le titre *Claire lumière de félicité*.)

12. Swami Satyananda, *Hatha-Yoga pradipikâ*, Satyanandashram, 1991, p. 602.

13. Sainte Thérèse d'Avila, *Interior Castle*, traduit par Allison Peers, Double-Day, New York, 1961, pp. 77-78.
14. Arthur Avalon, *The Serpent Power*, Ganesh Madras, 1918, 1973, p. 227.
15. Swami Vishnu Tirtha, *Devatma-shakti*, Yoga Shri Peeth Trust, Rishikesh, 1948, p. 103.
16. Gérard Edde, *Les Chakras*, L'Originel, 1989, pp. 37 à 100.
17. Silburn, *op. cit.*, p. 57.
18. I. Bentov, *Stalking the Wild Pendulum*, Fontana, Londres, 1979, cité par Swami Satyananda, cf. note 1.
19. Swami Muktananda, *Kundalini, le secret de la vie*, Horus, Lyon, 1981, p. 59.
20. Muktananda, *Chitshaktivilas*, Siddhapith, Ganeshpuri, Maharashtra, Inde.
21. Voir note 15.
22. Ma Anandamoyi, *Vie en jeu*, Accarias/L'Originel, 1995, p. 78.
23. Ma Amritanandamayi, *Awaken Children*, Amritapuri, Kerala, vol. III.
24. *Id.*, vol. V, p. 212.
25. Dogen commenté par T. Deshimaru, *Le Trésor du Zen*, Albin Michel, coll. « Spiritualités vivantes », 1986, pp. 163-185.
26. Ervin Laszlo, *Aux racines de l'univers. Vers l'unification de la connaissance scientifique*, Fayard, 1986.
27. Cité par G. Krishna, *cf.* note 2, p. 145.

5. Action

1. Nisargadatta Maharaj, *I am That, op. cit.*, p. 354.
2. Nisargadatta Maharaj, *Prior to Consciousness, op. cit.*, p. 45.
3. Nisargadatta Maharaj, *I am That*, p. 90.
4. Ma Amritanandamayi, *Immortal Light : Ammachi's Advice to Householder*, Amritapuri, Quilon, Kerala, Inde, 1994, p. 21.
5. Nisargadatta Maharaj, *I am That*, p. 319.

6. Émotions

1. E.L. Rossi, *Psychobiologie de la guérison. L'influence de l'esprit sur le corps, op. cit*, p. 399.
2. A. Lemaire, *Jacques Lacan*, Mardaga, Bruxelles, 1977, p. 128.
3. J. Laplanche et J.-B. Pontalis, *Vocabulaire de la psychanalyse*, PUF, 1967, p. 396.
4. Michel Random, « Le XXIe siècle a commencé », *Question de* n° 100, Albin Michel, 1995, p. 257.
5. *The Gospel of Shri Ramakrishna*, traduit par Swami Nikhilananda, Madras, Mylapore, 1974, p. 155.
6. Ma Amritanandamayi, *Awaken Children, op. cit.*, vol. III, p. 70.
7. *Id.*, p. 72.
8. Jean-Yves Leloup, *Manque et plénitude*, Albin Michel, 1994, p. 41.
9. Nisargadatta Maharaj, *I am That, op. cit.*, p. 304.
10. Stewart, « ACTH, endorphines and neurons as regulator of central nervous system activity », 1980, pp. 774-779, Copenhague, cité par Rossi, *op. cit.*, p. 395.
11. Ma Anandamayi, *Vie en jeu, op. cit.*, p. 75.
12. J.K. Stettbacher, *Pourquoi la souffrance*, Aubier, 1991, pp. 62-85.
13. C.G. Jung, *Complete Works*, Routledge and Keagan, 1980, vol. XII, p. 43.
14. Shantideva, *Bodhicharyavatara*, verset 48.

7. Ego

1. Ceux qui souhaitent approfondir ce sujet peuvent se référer à *The Cultural Heritage of India*, vol. III, The Philosophies (partie sur la personnalité), RMIC, Gol Park, Calcutta 29.

2. Hélène Barrère, « Choisir de ne pas vieillir », *Troisième Millénaire*, n° 37, p. 88.

3. *Navbharat Times*, 20 janvier 1995.

4. Jacques Vigne, « La nécessité du non-dualisme pour l'Occident », *Question de* n° 100, Albin Michel, 1995, pp. 166-198.

5. Raconté d'après Ovide *in* Thomas Moore, *Care of the Soul*, Piatkus, 1992, chap. III. Traduit en français (voir note 2 de l'introduction).

6. Martine Quentric-Séguy, « Bouddhisme et psychothérapie », in *Initiations* n° 12 : « Les Thérapies de l'âme », automne 1994, Bruxelles, p. 37.

7. Albert Einstein, *Ideas and opinions*, Crown Publishers, 1954, et Rupa, 1993, p. 12.

8. Ma Anandamayi, *Vie en jeu, op. cit.*, p. 81.

9. Nisargadatta Maharaj, *Seeds of Consciousness, op. cit.*, p. 164.

10. Nisargadatta Maharaj, *I am That, op. cit.*, p. 315.

11. *Id.*, p. 435.

12. *Id.*, p. 17.

13. Francisco Varela, *L'Inscription corporelle de l'esprit*, Seuil, coll. La couleur des idées, 1993, p. 8.

14. J.G. Watkins *in* B.B. Wolman, *Handbook of States of Consciousness, op. cit.*, pp. 134 sqq.

15. John Rowan, *Subpersonalities. The People Inside Us*, Routledge, 1990, p. 110.

16. *Id.*, p. 90.

17. D.T. Hughes, « Differences between Trance Channeling and Multiple Personality Disorders on Structured Interview », *The Journal of Transpersonal Psychology*, 1992, 24-2, pp. 181-193.

8. Imaginaire

1. Henry Corbin, *L'Imagination créatrice dans le soufisme d'Ibn 'Arabi*, Flammarion, 1958, 1975, p. 12.

2. Cité par Gilbert Durand, *L'Imagination symbolique*, Quadrige/PUF, 1964, p. 85.

3. Gaston Bachelard, *La Poétique de la rêverie*, Quadrige/PUF, 1960, p. 46.
4. *Id.*, p. 95.
5. Traduit par Lama Denis in *Dialogue avec un Lama occidental*, Dervy, coll. « À mots ouverts », 1991, p. 207.
6. Shankaracharya, *Aparokshanubhuti*, Advaita Ashram, Calcutta, 1989, p. 68.
7. Grégoire de Nysse, *Patrologie grecque*, 4-3728, cité par Durand, *op. cit.*, p. 63.
8. Claude Lévi-Strauss, cité par Raymond Abellio, *Manifeste de la nouvelle Gnose*, Gallimard/Essais, 1989, p. 174.
9. René-Guy Cadou, *Poésie, la vie entière*, Seghers, 1978.
10. Raymond Abellio, *op. cit.*, p. 162.

9. Poétique

1. Saint Jean de la Croix, *Œuvres complètes*, Le Cerf, 1990, p. 209. Mère Marie du Saint-Sacrement, qui a publié en 1937 la traduction des *Œuvres* que le Cerf a reprise en 1990, a vécu en Inde à Bangalore, où elle est décédée en 1939. Faut-il y voir un signe de l'attirance de la terre indienne pour ceux qui ont une forte aspiration mystique ?
2. Georges Pompidou, *Anthologie de la poésie française*, Hachette, 1961, p. 335. Les citations de poèmes célèbres peuvent presque toutes être retrouvées dans cette anthologie.
3. T.S. Eliot, *Four Quartets*, A Harvest/HBJ Book, New York, 1943, p. 44.
4. Gaston Bachelard, *La Poétique de la rêverie, op. cit.*, p. 18.
5. Kenneth White, *La Figure du dehors*, Grasset, 1978.
6. *Id.*, p. 56.
7. *Id.*, p. 133.
8. *Id.*, p. 151.
9. *Id.*, p. 128.
10. Yves Bonnefoy, *Entretiens sur la poésie*, Mercure de France, 1992, p. 328.
11. *Id.*, p. 27.

12. Staal, *Advaita and Neo-Platonism*, Madras, Inde.
13. Bonnefoy, *op. cit.*, p. 100.
14. *Id.*, p. 316.
15. *Id.*, p. 186.
16. *Id.*, p. 191.
17. *Id.*, p. 31.
18. *Id.*, p. 331.
19. Saint Jean de la Croix, *op. cit.*, p. 119.
20. Friedrich Nietzsche, *Ainsi parlait Zarathoustra*, Le Livre de Poche, 1983, p. 180.
21. René-Guy Cadou, *Poésie, la vie entière, op. cit.*, p. 162.
22. *Id.*, p. 408.
23. Octavio Paz, *Conjonctions et disjonctions*, NRF Essais/Gallimard, 1971, p. 155.
24. Gilles Farcet, *Henry Thoreau, l'éveillé du Nouveau Monde*, Albin Michel, coll. « Espaces libres », 1986/1990, pp. 183 et 213.
25. Saint Jean de la Croix, *op. cit.*, p. 191.
26. Charles Péguy, *Les Tapisseries*, Poésie/Gallimard, 1968, p. 30.

10. Attention

1. Nyayaponika Thera, *The Heart of Buddhist Meditation*, Rider, 1962, 1987, p. 33.
2. *Nouvelles Clés*, hors série n° 5, p. 47.
3. Nyayaponika, *op. cit.*, p. 196.
4. *Id.*, p. 177 (Samyutta Nikaya, 32, 152).
5. *Id.*, p. 165.
6. J. Vigne, « La répétition : physiologie, psychologie, thérapeutique », thèse de médecine, Paris, 1983.
7. Nisargadatta Maharaj, *I Am That, op. cit.*, p. 432.
8. Vivekananda, *Complere Works II*, Advaita Ashram, 1932, p. 388.
9. Éditions Verdier, 1993, *667* p.
10. À ce sujet, voir le numéro de la revue *Om* sur la lucidité, textes réunis par Thierry Cazals.

11. Nisargadatta Maharaj, *op. cit.*, p. 32.
12. *Id.*, p. 10.
13. John Welwood « Meditation and the unconscious : A new perspective », *Journal of Transpersonal Psychology*, 1977, 1, pp. 43 *sqq*.
14. M. Jourdan et J. Vigne, « Marcher, méditer », *Question de* n° 99, mars 1995, Albin Michel, pp. 98-142 ; rééd. coll. « Espaces libres », 1998.
15. J.-P. Schnetzler, « Méditation et psychothérapie : rapport et mode d'action », Actes du congrès de l'AIPS, Lyon, 1994, publiés par Le Fennec sous le titre *Méditation et psychothérapie*, 1995.
16. Richard Castillo, « Depersonalization and Meditation » *Psychiatry*, Mai 1990, vol. 53, pp. 158-168.
17. Viktor Frankl, *Man's Search for Meaning*, Simon and Shuster, 1959, 1984, New York.
18. M.M. Delmonte, « Suggestibility and Meditation », *Psychological Report 48*, 1981, pp. 727-737.
19. Naranjo, Ornstein, *On the Psychology of Meditation*, Penguin, 1971.
20. Patricia Carrington, « Meditation as an Acces to Altered State of Consciousness », in Wolman B.B., *Handbook of States of Consciousness*, Van Nostran Reinhold, New York, 1986, pp. 488 *sqq*. La plupart des études citées dans la section sur la privation sensorielle proviennent de cette source.
21. Stanislas et Christina Grof, *À la recherche du Soi*, Éditions du Rocher, 1993, pp. 51 sqq.
22. Frankl, *op. cit.*, p. 116.
23. Ma Anandamayi, *Vie en jeu, op. cit.*, p. 42.
24. Rossi, E.L., *Psychobiologie de la guérison, op. cit.*, p. 363.

11. Détachement

1. Maître Eckhart, *Du détachement*, Payot-Rivages, 1995.
2. Cité par Nisargadatta Maharaj, *Seeds of Consciousness, op. cit.*, p. 6.
3. Ma Amritanandamayi, *Immortal Light*, Amritapuri, Quilon, Kerala, Inde, 1994, pp. 8 et 94.
4. John Bowlby, *Attachment and Loss*, The Edgarth Press, Londres, 1969, p. 303.
5. Phyllis Krystal, *Visualiser*, 1993, et *La Vie ouverte. Briser les liens du passé*, 1990, Le Souffle d'Or.
6. Cité par Swami Ajaya, *Psychotherapy East and West*, 1984, p. 176.
7. Nisargadatta Maharaj, *I am That, op. cit.*, p. 186.
8. *Id.*, p. 204.
9. Paul Bernard et Simone Trauvé, *Sémiologie psychiatrique*, Masson, 1977.
10. *Navbharat Times*, 16 mars 1995, article paru en première page.
11. Nisargadatta Maharaj, *Seeds of Consciousness, op. cit.*, p. 154.
12. Nyanaponika Thera, *The Heart of Buddhist Meditation*, Rider, 1962, p. 126.
13. Shantideva, *Bodhicharyavatara*, v. 19.
14. Cité par E. Underhill, *Mysticism*, E.P. Dutton, New York, 1961, p. 226.
15. Cité par Vivekananda, *Meditation and its Methods*, Advaita Ashram, 1976, 1992, p. 125.
16. Cité par J. Deperne, *Méditer et agir*, Albin Michel, coll. « Espaces libres », 1986, 1993, p. 199.
17. Nisargadatta Maharaj, *I am That, op. cit.*, p. 249.
18. Swami Yatishwarananda, *Meditation and Spiritual Life*, Sri Ramakrishna Ashram, Bangalore, Inde, 1979, 1989, p. 157.
19. Nisargadatta Maharaj, *I am That, op. cit.*, p. 418.

12. Joie

1. *Maîtres spirituels au désert de Gaza*, traduit et présenté par Dom Lucien Regnault, Solesmes, 1966.
2. S. Boorstein, « Lightheartedness in psychotherapy », *The Journal of Transpersonal Psychology*, 1986, 12-2.
3. *Panchadasi* de Shri Vidyaranya Swami, traduit par Swami Swahananda, Shri Ramakrishna Math, Madras, 1987.
4. Nisargadatta Maharaj, *I am That, op. cit.*, p. 216.
5. *Id.*, p. 125.
6. *Id.*, p. 382.
7. Traduction française par J. Vigne, éditions Terre du Ciel, 1996.
8. Ma Anandamayi, *Vie en jeu, op. cit.*, p. 51.
9. *Id.*, p. 69.
10. Nisargadatta Maharaj, *op. cit.*, p. 511.

13. Pure conscience

1. Robert Forman (collectif), *The Philosophy of Pure Consciousness*, Oxford University Press, 1991.
2. Shankaracharya, *Vivekachudamani*, Advaita Ashram, Calcutta, 1 982.
3. Cité par D. Kapoor in *Vedic Concept of Yoga Meditation*, Deva Vedic Prakashan, Bombay, 1 982.
4. Ma Amritanandamayi, *Awaken Children, op. cit.*, vol. III, p. 71.
5. Albert Einstein, *Ideas and Opinions*, Crown Publishers, 1954, et Rupa, 1893, pp. 38 et 47.
6. J. Vigne, « La nécessité du non-dualime en Occident », *Question de* n° 100 : « Le XXIe siècle a commencé » (voir en particulier pp. 191 à 193) ; « Lumières du Vide », *La Revue française de Yoga*, Dervy/Albin Michel, janvier 1996.
7. Nisargadatta Maharaj, *Seeds of Consciousness, op. cit.*, p. 70.

8. Ma Amritanandamayi, *Awaken Children, op. cit.*, vol. V, p. 224.

9. Nisargadatta Maharaj, *op. cit.*, p. 126.

10. Nisargadatta Maharaj, *I am That, op. cit.*, p. 135.

11. Christian Bouy, « La Ribhougita, un joyau de la littérature non dualiste », in *L'Herne :* « Nirvana », 1993, pp. 171-172, versets 6, 7, 10, 21, 22, 23.

12. Revue *Hermès,* « Le Vide », nouvelle série dirigée par Lilian Silburn, Les Deux Océans, 1981.

13. Saint Jean de la Croix, *Œuvres complètes, op. cit.*, p. 129.

14. Nisargadatta Maharaj, *Prior to Consciousness, op. cit.*, p. 93.

15. Ma Amritanandamayi, *Immortal Light. Advice to Houesholders*, Amritapuri, Quilon, Kerala, 1994, p. 101.

16. Nisargadatta, *Seeds of Consciousness, op. cit.*, p. 183.

17. *Id.*, p. 209.

Glossaire des termes psychologiques

Comportementalisme : forme de psychologie qui s'intéresse plus aux actions extérieures produites par le sujet qu'à ce qui peut se passer à l'intérieur de sa psyché. A permis des études précises sur les techniques de relaxation.

Cyclothymie : variation périodique de l'humeur oscillant entre l'excitation (manie) et la dépression. Sa forme grave est la psychose maniacodépressive.

Dissociation : au pire, provoque une schizophrénie, au minimum des manifestations de subpersonnalité.

Expérience de sommet : notion individualisée par Maslow, qui a remarqué et pris en compte la fréquence et l'importance des expériences non ordinaires de conscience, rejetées jusque-là par la psychologie officielle ; il en est venu ensuite à la notion d'« expérience de plateau », plus stable et intégrée dans la vie.

Feedback : *cf.* rétroaction.

Fixation : début de régression à un stade de développement infantile, oral, anal ou génital.

Hypomanie : excitation mentale anormale sans pour autant être aiguë ; n'est pas sans rapport avec ce qu'on appelle en Inde l'éveil de la Kundalini.

« *Id* » ou « *ça* » : désigne la base instinctuelle et pulsionnelle de l'individu, en opposition avec le moi et le surmoi dans le vocabulaire psychanalytique.

Individuation : terme utilisé par Jung pour désigner la maturation de la personnalité qui se sépare de la grégarité socio-politico-religieuse.

Isomorphies corporelles : expression que j'ai formée pour rendre compte des analogies de forme entre différentes parties du corps vécu, analogies perçues directement en méditation et liées à des actions réflexes à distance.

Logothérapie : méthode développée par Viktor Frankl après la Seconde Guerre mondiale, insistant sur l'aspect évolutif des conflits intérieurs et le sens à donner à la souffrance.

Manie : état d'excitation aiguë.

Normophrénie : terme qu'on peut utiliser pour désigner un état où le souci d'être dans les normes en arrive à déformer profondément le rapport à la réalité.

Pandore (complexe de –) : expression que j'ai créée pour désigner le mélange de curiosité, de peur et de culpabilité que ressentent ceux qui recherchent des expériences nouvelles de drogue.

Périodes de repos ultradien : besoin de relaxation survenant spontanément toutes les trois heures environ pendant une vingtaine de minutes, et particulièrement propice à un traitement de troubles psychosomatiques par l'autosuggestion.

Phénoménologie : doctrine philosophique qui insiste sur l'importance du ici et maintenant ; peut être reliée en cela à l'approche méditative.

Régression : retour du psychisme à un mode de fonctionnement qui avait cours dans la petite enfance.

Rétroaction : en général dite négative, quand l'augmentation de l'effet entraîne la réduction de la cause, ce qui assure la stabilité du système ; parfois positive, ce qui met en danger le système de départ (épidémie, explosion…).

Schizoïdie : tendance schizophrénique.

Schizophrénie : perte du sens de la réalité accompagnée de dépersonnalisation, d'ambivalence affective et d'hallucinations ; commence entre 15 et 25 ans d'habitude, et peut survenir chez des adolescents doués d'un intellect brillant ou d'un sens artistique développé.

Sommeil léger : survient en début du cycle de quatre-vingt-dix minutes ; caractérisé par des ondes alpha, puis thêta.

Sommeil paradoxal : sommeil avec rêve, le paradoxe consistant en la coexistence d'ondes d'activité (bêta) au niveau du cerveau et d'une relaxation complète des muscles au niveau du corps

Sublimation : transformation de la libido lui permettant de prendre comme objet des buts supérieurs.

Subpersonnalités : forces intrapsychiques qui développent une individualité relativement autonome sous le couvert de la personnalité de départ. On en décrit souvent entre cinq et dix. Ce phénomène a reçu des noms différents selon les écoles.

Transduction : passage de l'information, en particulier de l'esprit dans le corps ; une difficulté dans cette transduction peut être la cause de troubles psychosomatiques.

Transe hypnotique : état de relaxation profonde accompagnée moins d'hypersuggestibilité que d'hypersensibilité, cette dernière permettant de transformer des hétéro ou autosuggestions mentales en vécu corporel.

Glossaire des mots sanskrits

Le « e » se prononce « é » quand il est à l'intérieur d'un mot. Les « h » sont prononcés. Le « jñ » correspond à peu près au son « gjnia ». Par désir de simplification, les voyelles longues et les signes diacritiques ont été omis dans le texte, mais ont été remis dans ce glossaire.

Advaita : non-dualité, philosophie présente dans les Oupanishads et développée particulièrement par Shankaracharya (IXe siècle) et l'école du Védanta.

Ājña : le troisième œil, au milieu du front entre les deux yeux.

Amrita : immortel.

Ananda : félicité.

Ananta : infini.

Āsana : position assise, posture de Yoga.

Ātma (n) : le soi individuel ou le Soi universel (les deux sens sont possibles car il n'y a pas de majuscules en sanskrit).

Ātma vichara : recherche du Soi, en particulier par la question « Qui suis-je ? ».

Avatār : descente, incarnation du divin.

Bhajan (a) : chant religieux, le plus souvent en groupe.

Bhava : un des mots sanskrits qui a le plus de significations : émotion, état d'être, expérience intérieure.

Brahma : le dieu créateur.

Brahmāchāri : littéralement « celui qui va dans le Brahman » ; signifie de manière courante « étudiant célibataire ».
Brahman : l'Absolu.
Brahmane : membre de la caste chargée de l'enseignement traditionnel (distinction faite en français : en sanskrit, orthographié comme le précédent).

Chit : conscience.
Chitta nirodha : l'arrêt du mental, but du Yoga.

Darshan : le fait de voir ; au sens ordinaire : une statue ou un gourou ; au sens intérieure : une divinité.
Dharānā : concentration.
Dharma : loi qui a toujours été, ordre sociocosmique qui soutient l'existence de l'univers ; devoir d'État.
Dhyāna : méditation.
Dvandvātīta : celui qui est au-delà des paires d'opposés (souffrance/plaisir, etc.).

Gourou : maître spirituel.

Ida : canal d'énergie subtile qui monte le long de la colonne vertébrale et aboutit à la narine gauche.
Ishta devata : divinité que l'on a choisi d'adorer.

Japa : répétition d'un nom de Dieu.
Jivanmoukta : celui qui est libéré de son vivant.
Jivanmoukti : libération durant la vie même.
Jñana : connaissance.
Jñani : sage qui a réalisé le Soi.

Kaivalya : littéralement « isolement » ; l'état de libération.
Kāma : désir, sensualité.
Karma : tout acte, mais d'abord acte rituel, accompli en vue d'un résultat donné ; de là, lien, conditionnement dû aux actes passés accomplis de manière intéressée.
Koundalini (Kundalini) : énergie intérieure qui se manifeste sous

forme de libido chez l'homme ordinaire et qui est transmuée progressivement en énergie spirituelle chez le yogi.

Krishna : un des dieux les plus populaires d'Inde, qu'on dit avoir vécu sous sa forme humaine à Vrindavan, près de Delhi, où il est particulièrement honoré de nos jours. Il est aussi le gourou d'Arjouna dans la *Bhagavad-Gîta.*

Līlā : le jeu, en particulier le jeu divin et le jeu du gourou.

Mahātmā : « grande âme », titre de respect pour un religieux.

Mantra : parole des Védas, nom de Dieu que l'on répète sa vie durant.

Māyā : illusion fondamentale qui nous fait croire que l'univers n'est que ce que nous voyons.

Moksha : libération, le quatrième et ultime but de la vie humaine.

Moumouksoutva : désir de libération, qualité essentielle pour un aspirant spirituel.

Nadi : canal d'énergie subtile. Il en existe dit-on 72 000, mais le principal est soushoumna, décrit classiquement un peu en avant de la colonne vertébrale.

Niyama : loi, règle de conduite.

Ojhas : sublimation, transmutation de l'énergie sexuelle en énergie spirituelle par le processus du Yoga.

Oupanishads : partie des textes révélés qui exprime le plus clairement un enseignement de non-dualité ; ce dernier a pénétré l'ensemble de la pensée hindoue d'une manière ou d'une autre.

Pingala : canal d'énergie subtile montant le long de la colonne vertébrale et aboutissant à la narine droite.

Prāna : souffle, énergie vitale, en pratique courant de sensations qu'on apprend à diriger par le Yoga.

Pranāyāma : régulation de l'énergie par des exercices respiratoires.

Prasād (a) : grâce divine, nourriture sacrée provenant d'un temple ou d'un gourou.

Prema : amour spirituel.

Pourāna : textes traditionnels principalement médiévaux regroupant tout ce qu'un hindou doit savoir sur la cosmogonie, les mythes, les rituels, etc.

Rajas : qualité de feu, d'impétuosité, d'énergie, de passion.
Rāja-yoga : le système principal de Yoga, enseigné par Patanjali.
Rāma : un des dieux incarnés les plus populaires de l'hindouisme avec Krishna. Il est considéré comme le roi et le héros modèle.
Rasa : littéralement « sève », « saveur » ; désigne l'essence de l'émotion esthétique ou mystique.
Rishi : sage de l'époque védique.

Sadgourou : maître véritable.
Sādhaka : aspirant spirituel.
Sādhanā : pratique spirituelle régulière.
Sādhu : littéralement « homme bon » ; religieux, souvent errant.
Sahaja samādhi : état continu d'absorption spontanée, même au sein de l'activité quotidienne.
Sahashrara : centre d'énergie au sommet de la tête, un peu en avant de la fontanelle.
Samādhi : expérience d'absorption, enstase survenant chez un sadhaka.
Samsāra : le cycle des naissances et des morts ; le monde.
Samskāra : tendance innée, conditionnement profond.
Sannyāsi : ascèse.
Sat-chit-ānanda : être-conscience-bonheur, un des noms de l'Absolu.
Satsang (a) : fréquentation des sages (littéralement : « être avec l'Être »).
Sattva : qualité de pureté, légèreté, luminosité. Avant d'aller au-delà des qualités, le yogi doit d'abord être capable de se stabiliser dans le pur sattva.
Shakti : énergie primordiale du divin.
Shaktipat : « descente d'énergie », en particulier par la grâce du gourou.
Shankarāchārya : philosophe de la non-dualité au IXe siècle. Il a répandu l'enseignement du Vedanta.
Shiva : dieu tant de l'ascèse que de la vitalité, tant de la destruction que de la libération ; il est sans doute, parmi les dieux toujours

largement honorés à notre époque, celui dont le culte est le plus ancien.
Siddhi : pouvoir parapsychologique.
Soushoumna : canal d'énergie subtile un peu en avant de la colonne vertébrale. Le yogi apprend à rassembler les énergies dispersées dans le corps à l'intérieur de ce canal et à les laisser monter.

Tamas : qualité de léthargie, passivité voire destructivité.
Turiya : quatrième état de conscience au-delà de la veille, du sommeil avec rêve et du sommeil profond ; état d'observateur, de témoin, état de conscience le plus proche du Soi.

Védanta : « la fin des Védas » : la doctrine de la non-dualité telle qu'on peut l'établir à partir de l'enseignement des Védas.
Védas : textes sacrés dont tous les hindous reconnaissent l'autorité.
Vijaya : victoire complète.
Vijñāna : connaissance complète.

Yogabhrashta : celui qui a échoué dans sa pratique du Yoga.
Yogirāj : « roi du Yoga », celui qui a réussi dans sa pratique du Yoga.

Table

Deuxième partie
LA TIGE DE LA PSYCHÉ

Troisième partie
L'EFFLORESCENCE SPIRITUELLE

DU MÊME AUTEUR

Aux Éditions Albin Michel :

Le Maître et le Thérapeute, 1991.

Éléments de psychologie spirituelle, 1993.

Marcher, méditer, avec Michel Jourdan, 1995.

Le Mariage intérieur, 2001.

La Mystique du silence, 2003.

Cheminer, contempler, avec Michel Jourdan, 2007.

Aux Éditions du Relié :

L'Inde intérieure, 2007.

« *Espaces libres* »

au format de poche

DERNIERS TITRES PARUS

120. *Religions en dialogue*, de J. MOUTTAPA.
121. *Le Courage de se libérer*, de P. et P. FENNER.
122. *Histoire des dalaï-lamas*, de R. BARRAUX.
123. *Du Sahara aux Cévennes*, de P. RABHI.
124. *Aux sources du zen*, d'A. LOW.
125. *Le Curé de Nazareth*, d'H. PROLONGEAU.
126. *L'Évangile d'un libre penseur*, de G. RINGLET.
127. *Le Courage de vivre pour mourir*, de N. MASSON-SEKINÉ.
128. *Quand la conscience s'éveille*, d'A. DE MELLO.
129. *Les Fables d'Ésope*, de J. LACARRIÈRE.
130. *L'Esprit des arts martiaux*, d'A. COGNARD.
131. *Sans les animaux le monde ne serait pas humain*, de K.L. MATIGNON.
132. *L'Arc et la Flèche*, d'A. DE SOUZENELLE.
133. *Adieu, Babylone*, de N. KATTAN. Préface de M. TOURNIER.
134. *Le Gardien du feu*, de P. RABHI.
135. *La Prière parallèle*, de C. PAYSAN.
136. *Dieu a changé d'adresse*, d'O. VALLET.
137. *La Danse de la réalité*, d'A. JODOROWSKV.
138. *Le Courage de changer sa vie*, d'A. DUCROCQ.
139. *Le Maître de nô*, d'A. GODEL.
140. *Les Fleurs de soleil*, de S. WIESENTHAL.
141. *Khalil Gibran*, de J.-P. DAHDAH.
142. *Ces ondes qui tuent, ces ondes qui soignent*, de J.-P. LENTIN.
143. *Les Dix Commandements intérieurs*, d'Y. AMAR.
144. *Guérir l'esprit*, collectif avec J.-Y. LELOUP, F. SKALI, Lama D. TEUNDROUP.
145. *La Quête du sens*, ouvrage collectif.
146. *La Foi ou la nostalgie de l'admirable*, de B. VERGELY.
147. *Traversée en solitaire*, de M.-M. DAVY.
148. *Éloge de la fragilité*, de G. RINGLET.
149. *L'Échelle des anges*, d'A. JODOROWSKY.

150. *Petite grammaire de l'érotisme divin*, d'O. VALLET.
151. *La Troisième Voie*, de D.E. HARDING.
152. *Le Rire du tigre*, de M. DE SMEDT.
153. *L'Effort et la Grâce*, d'Y. AMAR.
154. *Appel à l'amour*, d'A. DE MELLO.
155. *L'Homme intérieur et ses métamorphoses*, de M.-M. DAVY.
156. *Dictionnaire de la symbolique des rêves*, de G. ROMEY.
157. *Le Christianisme en accusation*, de R. RÉMOND et M. LEBOUCHER.
158. *Entre désir et renoncement*, M. de SOLEMNE avec J. KRISTEVA, R. MISRAHI, S. GERMAIN et DAGPO RIMPOCHE.
159. *Sadhana, un chemin vers Dieu*, d'A. DE MELLO.
160. *L'Amour comme un défi*, de S. ROUGIER.
161. *Du bon usage de la vie*, de B. BESRET.
162. *La Grâce de solitude*, M. de SOLEMNE avec C. BOBIN, J.-M. BESNIER, J.-Y. LELOUP et Th. MONOD.
163. *Le Meneur de lune*, de J. BOUSQUET.
164. *Vivre l'islam*, du Cheikh K. BENTOUNÈS.
165. *Méditation et psychothérapie*, ouvrage collectif.
166. *Les Échos du silence*, de S. GERMAIN.
167. *Aimer désespérément*, M. de SOLEMNE avec A. COMTE-SPONVILLE, É. KLEIN, J.-Y. LELOUP.
168. *Entre sagesse et passions*, ouvrage collectif dir. par Alain HOUZIAUX.
169. *Écologie et spiritualité*, ouvrage collectif.
170. *L'Évangile des païens, une lecture laïque de l'évangile de Luc*, d'O. VALLET.
171. *Simone Weil, le grand passage*, dir. par F. L'YVONNET.
172. *Histoires d'humour et de sagesse*, d'A. DE MELLO.
173. *L'Avenir de l'homéopathie*, de C. BOIRON.
174. *Qu'Allah bénisse la France*, d'ABD AL MALIK.
175. *Soigner son âme*, du Dr J. VIGNE.
176. *La Sagesse des contes*, d'A. JODOROWSKY.

Composition Nord Compo
Impression Bussière, mars 2007
Éditions Albin Michel
22, rue Huyghens, 75014 Paris
www.albin-michel.fr

ISBN 978-2-226-17824-4
ISSN 1147-3762
N° d'édition : 25125 – N° d'impression : 071141/1
Dépôt légal : avril 2007
Imprimé en France